企业信息化工程理论与方法

刘秋生　赵广凤　刘　涛　编著

东南大学出版社
SOUTHEAST UNIVERSITY PRESS
·南京·

内容提要

本书参考了大量国内外企业信息化工程相关学术论文、学位论文和研究报告，结合大量企业信息化工程案例，经过深入、透彻的分析，总结、归纳、提炼后编著而成。全书共分8章，系统地介绍了企业信息化的基本概念、理论与方法。通过案例分析了企业信息化工程项目建设过程中存在的主要问题及解决问题的对策，详细地介绍了企业管理信息化、制造业信息发展历程、企业信息化建设过程以及企业信息化工程项目各阶段状态测评指标体系和测评方法；阐述了企业信息化工程建设过程、过程测评指标、测评方法；针对企业信息化过程中信息技术咨询、信息项目监理和人文管理等关键技术开展了较深入的探讨。在取材上从实际出发，围绕企业信息化工程实施的基本概念、基本理论和基本方法，既涵盖完整系统的理论体系，又有很强的实用性，便于读者学习、理解和掌握。

本书可作为企业信息化工程实施工程师使用指南，经济、管理类研究生和信息管理与信息系统专业本科的专业课教材，还可以作为广大企业信息化工程、电子商务、ERP、CIMS、SCM等爱好者及高级企业信息师的自学用书。

图书在版编目(CIP)数据

企业信息化工程理论与方法 / 刘秋生，赵广凤，刘涛编著. — 南京：东南大学出版社，2016.11（2024.11重印）

ISBN 978-7-5641-6704-2

Ⅰ.①企… Ⅱ.①刘… ②赵… ③刘… Ⅲ.①企业信息化 Ⅳ.①F272.7-39

中国版本图书馆 CIP 数据核字(2016)第 207109 号

企业信息化工程理论与方法

出版发行	东南大学出版社
社　　址	南京市玄武区四牌楼2号（210096）
网　　址	http://www.seupress.com
出 版 人	江建中
责任编辑	张　煦
经　　销	全国各地新华书店
印　　刷	江苏凤凰数码印务有限公司
开　　本	700 mm×1000 mm　1/16
印　　张	17.5
字　　数	286 千字
版　　次	2016 年 11 月第 1 版
印　　次	2024 年 11 月第 3 次印刷
书　　号	ISBN 978-7-5641-6704-2
定　　价	39.00 元

东大版图书若有印装质量问题，请直接与营销部联系。电话(传真)：025-83791830

前　言

企业信息化工程是企业管理现代化建设的重要标志,也是提高企业市场竞争能力的重要手段。近20年来,企业信息化工程的理论与方法研究受到了前所未有的关注,投入大量的人力、财力和物力,开展了持续不断的探索,以寻找适合中国国情的企业信息化工程实施模式与途径,同时也进行了大量的企业信息化工程实践,已经成为国家宏观经济持续发展,企业效益不断提高的发展战略。但是我国企业信息化工程实施的效果往往不能达到预期目标,实施结果与期望相去甚远。项目历时长、风险高、投入大、见效慢、可控性差等问题仍然没有得到很好的解决。

针对上述问题,作者在多年从事企业信息化工程实施实践和理论研究的基础上,并且查阅、参考了大量国内外企业信息化工程相关的论文、著作、科研报告、经典案例后,总结、归纳、提炼形成本书。本书从企业信息化发展规律着手,研究企业信息化工程规划的理论与方法,对企业信息化工程实施全过程,分析影响实施成功的关键因素和解决方案,强调企业信息化工程是一项复杂的大型系统工程。因此,在项目实施前必须做好项目的规划、计划、咨询和员工培训等工作,在建设过程中要严格划分工程阶段和阶段性目标、过程目标测评指标和测评方法,强调企业信息化给企业带来的管理革新和组织变更,企业必须重视信息化过程中的信息技术咨询、信息技术监理、业务流程重组和人文管理等企业信息化环境保障工作。本书的主要特点:

1. 系统性强。不仅系统地介绍了企业信息化工程相关的基本概念和基础知识,而且系统地介绍了企业信息化工程实施前的规划、建设过程中的控制和实施后的评价,并首次运用量化的方法将信息化发展规律与企业信息化工程实施现状作为企业信息化规划的理论依据。

2. 重点突出。全书围绕三个中心,分别重点介绍企业信息化工程的规划、建设过程与评价。强调了建设过程中的评价与反馈相结合,避免事后发现问题造成不可弥补的损失。

3. 实用性强。理论与实践相结合。有机地将基本概念、基础知识、原理、案例和事例相融合,便于读者掌握理解。

4. 内容精练。在内容上作了精心的安排,以目前操作简便、容易理解与掌握、实用性强、应用面广的 ERP 系统实施项目作为企业信息化工程实施项目实例,由浅入深地、系统地介绍企业信息化工程实施的理论与方法。

5. 适用面广。本书是面向经济、管理、机械和计算机学科的硕士研究生编著的,也可以作为制造业信息化工程技术人员、企业信息化工程技术人员、企业信息师、数据管理员和信息技术人员的自学用书。

全书共分 8 章。第 1、2、3 章分别系统地介绍了企业信息化工程、企业管理信息化工程和制造业信息化工程的基本概念和基础知识;第 4 章详细地介绍了企业信息化水平的测评指标体系与评价方法,并作为企业信息化工程规划、计划、实施和控制的依据;第 5、6、7、8 章分别介绍企业信息化工程建设过程中的信息技术咨询、信息化工程项目监理、业务流程重组和人文管理的基本思想、理论与方法,并结合案例深入探索了与企业信息化工程成功的关系。

本书的出版得到了江苏大学原校长杨继昌教授的精心指导,得到了东南大学校长易红教授的热心指点,南京大学孙建军教授、江苏大学查杰民教授和张永康教授等老师的帮助。江苏大学金海燕、朱苓、何荣辉、李红贵、扬广宇、孟庆峰、柏荣甲、蒋国耀等同志为组稿、复核、数据处理等工作付出了大量的精力,在此向对本书提供帮助、给予关心和支持的同志表示衷心感谢!

作　者
2016 年 7 月

目 录

前 言 ·· 1

第1章 企业信息化工程概述 ··· 1
1.1 企业信息化工程的基本知识 ··· 2
1.1.1 企业信息化工程内涵 ·· 2
1.1.2 企业信息化结构 ··· 4
1.1.3 企业信息化的形成 ··· 4
1.2 企业信息化模式 ·· 7
1.2.1 企业信息化工程实施主体 ·· 7
1.2.2 企业信息化工程实施模式 ·· 8
1.3 企业信息化工程的发展及其研究 ···································· 11
1.3.1 国内外发展概况 ··· 11
1.3.2 国内外研究概况 ··· 13
1.4 企业信息化工程的实施 ··· 14
1.4.1 企业信息化工程实施概况 ······································ 15
1.4.2 企业信息化工程实施经典案例 ······························· 17
1.4.3 企业信息化工程实施过程常见问题 ······················· 23

第2章 企业管理信息化工程 ··· 26
2.1 企业管理信息化基础 ··· 26
2.1.1 企业管理信息化内涵 ·· 26
2.1.2 企业管理信息化特点 ·· 28
2.1.3 企业管理信息化常见问题 ······································ 29

2.1.4　企业管理信息化发展阶段 …………………………………… 32
2.2　管理信息系统 …………………………………………………………… 34
　　2.2.1　管理信息系统的规划 ………………………………………… 34
　　2.2.2　管理信息系统的分析与设计 ………………………………… 37
　　2.2.3　管理信息系统的实施与运行管理 …………………………… 41
　　2.2.4　管理信息系统的维护与评价 ………………………………… 45
2.3　管理信息系统的应用 …………………………………………………… 48
　　2.3.1　企业资源计划系统 …………………………………………… 49
　　2.3.2　客户关系管理系统 …………………………………………… 53
　　2.3.3　电子商务 ……………………………………………………… 56
　　2.3.4　供应链管理 …………………………………………………… 60
　　2.3.5　运输管理系统 ………………………………………………… 63

第3章　制造业信息化工程 …………………………………………………… 65

3.1　制造业信息化工程基础 ………………………………………………… 65
　　3.1.1　制造业信息化工程内涵 ……………………………………… 65
　　3.1.2　制造业信息化工程的特点 …………………………………… 68
　　3.1.3　制造业信息化工程相关标准 ………………………………… 69
3.2　制造业信息化工程主要信息系统 ……………………………………… 73
　　3.2.1　计算机辅助设计 ……………………………………………… 73
　　3.2.2　计算机集成制造系统 ………………………………………… 77
　　3.2.3　制造执行系统 ………………………………………………… 83
　　3.2.4　产品数据管理 ………………………………………………… 86
　　3.2.5　制造网格 ……………………………………………………… 90
　　3.2.6　虚拟现实 ……………………………………………………… 92
3.3　制造业信息化工程建设过程 …………………………………………… 94
　　3.3.1　制造业信息化工程规划 ……………………………………… 95
　　3.3.2　制造业信息化工程立项 ……………………………………… 97
　　3.3.3　制造业信息化工程实施 ……………………………………… 98
　　3.3.4　制造业信息化工程项目运行管理 …………………………… 99

  3.3.5 制造业信息化升级 …………………………………………… 100
3.4 制造业信息化发展趋势 …………………………………………… 101
  3.4.1 异地制造 …………………………………………………… 101
  3.4.2 网络化制造 ………………………………………………… 102
  3.4.3 虚拟制造 …………………………………………………… 103
  3.4.4 两化深度融合 ……………………………………………… 107

第4章 企业信息化水平评价 …………………………………………… 110
4.1 企业信息化工程建设过程评价模型 ……………………………… 110
  4.1.1 信息化宏观测度 …………………………………………… 111
  4.1.2 信息化建设微观测度 ……………………………………… 114
  4.1.3 信息化建设过程中的测度 ………………………………… 115
4.2 企业信息化工程建设过程评价指标体系 ………………………… 116
  4.2.1 评价指标体系设置的原则 ………………………………… 116
  4.2.2 企业信息化工程建设过程中的评价指标体系 …………… 118
  4.2.3 数据测评指标量化方法 …………………………………… 122
4.3 企业信息化工程建设过程评价方法及其实现 …………………… 124
  4.3.1 企业信息化工程建设过程测评方法 ……………………… 124
  4.3.2 企业信息化工程建设过程中数据测评系统软件设计 …… 135

第5章 企业信息化工程咨询 ………………………………………… 138
5.1 企业信息化工程咨询的意义及发展 ……………………………… 138
  5.1.1 企业信息化工程咨询的意义和作用 ……………………… 138
  5.1.2 我国咨询业的发展现状与趋势 …………………………… 142
5.2 企业信息化工程咨询基础理论 …………………………………… 145
  5.2.1 企业信息化工程咨询基本概念 …………………………… 145
  5.2.2 信息化咨询的发展条件 …………………………………… 149
  5.2.3 信息化咨询的定位和工作内容 …………………………… 150
  5.2.4 信息化工程咨询机构的选择 ……………………………… 153
5.3 ERP 系统咨询 ……………………………………………………… 159

5.3.1　我国 ERP 咨询公司与相关主体关系 ·················· 160
　　　5.3.2　ERP 咨询服务的主要内容 ······························ 161
　　　5.3.3　ERP 咨询机构 ··· 163
5.4　企业信息化工程咨询发展对策 ································· 168
　　　5.4.1　政府引导扶持,行业规范与法律监督并行 ············ 168
　　　5.4.2　加强第三方信息化咨询 ·································· 169
　　　5.4.3　建立信息化咨询服务管理机制 ························· 169
　　　5.4.4　加强咨询公司的人才建设 ······························· 170
　　　5.4.5　加强咨询公司的基础设施建设 ························· 171
　　　5.4.6　建立信息技术咨询决策支持系统和人工智能系统 ···· 171
5.5　企业信息化工程咨询案例 ······································· 172
　　　5.5.1　浙江移动 IT 信息技术项目应用案例 ·················· 172
　　　5.5.2　浙江三彩服饰公司 IT 咨询案例 ······················· 174

第 6 章　企业信息化实施过程中的项目监理 ················ 176

6.1　概述 ·· 176
　　　6.1.1　国内外企业信息化工程监理发展现状 ················ 177
　　　6.1.2　企业信息化工程项目监理的必要性 ··················· 178
　　　6.1.3　企业信息化工程项目监理存在的主要问题 ·········· 180
6.2　企业信息化工程项目监理基础理论 ························· 181
　　　6.2.1　企业信息化工程项目监理定义 ························· 181
　　　6.2.2　企业信息化工程项目监理的内涵 ······················ 182
　　　6.2.3　企业信息化工程项目监理的特点 ······················ 183
　　　6.2.4　企业信息化工程项目监理方式 ························· 186
6.3　企业信息化工程监理方法 ······································· 187
　　　6.3.1　企业信息化工程监理原则 ······························· 188
　　　6.3.2　企业信息化工程监理内容 ······························· 188
　　　6.3.3　企业信息化工程监理过程 ······························· 190
6.4　企业信息化工程监理案例 ······································· 195
　　　6.4.1　企业信息化工程监理的缺失 ···························· 195

| 6.4.2   监理确保信息化工程质量 ………………………………………… 197

第7章　企业信息化工程与业务流程重组 …………………………… 202
7.1　业务流程重组基本概述 ……………………………………………… 202
　　7.1.1　业务流程重组研究现状 ………………………………………… 202
　　7.1.2　业务流程重组的内涵 …………………………………………… 204
　　7.1.3　实施BPR的意义 ………………………………………………… 204
　　7.1.4　信息技术与BPR关系 …………………………………………… 205
7.2　实施BPR的关键因素 ………………………………………………… 206
　　7.2.1　影响BPR的关键因素 …………………………………………… 206
　　7.2.2　成功实施BPR影响因素的作用机理 …………………………… 209
　　7.2.3　成功实施BPR的各因素之间的关系 …………………………… 215
7.3　BPR设计的原则与一般过程 ………………………………………… 216
　　7.3.1　BPR设计原则 …………………………………………………… 216
　　7.3.2　BPR一般过程 …………………………………………………… 218
　　7.3.3　重构企业流程要注意的问题 …………………………………… 220
7.4　BPR相关方法 ………………………………………………………… 222
　　7.4.1　瓶颈理论 ………………………………………………………… 223
　　7.4.2　启发式算法 ……………………………………………………… 225
7.5　业务流程重组案例 …………………………………………………… 232
　　7.5.1　HP公司HR再造案例 …………………………………………… 232
　　7.5.2　福特公司采购业务流程重组 …………………………………… 235

第8章　企业信息化工程与企业人文管理 …………………………… 237
8.1　人本管理 ……………………………………………………………… 237
　　8.1.1　人本管理的形成 ………………………………………………… 237
　　8.1.2　人本管理的特征 ………………………………………………… 239
　　8.1.3　人本管理的理论 ………………………………………………… 239
8.2　企业信息化与人本管理 ……………………………………………… 242
　　8.2.1　企业信息化与人本管理需求 …………………………………… 242

8.2.2　企业信息化与人本管理组织 …………………………………… 244
　　8.2.3　企业信息化与人本管理建设 …………………………………… 247
　　8.2.4　海尔公司信息化工程与人文管理 ……………………………… 249
8.3　企业文化管理 …………………………………………………………… 250
　　8.3.1　企业文化内涵 ……………………………………………………… 250
　　8.3.2　企业文化测评 ……………………………………………………… 252
　　8.3.3　对立价值构架理论 ………………………………………………… 253
　　8.3.4　企业文化测评算例分析 …………………………………………… 257
8.4　企业信息化与企业文化 ………………………………………………… 261
　　8.4.1　企业信息化与企业文化的相互作用 …………………………… 261
　　8.4.2　企业信息化与企业文化建设 …………………………………… 263

主要参考文献 ……………………………………………………………… 266

第1章　企业信息化工程概述

企业信息化工程不仅是企业谋求生存与发展的关键途径,也是全面提高企业竞争能力的必备工具和手段,而且为企业的发展提供必需的生态环境。从国家层面上看,信息化已经作为我国强国富民的重要国策,成为我国当前经济建设的主要任务之一。信息化的要求已经列入党和国家工作报告,无论是"十五"大提出的"信息化促进工业化",还是"十六"大提出的"信息化带动工业化",以及"十七"大提出的"两化融合"和"十八"大提出的"两化深度融合",企业信息化是实现这一宏伟目标的关键。为此,从20世纪90年代起,各级政府纷纷组织专家开展企业信息化学术研讨,成立相关的领导小组及相应机构,对企业信息化投入了大量的人力、物力和财力,进行了深入的研究。我国以企业为核心,信息技术公司为关键,引进、吸收、二次开发和自主开发相结合,研制开发了一系列企业信息化的应用软件,制订了企业信息化工程相关的标准和测试指标,确定了我国企业信息化指数指标体系及数据采集方法,推进了我国企业信息化进程,取得了大量的成果。我国在企业信息化的理论、理念、观点上已经接近国际先进水平,在部分领域超过了国际先进水平。互联网＋的普及推广,为敏捷制造、网络制造、虚拟制造和异地制造等"智造"方式的尝试提供了更高、更快和更好的平台。从宏观经济、区域经济的角度提出了网格制造等国际领先的先进制造理念。但是,从总体上看,企业信息化工程实施的效果尚不够理想。不同地区、行业、规模、经营水平、管理体制的企业对信息化工程的投入、组织实施力度、人才培养、信息化机构的建设等方面还存在很大差异,内陆地区在企业信息化工程建设方面与沿海地区相比,沿海地区企业与欧美发达国家企业之间相比,仍存在着巨大差距,形成了明显的三阶"数字鸿沟"。我国企业实施企业信息化工程投入成本与期望的效果相差尚远。

1.1 企业信息化工程的基本知识

目前,通过实施企业信息化工程取得显著效果的企业只占少部分,即使像武汉钢铁集团这样的大企业,虽然通过实施企业信息化工程,有效地控制了生产过程,压缩了大量的库存物料、资金,提高了企业的生产灵敏度,取得了显著的成绩,但是从所取得的效益与投入 2 亿元人民币的成本效益分析来看,对实施成功的结论还应当作全面分析。大部分企业信息化效果不明显,更有部分企业在实施企业信息化过程中,盲目投入大量的资金,给企业带来了沉重的经济负担,严重影响了企业的资金使用,甚至造成企业倒闭。可是,"入世"对企业市场竞争的压力越来越大,只有不断提高竞争力,才能在激烈的市场竞争中求生存、求发展。企业信息化工程是企业发展的战略,它无疑会影响到国家宏观经济的发展。可见,如何提高企业信息化工程实施的成功率,是摆在我们面前急待解决的重大问题;为此急需明确企业信息化工程的基本概念和基础理论知识。

1.1.1 企业信息化工程内涵

1) 数字化

在企业信息化工程领域,数字(digit)原出于计算机系统内部存储、运行、判别等处理的编码结果(0 或 1)。计算机系统无论为人们提供如何复杂多样的文字、数字、图形、图像、语音等标识,在计算机内部一律采用(0 或 1)编码,这个编码称为数字。

数据(data)基本上已经被统一命名为描述事物特征、状态、行为和事物之间规律的符号。数据是在传统规则下人们容易接受理解的标识,也是人机之间直接交换的语言性工具。在企业信息化领域,数字与数据存在密切联系,他们之间的区分越来越困难。

数字化是在企业信息化被广泛应用的前提下,将许多复杂多变的形态转变为可以度量的数字或数据,再以这些数字或数据建立模型,并且把这个模型也用数字或数据表示,形成了一系列的二进制代码,能让计算机系统统一处理,最终将现实世界通过数字保存、传送、加工和再现等过程称为数字化。数字化是一个动态的过程描述,在当今信息化时代,信息化的本质是数字化,数字化越来越为研究人员广泛重视。

2) 信息化

"信息化"概念提出至今,观点仍然没有统一,主要侧重在两个方面。一方面,强调信息化的目的,以吴基传、张彦东、高新民、李富强等为代表,他们对"信息化"的定义是指:社会经济的发展,从以物质与能量为经济结构的重心向以信息为经济结构的重心转变,不断地采用现代信息技术装备国民经济各部门和社会各领域,实现信息资源高度共享,发掘社会智能潜力,推动经济和社会优质发展。信息化是指在工业化过程中极大地提高社会劳动生产率,逐步提高信息经济在国民生产总值中的比重,同时通过信息高速公路的建设,把信息产业发展起来,把信息技术的应用普及开来,把信息技术的自主开发能力提高上去。另一方面,则强调信息化装备的作用,主要以李京文、赵萍、韩建新等为代表,信息化定义为:通讯现代化、计算机化和行为合理化的总称。信息化是指在经济和社会活动中,通过普遍地采用信息技术和电子信息设备,更有效地开展和利用信息资源,推动经济发展和社会进步,使信息经济增加值在国民生产总值中的比重逐步上升直至占主导地位,加快国民经济各部门之间、部门内部以及企业间的信息沟通和交流,促进企业技术改造,使企业的发展更适应新技术的发展和不断变化的市场需求,从而加快经济的运行节奏,促进经济发展,提高自身开发和利用信息资源的智能,推动经济发展、社会进步乃至人们自身生活方式变革。

3) 企业信息化工程含义

企业信息化工程(Enterprise Information Engineer,简称 EIE)是将信息技术、自动化技术、现代管理技术与制造技术相结合,改善企业的经营、管理、产品开发和生产等各个环节,提高生产效率、产品质量和企业的创新能力,降低消耗,带动产品设计方法和设计工具的创新、企业管理模式的创新、制造技术的创新以及企业间协作关系的创新,从而实现产品设计制造和企业管理的信息化、生产过程的智能化、制造装备的数控化以及咨询服务的网络化,全面提高我国企业的竞争力。

企业信息化工程是一项复杂的系统工程,不只是购买设备、联网、安装应用系统这么简单,它还包括系统培训、管理制度建立、管理方法的改进和信息系统应用等内容。企业信息化工程的核心任务是突出抓好数字化设计、数字化装备、数字化生产、数字化管理的企业数字化，并在此基础上通过继承创新，突破一批重大关键技术；建立一批企业信息化应用的示范企业和示范区域，并通过辐射和扩散效应，提升我国企业的核心竞争力；培育一批研发软件企业和信息技术咨询服务公司；锻炼一批人才，形成一支推进企业信息化的基本队伍，打造一批具有自主知识产权和市场竞争力的新产品，形成一批数字化企业，及若干个专业化、网络化企业信息化产业和服务联盟。

1.1.2　企业信息化结构

企业信息化从宏观层面上看由关键技术产品研发及应用和省市企业信息化工程试点示范两部分组成。关键技术产品由三部分组成，一是信息技术与企业管理相融合所形成的管理信息系统(Management Information System，简称MIS)、物料需求计划(Material Requirement Planning，简称MRP)、制造资源计划(Manufacture Resource Planning，简称MRP Ⅱ)、企业资源计划(Enterprise Resource Planning，简称ERP)、供应链管理(Supply Chain Management，简称SCMt)、客户关系管理(Custom Relation Management，简称CRM)等产品；二是信息技术与制造技术相融合形成的计算机辅助设计(Computer Aided Design，简称CAD)、二维CAD、三维CAD、计算机辅助产品工艺(Computer Aided Production Programming，简称CAPP)、计算机辅助制造(Computer Aided Manufacture，简称CAM)、计算机辅助测试(Computer Aided Test，简称CAT)、虚拟制造(Virtual Manufacture，简称VM)、虚拟实现(Virtual Realization，简称VR)、网络制造(Net Manufacture，简称NM)等产品；三是将上述两类产品综合应用集成一体化的产品数据管理(Product Data Management，简称PDM)、产品全生命周期管理(Product Lifecycle Management，简称PLM)、计算机集成制造系统(Computer Integration Manufacture System，简称CIMS)、制造工程系统(Manufacture Engineer System，简称MES)等产品，如图1-1所示。

企业信息化工程试点示范工作将充分发挥省市政府的作用，把企业信息化工程作为经济建设的主战场，为企业信息化营造可持续发展的新环境，做好企业应用示范的组织、技术咨询服务、关键技术应用攻关、政策支持和经济支持。

1.1.3　企业信息化的形成

我国企业管理信息化主要经历了三个阶段：一是会计电算化阶段(上世纪80

年代中期至1997年),以事务处理系统为主,系统能提供的主要是会计信息,信息系统的研发都处在低水平的重复开发,管理信息化给企业带来了明显的数据处理效率提高,但效益不明显,或很难评价。二是财务业务一体化阶段(1995年至1999年),电算化的会计信息系统从事务处理中不断提升,由核算型走向管理型,这一阶段才实现了真正意义上的管理信息化。但是管理信息化的主要业务仍然是会计财务管理,具有较高级的商品化信息系统软件,较丰富的会计信息,可以有效地控制资金流,但对高层决策,还不能起到全面综合的作用,提供的信息因片面价值不高,尤其是对企业发展战略、经营规划和生产计划制订无能为力。三是从财务管理软件或制造资源计划(MRP Ⅱ)转向企业资源计划(ERP)阶段(1997年至今)。这一阶段的管理信息化从单部门、单一业务走向企业整体集成,实现一体化管理,将企业的资金流、物流通过信息流得到有效的记录、控制和优化。信息系统开始成为企业管理必不可少的工具,各级管理层开始认识到信息是企业的财富和资源。

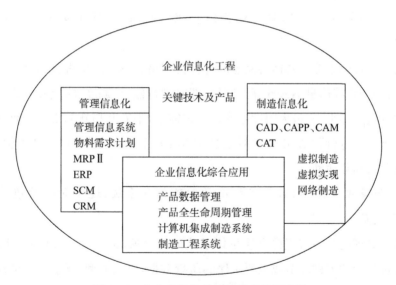

图1-1 企业信息化关键技术产品示意图

从信息系统在我国企业管理应用的发展历程来看,企业管理信息化工程即管理技术与信息技术的融合,亦由单点到一体化,从资金流向物流集成的过程。主要内容包括以下几方面:

1) 财务管理信息化即实施企业财务管理信息系统

企业内部各单位使用统一的财务管理软件,财会部门能同步得到采购、生产、销售等各个环节的每一次业务活动的信息,并能实时核算,提高会计核算的速度。控制录入数据的更改,对更改的数据要作特别标识以备核查,做到会计核算,包括生成会计报告的软件程序不可随意更改,确保会计核算的真实性。实行目标成本管理,通过信息化手段实时反映和分析实际成本与目标成本的差异,及时采取降低成本的措施。实施预算管理,把采购、销售等环节的各项资金的收支纳入信息系统,进行集中、实时的监控和调度,提高资金的使用效率,加快资金周转。

2) 采购管理信息化即实施采购管理信息系统,逐步向供应链管理(SCM)发展

采购管理要实现内部各相关程序和权力的公开、透明和有效制衡,采购物资的价格质量等信息要在企业内部网上公开。做到采购人员掌握的信息,监督和管理人员也能掌握,防止"暗箱操作",堵塞采购漏洞,降低采购成本,确保采购物资质量,防止过高的库存。

3) 营销管理信息化即实施营销管理信息系统,逐步向客户关系管理(CRM)发展

营销管理建立覆盖各销售网点的计算机网络。将产品销售、售后服务、客户需求、市场变化等信息纳入计算机网络,即时进行监控、调度、响应和分析。提高售后服务质量和水平,最大限度地满足客户需求,不断开拓新的市场。企业开展网上电子商务进行营销,以企业对企业(B to B)、企业对消费者(B to C)等电子商务模式开展商务活动。

4) 质量管理信息化,即实施质量管理信息系统,逐步向全面质量管理(TQM)发展

质量管理的业务流程符合质量体系认证的要求,采购、加工、检测、出厂、售后服务过程中的关键环节或重要工序的质量数据,以及大型、复杂产品的质量档案,要纳入管理信息系统中,实行动态分析和监控。

5) 人力资源管理信息化即实施人力资源管理信息系统(HRS)

人力资源管理信息系统的目标是更好地进行人力资源的开发和规划。系统重点是满足人力资源部门在员工素质管理、薪资管理、绩效考核等方面的需求。具体功能包括人事信息管理、劳动合同管理、培训管理、考勤管理、绩效管理、福利管理和工资管理等方面的信息化。

6）生产管理信息化即实施生产管理信息系统，逐步向企业资源计划（ERP）系统发展。

生产管理主要涉及四个方面：一是生产过程组织，包括生产过程和生产类型、生产过程的空间和时间组织、生产方式等；二是生产计划，包括生产技术准备计划、生产计划与作业计划；三是生产控制，主要是生产进度和质量控制；四是人—机—环境系统，主要是研究人与机器、环境的合理配合，以提高生产率。企业生产管理的关键在于如何规划和计划各种资源在时间、地点、产品之间的合理配置，如何按计划监督责任方对资源的使用情况，如何根据预测和历史情况为决策者提供利用资源的分析数据。因此，生产管理信息化的内容主要包括：生产组织的信息化；生产计划的信息化，如产品预测及独立需求管理、高级计划与排程（APS）、物料需求计划（MRP）及详细资源平衡等的管理信息化，生产进度与质量控制的信息化，车间作业管理信息化，设备管理信息化等。

1.2 企业信息化模式

企业信息化模式是指采取何种方法实施企业信息化工程。对每个企业来说，信息化工程的首要问题是信息化建设模式选择。一般情况下，企业信息化模式的划分往往根据实施主体企业的规模、信息化工程项目实施主要完成方式和企业信息化程度三个侧面来区分。

1.2.1 企业信息化工程实施主体

明确企业信息化工程实施主体的规模、类型、特点是企业信息化工程最基本的问题。这不仅涉及信息化工程的投资大小、时间长短、复杂性和难易程度，而且直接影响到信息化工程的前期准备、实施方式、IT技术咨询与项目监理的需求、企业经营的正常运行和信息化工程项目实施成败。

企业信息化工程的实施主体从规模上可分成大型企业和中小企业。企业规模大小直接影响到信息化建设的难易程度，同时也影响到信息化的实施周期和信息化工程实施方式。大型企业的内部技术力量较雄厚，具有强大的自主开发和二次开发能力，可以采用购买商品化软件系统，也可以自行开发信息系统部分功能，甚至开发信息系统全部功能软件。中小企业的技术力量往往较薄弱，虽然实施的信息系统相对较简单,但是往往不具备自主研发能力,不仅需要购买商品化软件,而且往往采用外包(Application Server Provider,简称ASP)方式开展信息系统的实施、维护和运行管理。

从企业类型可分成制造业、商业、金融业、服务业等,不同类型企业对信息系统的功能需求是不相同的,而且企业内部运作控制方式、管理职能和运行管理对象也不同,有时可能相差甚远。因此,选用的信息系统也应该不同,不存在企业信息化的万能软件系统。不分应用对象的信息系统,或者是功能过于简单,不能起到信息化应有的作用,或者是过于冗余,性价比低,不经济。信息系统的应用对象分类,在实际信息化工程实施过程中往往很具体,特别是对制造企业,至少还要区分是流程生产方式,还是离散式生产方式。虽然目前推出的ERP系统等软件都能兼顾这两种生产方式,但在实际应用中,这两生产方式的控制流程是完全不同的,信息系统的功能也是不同的。

1.2.2 企业信息化工程实施模式

一般而言,企业信息化工程的实施模式基本可以分为定制开发模式、选购模式和ASP模式三种。不同的实施模式,往往信息系统软件的来源不同,信息化工程实施周期不同,信息系统所需要的成本也不同。

1) 定制开发模式

定制即针对企业管理规范和业务需求以专项定制开发为主的信息系统实施模式。特别是在一些具有特别功能、流程控制和数据安全要求的情况下,一般不选择购买成熟的商品化软件系统,而采用定制模式。根据信息系统制定任务的承担情况,还可以分成自主开发、联合开发和委托开发三种方式。

自主开发信息系统的方式往往是企业信息化的初级阶段和高级阶段。在初级阶段,企业需要培养一批信息技术人员,了解信息系统的功能作用,特别是领导必须了解信息系统协调、控制下的管理模式变革需求。自主开发一个小系统供学习、训练用。在企业信息化高级阶段,企业已经具备一支强大的信息系统开发队伍,完全有能力不断完善企业已有的信息系统。

从实际应用情况来看,定制模式涉及的要素、环节过多,其应用效果与成功率很难估计,取决于系统集成商的技术水准和力量以及对项目目的、需求等诸多要素的理解。通常情况下,必须等到整个项目开发完毕后,才能切实了解所开发的各个系统的实际应用效果;故建议必须选择大中型软件公司,特别是有类似研发经验的公司,作为企业信息化建设的系统集成商(软件开发商),以保证企业信息化建设的应用效果,提高企业信息化建设的应用成功概率。而购买模式则通过对商品化软件系统的试用,以及对该软件系统已有模块的组合、重建,即可预估其实际使用效果,较为实用方便。软件实施的成功率取决于所购买的商品化软件系统,根据统计资料和应用情况分析,小型软件系统,如财务管理系统、人力资源管理系统等,其应用成功概率高于90%,甚至可能是完全成功,而大型软件系统,因较为复杂,应用成功概率略低一些,约为70%~80%。为保证并有效提高企业信息化建设的应用成功率,可以参照建筑工程管理规范,采取聘请专家做顾问、成立企业信息化建设项目监理小组等方法予以解决。

定制开发模式通常采取模拟现有的管理模式和业务流程的方法,一般情况下,不会改变现行经营管理,或变动较少,对现行经营管理产生有利或不利的作用也比较小,实施难度相对较小。但是,其开发费用的两大主要要素:开发时间和所需人力资源无法准确估计,导致定制开发模式中占成本比例最高的人力成本无法确定,总成本也就无法予以确定。而且如果费用的预(决)算相差太大,系统集成商可能为减少损失,选择减少功能或提高预算,进而降低了企业信息化建设的成功率。另外,系统分析是信息化工程的关键,要有较多的系统分析员级别的技术力量的投入,并且这些人员的技术水准要求很高,具有开发大型工程的能力和相应的开发经验。这也是保证企业信息化建设成功所不可缺少的,系统集成商必须具有很大的规模,否则难以承担企业信息化建设项目。

2)购买模式

该模式是以购买成熟的商品化软件系统为主,并根据企业的具体需求,在所购买的商品化软件系统的基础上,进行各个系统之间的系统集成、客户化定制等工作。这种模式实施信息化工程,时间短,成本相对低,技术服务有保障。越来越多的企业采用这种模式。但是,商品化软件系统往往是按一般规律和常用方法研制信息系统,如果系统针对性强,则存在着很大的局限性,不可能覆盖企业的全部需求。否则,系统功能往往浪费,性价比低。

购买模式所具有的灵活性,取决于所选择的商品化软件系统。选择商品化软件系统成为整个信息化工程的最基础性的工作。一般而言,大型软件系统均提供一定的灵活性,可根据具体业务的变化,随时进行有限的调整,并具有一定模拟能力,即在实际业务流程进行调整之前,通过软件模拟调整后的流程,对该流程进行初步检验和校核。同时对企业原有不合理的流程、管理方法和管理制度进行调整,这也称为企业业务流程重组。企业业务流程重组成为采用商品化软件系统实施模式成败的关键,在经营管理中的组织结构、管理体系的调整往往难度大。显然,购买模式与定制开发模式相比,少了编程、调试等容易产生差错的环节,风险也比较小。但是,如果企业采用购买模式已经购置了多套不同功能的商业化系统,为保障信息流动和共享,必须将上述不同功能、不同模式的系统进行信息集成,难度较大,所需费用较高。

3) ASP 模式

这是通过信息技术中介服务公司,为企业全方位提供企业信息化工程,以及信息系统的运行、维护、更新等业务,相当于企业的一个虚拟信息中心职能部门,也称为 CIIP(即"Company ＋ IDC ＋ Internet ＝ Power",意喻企业通过使用在 IDC 平台上基于 Internet 的应用服务获得企业发展的强大动力)解决方案,该方案力推"整体外包服务"。通俗地说,ASP 是一种业务租赁模式,是定制模式与购买商品化实施模式的结合。企业用户可以直接租用 ASP 的计算机及软件系统进行自己的业务管理,任何用户只要有网络浏览器,就可以向 ASP 租用所需要的软件,而不必在本地的机器上安装该软件。

从 ASP 的定义中不难看出,它最大的好处在于降低了企业信息化的门槛和风险。企业只需交纳很少的费用,就可以使用相关软件和系统,得到信息化咨询、顾问等多方面服务,节省一大笔用于 IT 产品技术购买和运行的资金,快速低成本地实现企业信息化,使企业不必再为资金和人才的缺乏而望信息化生叹。另外,通过 ASP 服务,企业内部各个客户端不需要建立复杂的技术环境支持,不需要对数据库服务器和应用服务器进行繁琐的维护,可以将精力放在企业自身业务和新产品的研发上,建立一个比较灵活的企业结构和运作方式,有助于提高企业的业务效率。

ASP 模式在国外的应用已经非常普及,并成为中小企业信息化建设的一个主要模式。但是,作为一种新兴的模式,ASP 仍然暴露出它很多不成熟的地方。其中最重要的是数据信息的安全性。把企业的数据信息通过 ASP 平台进行处理就要求该平台不但提供很好的安全措施,诸如安装先进的防火墙软件、对数据进行加密等,而且要实行严格的授权管理,对员工规定严格的工作制度,以防止企业数据被窃取和泄露。此外，对平台的通信能力等也有很高的要求。

企业在开展企业信息化工程时，不可避免地要选择企业信息化实施模式。选好企业信息化工程实施模型，不仅可以提高企业信息化工程实施成功率，少走弯路，降低成本，而且为两化融合提供保障。在选择企业信息化实施模式时，需要充分考虑多方面的因素，并明确提供选择的科学、合理、简单、实用的评价指标和评价方法，通常情况下可参考表1-1所示的评价指标。

表1-1 企业信息化实施评价指标

评价目标	评价指标	评价目标	评价指标
实际应用	应用效果	费用	购置费用
	应用成功概率		集成费用
	使用范围		使用维护费用
经营管理	灵活性	人员素质	使用者
	要求		内部技术人员
	作用和影响	不成功的影响	企业
实施过程	难度		系统集成商
	风险	对系统集成商的要求	技术力量
	周期		公司规模
	关键要素		开发经验

1.3 企业信息化工程的发展及其研究

1.3.1 国内外发展概况

企业信息化工程的实施是一项复杂的系统工程，将涉及软件提供商、实施企业、咨询机构、工程项目监理和政府。这五个职能部门各司其职，相互协调，才能提高企业信息化成功率。但是，当前我国企业信息化工程实施过程中各职能部门尚存在如下问题。

1）信息系统软件开发商经验

我国软件提供商没有大型企业软件研发的背景，对全面的、潜在的需求缺乏足够的认识,造成国内很多企业软件提供商盲目跟随国外软件提供商的概念。但在多数情况下,国内与国外企业环境并没有可比性,国外的很多理念并不适应于中国的企业。中国软件商的出路在于深入了解中国企业的特点,规划并提供具有中国特色的信息化软件产品和服务。软件提供商在产业生态链上缺乏市场定位意识,没有发挥自身的地理、环境优势,处于生存艰难的境地。

2) 企业信息化本质

实施企业对信息技术和先进制造技术的应用、信息技术与管理思想的融合、业务流程与战略规划对信息技术的需求是信息化成功与否不可忽视的三个方面。很多企业的信息化项目都关注产品、重视技术应用层面的问题,忽视了企业体制方面的问题。即使有些企业开始重视业务流程重组,但也没有触及体制方面的变革,其效果也没有实质性的提升,造成信息化难以深入。

3) 咨询机构处于发展初期

长期以来,咨询工作由信息化软件提供商承担,很难保证咨询结果的客观性、公正性及其在用户中的可信度。中立的咨询机构能够提供的咨询服务内容和质量还比较稚嫩,本身对企业信息化的理论、方法认知度不高,软件产品的维护、管理等技能掌握不够,没有自己的特色,导致对其服务对象(企业)的支持能力不强,还不能满足市场的需求,普遍举步艰难。

4) 企业信息化工程服务体系不完备

在企业信息化工程实施过程中,监理处于一个中立的地位,对项目的进度与质量负责,依照标准进行监控。中国企业信息化的成熟离不开监理机构的发展。我国在推进企业信息化的过程中,企业信息化工程监理工作是最薄弱的环节。一方面是不成熟的信息化服务市场没有为监理的存在提供空间,另一方面是国家没有出台企业信息化工程建设监理的相关标准。

5) 政府在信息化工程中的作用与角色不明显

虽然很多地方政府在"信息化带动工业化"的热潮中表现积极,在给予部分企业资金支持促进企业信息化发展的同时,还鼓励软件提供商的发展(如给予国家级研究项目大量的资金支持),但这种政府投资取得的效益并不高。这主要是因为一部分企业申报信息化项目,看中的是国家的项目资金,而并不关心信息化的效果。某些软件公司因不断获得国家的资助而在市场中生存状况尚可,以至于开发市场、培养核心竞争力的积极性不高,因而造成了中国的软件提供商生存压力不大、发展不快的结果。因此,政府应制定更加富有成效的投资机制,合理配置资源,促进企业信息化工程的大发展。

1.3.2 国内外研究概况

各国对企业信息化工程相关的单元技术如信息技术、先进制造技术和管理投入了大量的人力、物力和资金,取得了突飞猛进的发展。在信息技术方面,香农(Shannon)提出了用"熵"来衡量信息量的方法,即香农定理。这为信息处理奠定了理论基础。墨菲(Murphy)提出了"工作比想象的更复杂;花费的时间比预计的更长;所需的费用比设想的更多;毛病能够出到什么程度,就一定会出到那个程度"的墨菲定律。然而,卡尔(Catalan)则提出了"墨菲是一位乐观主义者"的卡尔定律。墨菲、卡尔对信息处理的理解说明了信息系统构建的艰巨性。诺兰(Nolan)通过大量的调查研究提出了计算机应用发展规律(被称为诺兰模型),为信息化建设指明了方向。在人工智能方面,美国逻辑学家布尔(G. Bole)创立的基本布尔代数和用符号语言描述思维活动的基本推理法则,麦克库洛(W. Mcunelloth)和匹茨(W. Pitts)的神经网络模型,为1956年提出人工智能概念奠定了基础。20世纪70年代,该学科在机器学习、定理证明、模式识别、问题求解、专家系统和智能语言等方面取得了长足的进展。20世纪80年代以来,人工智能研究从一般思维探讨,发展到以知识为中心的研究方向,各式各样不同功能、不同类型的专家系统纷纷应运而生,出现了"知识工程"的新理念。在先进制造技术方面,德国斯图加特大学劳动经济和技术经济研究所所长 H. J. Bolinger 把由两个以上的独立公司组成的临时网络、共享技术、分担费用、联合开发、建立在信息网络基础上的组织形式称为虚拟企业。我国孙家广教授对企业信息化提出了"五个数字化"(即:数字化的设计、制造、管理、产品和企业)的建设目标,对实施过程提出了"三、三原则"(即把国家、地方和企业的资源集成起来的三集,软件提供商要贴近企业、贴近实际需要和贴近最终用户的三贴近,达到厂方有利可赚、服务提供商和企业都受益的三赢利)。863CIMS 项目组提出了"总体规划、效益驱动、重点突破、全面推广"的建设方针,为建设适合我国企业信息化工程实施提供了理论依据。

各国对企业信息化工程制定了一系列重大举措。1992年美国执行新技术政策,大力支持关键重大技术,包括信息技术、制造技术和智能制造技术。加拿大制定的1994—1998年发展战略,认为知识密集型产业是驱动全球经济和加拿大经济发展的基础。日本1989年提出智能制造系统,并且在1994年启动了先进制造国际合作研究项目。欧洲联盟的信息技术相关研究有ESPRII项目,该项目大力资助具有市场潜力的信息技术。1994年又启动了新的R&D项目,选择39个核心技术,其中三项(信息技术、分子生物学和先进制造技术)作为关键核心技术。1996年1月我国国家科技委员会讨论通过了《技术创新工程纲要》。1996年8月,国家经贸委在全国启动实施《技术创新工程》。1997年4月,国家科委以文件的形式正式发布了《技术创新工程纲要》。1998年初,中国科学院提出要把技术创新体系作为我国经济发展战略的重要组成部分。其中,企业信息化建设的内容在技术创新工程中处于重点突破共性技术和关键技术的重要地位。

回顾企业信息化工程实施的历程,我们不难发现各国对相关的单元技术研究投入巨大,取得的成果也十分显著,投入得到了相应丰硕的回报。然而,我国企业信息化工程实施尚处在试探阶段,大多数成果仅仅对实施工作进行了经验总结,还没有系统地研究企业信息化工程实施的理论与方法。可是,这是一项功能庞大、结构复杂、历时长、投资巨大、影响面广的项目,不是简单地将管理技术、信息技术、制造技术、自动化技术、计算机技术等单元技术简单组合,而是相互交融、动态地协调发展的"生态系统"。企业信息化工程的实施不仅技术难度大,而且需要符合科学的发展观,坚持持续发展和集体协同作战(制造企业、信息系统研发商、信息系统供应商、咨询机构、监理机构、政府等组织)的理念。企业信息化所涉及的新技术、新思想、新方法都是集体共同努力的结果。依托国家宏观经济政策、发展战略,企业管理层、全体员工的共同努力和相应软件、技术的支持,信息技术的发展不再是牛顿时代个人的杰作。企业信息化工程实施要符合国家宏观经济发展的需要,符合企业发展战略的需要,符合企业实际现状的需要。

1.4 企业信息化工程的实施

企业信息化成为企业提高市场竞争能力的有效途径之一。我国开展了一系列理论研究和信息系统应用普及推广,尤其是所有大型企业已经全部开展了信息化工程,信息化已经成为企业界、政府和学者关注的热点,2004年至2005年全国投资400亿元开展企业信息化建设。但是,根据2006年对大型企业信息化应用及市场现状与需求调查,表明只有3.7%的大型企业信息化建设产生了显著效益,企业真正把计算机同整个管理过程结合起来,将组织内部和外部的资源充分地整合,得到有效利用。例如应用了SCM(供应链管理)、CRM(客户关系管理)、BI(商业智能)、PLM(产品生命周期管理)、Portal(企业门户)等管理信息化软件系统扩大了企业资源的外延,并以更加丰富翔实的信息辅助高层决策,从而提升了企业的生存能力、竞争实力和发展潜力。可见,中国大型企业信息化工程产生显著效益,开始关注社会信息化。处于信息化高级阶段的仅是小部分,中国大型企业信息化建设还有待于进一步的加强。调查结果还表明,17.1%的大型企业正处于业务重组,36.1%的大型企业进入了集成信息化阶段,43.1%的大型企业尚处于个别流程优化的单元信息化建设阶段。可见,中国企业信息化的建设任重道远。

1.4.1 企业信息化工程实施概况

据2006年调查结果表明,绝大多数大企业都设立了信息化管理机构。其中,92.6%的大企业已设立了专门的企业信息化主管机构,并且有98.6%的大型企业制订了企业信息化的总体规划。这说明大型企业已经非常重视信息化建设。同时,有95.9%的大型企业已经建设和正在建设企业内部网(Intranet),97.7%的企业已通过数据专线、ADSL、光纤等方式接入了国际互联网(Internet),并且有76.7%的大型企业已经建设了企业统一对外网站。说明大型企业基础网络设施建设阶段已经基本完成。

1) 现阶段厂商提供的解决方案并未得到大型企业IT采购主管的认可

IT厂商都在围绕提供解决方案来推广自己的产品,但通过调查显示,大型企业采购IT产品时,解决方案并不是关注的主要因素,在用户关注的因素中只排第7位。用户除了产品价格以外,还主要关注产品的可靠性、可扩展性、实用性和厂商的配套服务。

这说明大型企业IT采购更加趋于理性,关注产品在价值链中的每个环节是否都由最适合企业情况的专业公司完成,是否能够获得最先进、前沿的技术和技能等等。但当面对企业内部的信息系统专业能力流失、失去对信息系统的控制和形成对开发商的依赖等风险时,大多数企业却望而却步。据调查结果显示,只有1.4%的大型企业选择将后台系统外包给第三方,3.3%的大型企业将前后台全部外包给第三方。

2) 大型企业信息化中的核心业务应用依然有限

据调查结果显示有72.1%的大型企业完成了财务管理信息系统建设,60.0%的大型企业完成了办公自动化系统建设。说明大部分企业财务管理信息系统和办公自动化系统的建设已经完成,使用也相对成熟。但是,大多数企业的其他核心业务系统都处于建设和计划中,其中有24.2%的企业正在进行生产计划控制系统建设,21.7%的企业正在进行人力资源管理系统建设,21.1%的企业正在进行资产管理系统建设。同时有34.1%的企业把客户资源管理系统作为计划建设的重点,28.9%的企业把供应链管理系统作为计划建设的重点,26.4%的企业把电子商务系统作为计划建设的重点。这一方面说明大型企业信息化中的核心业务应用依然有限,另一方面也揭示了核心业务系统建设将成为大型企业信息化建设的重点。

3) 只有三成左右的大型企业接受第三方咨询服务

企业实施企业信息化工程,请第三方咨询机构进行业务重组、实施方案评估等方面的咨询,似乎离中国大多数企业还很遥远。但是据调查发现,有三成左右的大型企业接受业务系统建设的第三方咨询。如:上客户资源管理系统时,33.4%的大型企业选择了第三方咨询公司,但也有66.6%的大型企业没有采用第三方咨询;在上供应链管理系统时,32.4%的大型企业选择了第三方咨询公司,同时67.6%的大型企业没有采用第三方咨询。

4) 大型企业很少采用IT服务外包模式

IT服务外包确实可以给企业带来很多好处,例如:通过外包推动企业注重自己的核心业务,专注核心竞争力;与内部信息技术部门相比,外包服务商因规模效应等原因能以较低的成本提供服务。

大多数企业还是主要靠自己的技术人员进行信息系统管理,其中:73.7%的大型企业自己负责前台设备及系统的维护;21.6%的大型企业自己负责维护前台、厂家维护后台。以上数据说明大型企业对IT服务外包还没有认同。

5) 大型企业信息安全系统建设从被动进入主动阶段

大型企业信息安全系统建设正在发生3个变化:从"被动防御"转入"主动防御"、"从产品孤立"向"集中管理"过渡、从"单一防御"到"整体防御"深入。发生变化的主要原因是随着业务系统建设,信息系统已经和企业生存发展息息相关,所以系统安全性显得更为重要。通过调查,我们也看到:大型企业为了保证业务系统安全稳定的运行,采用了本地备份、异地备份、防火墙、杀毒软件等多种方式保证系统的安全,大型企业信息安全系统建设从被动进入主动阶段。以企业客户资源管理系统为例,50%的大型企业采用本地定时备份的方式保证系统安全;同时有46.6%的大型企业采用网络版杀毒软件保证系统安全;37.5%的大型企业采用本地实时备份的方式保证系统安全;31.3%的大型企业采用硬件防火墙的方式保证系统安全;同时分别有12.5%和9.4%的大型企业已经采取了异地定时和实时备份。

6) 大型企业信息化建设投入明显低于国际水平

从中国大型企业信息化建设投入来看,明显低于国际大型企业水平。据调查结果显示,中国大型企业的信息化投入占总资产的比例约为0.46%,而发达国家大企业的信息化投入占总资产的比例一般在5%以上。

同时大型企业IT应用水平有待进一步提高。大多数企业在财务管理系统、办公自动化系统、企业内部网等基础性系统方面建设工作已经基本完成;但对于提高企业竞争力具有重要作用的企业资源规划系统、客户关系管理系统应用等方面,大多数企业仍处于建设过程中或计划中。

从企业信息化总体投入状况可以看出一个企业对于信息化的总体认知程度,而信息化投入的具体分布状况又能够反映出一个企业对信息化的投入重点及对信息化的全面认识。通过对大型企业中信息化建设状况的研究发现,企业信息化投资合理性有待增强。一些企业中还存在重硬件、轻软件、无视培训和服务现象,信息资源的开发利用不足。

1.4.2 企业信息化工程实施经典案例

计算机在企业各个方面的应用已经历了30多年的探索、实践。信息化理念的提出和实施使计算机应用无论在认识上,还是在计算机所发挥的作用方面都产生了质的飞跃。至今,我国信息化工程实施已经有成千上万的实施案例。无论是国际大环境,还是企业参与国际市场竞争的压力都迫使企业加快信息化工程的实施,信息化是企业获取现代资源的有效手段和必备工具,也是企业发展战略的重要目标。事实上我国信息化工程实施效果并不理想,与企业的期望,欧美地区企业相比差距太大。为此,在2003年863—CIMS主题组提出《研制适合中国国情的ERP系统》的重大研究课题,但是至今没有突破性的进展。实际上更应该详细研究我国企业信息化工程走过的历程,通过分析企业信息化工程实施的案例,从中提炼出适合中国国情的企业信息化发展规律,为建立企业信息化发展规律提供实证。

1) 企业信息化工程实施成功经验

企业信息化(WWW.CHINABBC.COM.CN)、先进制造技术(WWW.AMT.GOV.CN)、制造业信息化(WWW.MEI.COM.CN)等网站提供的企业信息化工程实施成功的案例,并结合我们负责的多项制造企业信息化实施的经历,认为企业信息化实施成功具有如下一些普遍的规律和特征。

(1) 企业发展是信息化的第一驱动力

我们来分析深圳凯欣达多媒体有限公司实施信息化的案例:凯欣达多媒体有限公司作为中国最具实力的数码影音产品制造企业之一,生产产品品种多。除了生产网络数码家庭影院、激光视盘机、功放、音箱、MP3播放机等视听产品外,还新成立了AV、TV事业部,生产电视机、数码相机等数码影像产品。用户交货时间短,用户需求变化大,而且该企业在产业链中的上下游供应商的信息化程度均较高,各单位的管理模式、产品技术、乃至业务流程都纷纷与国际接轨。显然,信息成为企业的发展,乃至生存的重要资源,如果不搞信息化建设,企业的确很难获得持续发展。因此,把企业信息化建设目标从企业发展的战略性目标落实到战术性目标。

(2) 领导参与是信息化建设成功的保证

领导参与在我国显得尤其重要,已经是我国信息化工程实施的基本原则,在信息化建设过程中对领导参与要有更深层次的理解。领导的支持不能停留在提高认识上,信息化工程建设光有人、有钱是远远不够的,这还不足于确保企业信息化实施的成功,只有领导亲自参与企业信息化工程的建设和应用,才能确保项目实施成功。江苏无锡利锡拉链厂厂长蔡正兴亲自出国考察国际企业的信息化情况,全面负责项目实施,提出了企业信息化提供商"合作的对象必须是能与企业共同发展而长期合作的战略伙伴",如果只是单纯的ERP供应商是不足以帮助公司进行一次从管理体制到管理思想深层次的变革,"走向二次腾飞"的。蔡正兴顶住各种压力,坚持制造企业信息化的发展战略,把信息化建设作为企业生产、经营的一个重要组成部分,把一个乡办小厂创建成能生产各种规格拉链产品,品种几千,年产值几亿的全国行业龙头、亚洲著名的企业。可见,信息化在企业发展中发挥了巨大的作用。

(3) 信息化建设的目标与企业信息化基础相协调

信息化不是一蹴而就的,集成信息化必须要经历单元信息化的实践,甚至是失败的经历。深圳凯欣达多媒体有限公司原有公司财务软件和其他管理软件,但是各自为政的独立应用,结果在企业内部形成了若干个信息孤岛,数据无法共享。尽管这些分系统仍然在各部门起着重要的作用,但这些原来分立的信息系统带来的问题在于,物流、资金流无法集成,数据实时性和准确性均较差,库存的实时准确、生产计划和物料计划的准确性均较欠缺。可见,只有在对信息化工程有了深刻认识的基础上,全面规划新一代的企业信息化工程,才能达到信息化建设的目标。又如无锡锡利拉链厂,在全面实施信息化工程前,公司已经拥有财务应收应付系统。而且财务应收应付数据能传递到"进销存"软件数据库中使用。"进销存"软件是运用 FoxPro 数据库系统开发的,网络平台为 NetWare V3.12,工作站端应用软件运行于 Windows V3.2 环境下。公司绝大部分订单经营销计划部评审后录入"进销存"软件,由生产经营部运行相应功能模块后,再分解订单中的产品,最后打印备料单和施工单经人工传递到各生产车间安排生产。这样,新建信息系统应用软件的使用减轻了财务人员和业务人员的部分工作量,让无锡锡利拉链厂管理层对计算机辅助企业管理有了一定的感性认识、积累了大量的客户信息和产品数据。然而,随着数据量的增加,公司的绝大部分仓库出入库单据仅由两台联网微机运行处理,已经无法满足企业管理信息化的需要。必须在原有的基础上进一步扩大信息系统的功能与应用范围。

(4) 制造企业与信息系统供应商全面沟通

制造企业信息化实施是企业的一场革命,必须抛弃一切不合理的管理制度、方法、体制和组织。信息化本身对企业而言是一个创新,是换思维、换环境、换习俗、换方式的变革,是使企业适合现代企业发展的需求,提升企业市场竞争活力,提高企业效益的目标创新和革命。所有成功实施信息化的企业都感受过信息化对企业传统模式革新的冲击、压力和变迁等痛苦的经历。企业重组成为信息化成功的必由之路,成为信息化进程中的前提。如果企业没有进行 BPR、规范企业的业务流程,就无法使企业的运作走上正轨,发挥信息系统的作用。一味地想让软件去适应企业的不规范的流程,迫使 ERP 系统行动举步艰难。没有真正了解企业对信息化的需求、企业所属产业所生产产品的个性化和信息化特征等基本问题,盲目重组其结果不是优化,而是颠覆、混乱,导致企业系统失控。无锡利锡拉链厂厂长蔡正兴不仅亲自抓项目,出国考察,而且广招信息化工程提供商,精心挑选。在项目实施前反复交流,使供应商对企业从了解到利益共存,目标一致,站在相同的发展方向。企业与信息化工程供应商之间开始从磨合,最终到融合。整个交流长达一年时间,供应商与企业相互彻底了解后才开始投资建设信息化工程。

唐山建龙实业有限公司在 ERP 项目实施过程中,公司成立了信息中心,组织技术和管理人员对 ERP 产品和市场进行了详细的调查。对国内外 ERP 产品供应商的技术、功能、价格和售后服务等情况进行了比较和分析,最后选择了北京和佳公司。唐山建龙与和佳公司的专家进行了多次互访,和佳公司了解了企业的管理需求,才达成了合作意向。然后,正式签订协议,启动 ERP 实施项目。

镇江市某生产 VCD、DVD 的企业,20 世纪 90 年代初在国内电子产品同行中处于领先地位。企业产量、企业规模迅速发展,原有信息系统制约着企业的进一步向前发展。企业高层领导很快意识到信息化工程的建设是企业拓展市场,提高企业管理水平与国际市场竞争的最有效的手段。企业从 1995 年起开始筹划实施信息化工程,但是由于高层领导对信息化的本质没有完全理解,把信息化工程简单地看成企业一般技术项目,信息系统的应用作为一般先进制造设备引进。根本没有考虑与供应商交流、洽谈,仅作了简单的性能价格比较,企业直接派人到软件供应商公司短训一个月,盲目上马,结果无论企业高层如何下决心,也没有弄明白信息化过程中所出问题的原因,更谈不上正确解决问题。信息系统给企业管理上造成了极大的混乱,最可怕的是员工人人自危,惟恐下岗,最终宣告停止使用。信息系统资产(100 万人民币)就这样流失了。企业的发展受到了极大的创伤,直到现在企业信息化工程仍然没有建立起来,企业在市场竞争中的压力越来越大。

(5) 软件系统与企业系统相融合

软件系统是没有生命的固定程式操作工具,在信息化建设初期,不论企业的高层领导考虑如何全面、正确,站在怎样的高度、长远的发展战略,今天最好的信息系统,到了明天就不是最合适的信息系统了。企业要生存,必须要成长和发展,否则会被淘汰。因此,软件系统必须与企业系统相融合,信息化才有生命力。

张家港钢铁有限公司在实施企业信息化工程过程中,在 1997 年企业选择了

ORACLE 公司的 ERP 产品,并进行全面实施,取得了巨大的成功,管理水平、制造技术上了一个新的台阶,很快就成为国家 CIMS 工程的典范。然而,由于管理体制、管理方法和企业文化等因素,遇到了很多的问题,导致企业领导逐步放弃 ORACLE 的功能模块,进行大量的二次开发,以适应企业实施需要。二次开发的软件和 ORACLE 软件的比例为 8∶2,最后 ORACLE 的大部分功能模块被弃用了。值得注意的是,除了质量管理、数据采集、废料管理等一些原有的自主开发的软件之外,企业 IT 部门对一些厂里现有流程不匹配的应用做了重新开发。随着企业的进一步发展,这样的开发越来越不适应企业的业务要求,二次开发的弊端也暴露出来了。因此,该企业老总做出果断决策,决定放弃 ORACLE,选择了 SAP 公司的 ERP 产品,一切从头开始。

许继集团在信息化建设过程中,企业内部为了适应市场变化,开始进行重大的机构调整。但是许继高层在调整的过程中,更多的是关注企业的生存、企业经营的合理化和利润最大化,没有认真考虑结构调整对 ERP 项目的影响。企业经营结构变了,ERP 软件流程却已经定死了,软件供应商(Symix 公司)也似乎无能为力,想不出很好的解决方案。于是许继不得不与 Symix 公司友好协商,项目暂停,虽然已经运行了 5 个月,但是继续运行显然已经失去了意义。

可见,现在的信息系统以固定的程式无法满足千变万化的企业需求。在信息化的初期,人们还把这种现象看成是软件产品生命周期的迹象,以及快速发展软件业的市场需求动力。但是,企业的 CEO 越来越不满足 CIO 提供的信息,这不是 CIO 工作的不努力,而是 CEO 的每个变化要想在信息系统中得到实施,必须要进行二次开发,修改系统,信息系统的维护修改工作量随着企业信息系统的复杂化而难度倍增。IBM 公司提出的构件系统设计思想满足了 CEO 随时提出的信息加工需求。

2) 企业信息化实施失败原因

近年来,随着我国信息化社会的迅速发展,国内企业信息化建设日益受到企业的关注并普遍开展起来。据不完全统计,我国目前已有几千家企业购买了 MRP Ⅱ/ERP 系统软件,开始实施企业信息化工程。然而,在所有的 ERP 系统应用中,按期按预算成功实现系统集成的只占 10%～20%;没有实现系统集成或实现部分集成的有 30%～40%;而失败的却占了 50%左右。如此令人沮丧的事实摆在眼前,不得不引起我们反思,找出失败的原因,找到一个重新崛起的坦途。

对此，国内外学者作了较深入、全面的分析，但是从企业信息化发展规律来看信息化建设失败的原因却不少。事实上，企业信息化建设要符合信息化建设的发展规律，否则必将成为信息化工程实施成功的重大阻力，甚至是导致失败的主要原因之一。

(1) 投资要符合企业发展并及时得到回报

投资巨大是企业信息化工程的主要特点之一。企业是否具有信息化建设的投资能力是信息化建设成败的主要因素之一。超能力的投资，又不能及时得到投资回报，必将严重影响企业的健康发展，加剧企业困境，加速企业的死亡。江苏某汽车制造集团在信息化实施前是国内具有很强实力的制造企业，信息化投资1千多万，三年没有理顺业务流，信息系统没有发挥作用。1千万的资产流失，给企业造成重大打击，企业几乎破产。广州标致汽车公司同样是因为IMS7软件投资太大、实施时间太长，在看不到明显效果的时候，迫使企业削弱甚至停止了投资，加速信息化建设失败。江苏无锡利锡拉链厂在信息化建设时全厂年利润仅80万，信息化建设项目投资100万，在信息化建设过程中走了一步险棋。但是，企业总经理十分重视信息化的应用，实施一步，应用一步，实施与应用同步，使信息化的投资及时得到回收。当年节省支出60万，规避了投资风险，取得了巨大成功。

(2) 人才建设、技术服务与信息化建设同步

信息化建设是企业现代化管理建设的主要体现，人才是管理的关键。如果供应商没有提供有效系统的维护和开发，使用人员培训时间过长，费用昂贵，信息技术人员不能获得较高报酬，工作缺乏积极性，将严重影响信息化建设进度和信息系统的应用实效。广州标致汽车公司因信息技术人员的薪金没有处理好，因此在信息化建设过程中人员不断出国、跳槽、调离，人才被IBM、DEC、ORACLE、HP、SSA等著名公司挖走，实施队伍不稳定，经验不但不能积累起来，反而越来越单薄。这种局面，使应用工作陷入被动之中。而江苏徐州某工程集团在20世纪90年代实施企业信息化工程时，十分重视信息技术，尊重技术人才；信息化实施过程中实施项目经理的年薪金大大超过公司总经理的薪金；并且在生活上、工作上、学习等各个方面关心技术人员，使其他企业无论采用什么手段都无法挖走信息化建设的骨干力量，稳定了信息化建设队伍，确保了信息化工程实施的成功。

(3) 信息化项目实施战线不宜太长

应用实施阶段战线拉得过长，也是导致项目失败的一个重要原因。只有一个好的实施方案是远远不够的，更重要的是端正各层管理人员的态度，摆正 ERP 项目的位置，把它放到和生产同一高度，甚至更高的层次，制定发展战略规划，出台适合 ERP 实施的有利政策，按照"效益驱动、总体规划、重点突破、分步实施、推广应用"的方针来指导项目的顺利开展。只有这样，才能真正发挥 ERP 在企业中的作用。

江苏锡利拉链厂在单元信息化的基础上搞信息化集成分了两期工程；江苏徐州工程机械集团仅单元信息化就用了 10 年的时间；深圳凯欣达多媒体有限公司信息化建设在信息集成建设用了两期工程，而广州某汽车公司不切实际，期望一次完成信息化建设，给实施留下隐患，必将导致企业信息化工程实施失败。

1.4.3 企业信息化工程实施过程常见问题

在企业信息化工程实施过程中，不仅存在着信息技术咨询、工程项目监理、企业业务流程重组和企业文化建设等问题，还有如下几方面的主要问题：

1) 企业与信息化之间的关系不够明确

制造类企业主营业务是产品，产品的研发和市场是企业的生命线。信息化是企业处于服务职能的、辅助的，IT 部门的业务不是企业的最终目的，更不是企业追求的最终目标。因此，信息化是制造类企业的第二优先级的工作。企业和政府有关部门一定要正确理解国家正在进行的企业信息化工程推进的本质，千万不要当成政治任务或是治企业百病的灵丹妙药。在全面普及应用信息化技术的同时，要正确认识信息化与主营业务之间的关系，正确决策企业信息化建设的投资规模、内容和进程，千万不能盲目搞信息化，忽视主营业务。

上个世纪的制造模式正逐步被新世纪以网络为核心的敏捷制造模式取代，即整个世界是个地球村，实现分散网络化设计＋制造＋管理模式，以最低的成本、最快的上市时间、最优的技术组合通过网络实现全球化的资源共享与优化。

2) 企业对信息化工程的复杂性认识不足

现代企业信息系统正是在信息时代的带动下，伴随着信息技术的形成与发展，由不断进步的信息技术在制造领域逐步深入应用而形成的独具特色的学科门类和软件产业。它既来源于信息技术，属于信息系统范畴，又与传统管理为主线的信息系统有着明显的不同,自成体系,是信息系统发展应用的一个重要领域和分支。现代制造信息系统泛指用于制造企业,适应现代制造模式的信息系统,是迅猛发展的信息技术与传统制造技术相结合的一个交叉学科的产物,是现代制造企业信息流的主要载体和表现形式。制造产业链涉及的企业多、环节多,与海关、银行、税务等社会多个部门相关联。一个产品由原材料到产品,再到销售和报废全寿命周期常常有多个中间环节。整个过程所涉及的信息是海量的,企业在信息流的各个环节中使用的信息系统也是多种多样,但各环节的信息系统是相互关联而成体系的。所以,实施信息化工程必须从全局出发考虑到企业资金流、物流和信息流的自然属性,以系统论的思想做指导才能取得应有的效果。

3) 企业对信息化的价值观缺乏认同

企业信息化包含的内容十分丰富。ERP 只是实现企业管理信息化的一种手段,还有其他的信息化方法和工具,如 CRM(客户关系管理)、SCM(供应链管理)等等,还有 CAX 的辅助设计制造、底层自动化等企业其他业务领域的信息化,但信息化不是制造企业的主营业务,往往制造企业对信息化的了解停留在一知半解的状态。社会上缺乏统一的、共识的标准和体系,制造企业对此认识就更不统一。有些企业甚至认为企业信息化就是上 ERP,对其系统性和全面性认识缺乏必要的了解。信息化所带来的效益主要是间接效益。直接效益很难准确衡量和评价。另外信息化建设是一个长久的建设工程,投资回报周期较长,见效缓慢,并且不明显。这些给企业如何评估信息化的价值,是否投资建设等正确决策带来困难,不同企业认识不同,特别是中小企业往往存在对企业信息化认识不足的缺陷。信息系统是一个知识密集型产业,需要较大的前期投入和复杂的售后服务,企业往往对此过程缺乏认同,认为软件只是一张光盘,又可以拷贝,对软件的价值缺乏正确的认同感。

4) 中小企业 ERP 市场举步艰难

信息化建设,特别是中小企业的 ERP 市场混乱,软件企业生存困难。由于存在上述企业对信息化系统价值观的认同问题,国内制造企业的管理十分不规范,个性化很强,使得 ERP 不能以批量的商品出售,往往出现一些难以收尾的信息化工程。随着企业不断的修改变化,常常造成 ERP 实施周期很长,而企业所出的资金又很有限,使得 ERP 公司无钱可赚,甚至亏损。国内 ERP 企业之间还存在严重的价格战现象又加重恶性循环。

5) 企业信息化缺乏系统性培训和服务

我们强调企业信息化是一个系统工程,不是企业的主营业务。要实施该工程需要企业价值观的认同,对信息化需要有一个全面深入的认识和理解。很多 IT 公司到企业的宣传往往存在局限性和片面性,很难按照现代研制信息系统的工程性特点提出全面而又科学的解决方案。还有很多 IT 公司由于利益问题,过分夸大本身系统的作用,回避一些潜在的问题,对困难估计不足。因为不是制造企业的主营业务,特别是具有决策权利的企业老板缺乏对信息化的全面、深刻认识,很多企业,特别是中小企业对信息化工作重视程度不够,实施时存在人力组织不强,执行力度不够等问题。企业信息化工程是一个典型的跨制造、计算机、网络通讯和管理学科的交叉学科。目前国内缺乏系统全面的信息化咨询服务公司,对企业的培训和咨询服务高度和全面性不够。特别是中立性质的,不以赢利为目的、信誉很好、服务到位的咨询服务机构更是十分缺乏。

6) 企业信息孤岛现象严重,系统集成困难

信息技术日新月异的发展,现代企业信息系统处于不断变化和发展状态。原有系统不断更新换代,新的系统层出不穷,企业的信息化建设也随着技术的发展不断完成,特别是制造类企业,往往有着多年的信息化建设历史。企业内的信息系统建设是一个单元接着一个单元建设的,很多企业缺乏统一的信息系统规划,形成了众多信息孤岛,市场上也缺乏集成化的企业信息系统。目前的信息系统供应商还是分门别类的,以产品生命周期为主线可分为产品设计系统、制造与分析系统、产品数据管理系统、企业生产资源管理系统以及底层的自动化系统几个层面。虽然目前企业信息化系统普遍重视了相互之间的集成问题,新开发的系统都留有接口,开放部分结构。但各系统之间要真正实现无缝集成,还缺乏统一的标准,实现起来也很困难。

第 2 章　企业管理信息化工程

企业管理信息化工程是企业信息化工程的重要组成部分,也是我国当前提出"两化深度融合"的主要建设内容。企业管理信息化工程为企业信息化工程建设提供了有力的支持。

2.1　企业管理信息化基础

企业管理信息化(Enterprise Informatization Management,简称 EIM)是企业在管理实务中应用信息技术、信息系统实现相关管理功能,解决传统管理手段与方法无法解决的问题,能极大地提高管理效率,产生管理效益的过程。

2.1.1　企业管理信息化内涵

随着计算机网络、信息技术、信息系统和数据库技术的快速发展与普及应用,以及生产规模扩大与生产方式多样,市场环境瞬息万变,企业面临国际化和信息化过程中,既产生机遇的同时也遇到了巨大的挑战。企业面对高度开放的市场竞争环境,以及信息高速传递的时代背景,必须不断改变内部传统的生产与管理方式、财务预算决算制度、业务流程,以适应时代的发展要求,所有企业自愿投入或被动卷入了企业管理信息化的洪流。企业管理信息化工程已经成为提升企业管理效率,增强企业信息流通速度的重要途径。因此,无论是政府部门,还是学术界和企业界,对企业管理信息化的理论、方法、应用等领域进行了长期研究,取得了明显的成效。但是由于企业管理信息化的动态性、成长性和复杂性等诸多因素,至今还没有一个完整、权威的定义。不同学者从不同的视角给出了相应的内涵解释。

1）从企业管理信息化的要素视角认识

企业管理信息化是指在企业管理的各个环节应用数据库技术、网络技术和信息技术等先进技术，加快企业管理信息的收集、传递、加工、存储和处理速度，使这些数据和信息积聚，形成企业资源，并得到可靠的保存和充分、有效的利用，及时为企业各级管理者提供决策依据，促进企业管理水平的提高。通过企业管理信息化将企业的物料移动、资金流动、事务处理过程、生产过程、客户交易等业务过程数字化，通过企业网络使各种信息系统及时加工数据生成信息，丰富信息资源，使企业相关人员全面掌控各类动态业务信息，以做出有利于生产经营要素优化组合、企业资源合理配置，争取获得最大的经济效益的动态过程。该定义侧重在企业生产经营主要活动要素和信息系统功能要素，充分地描述了企业管理信息化的本质和应用。

2）从企业管理信息化的需求与发展视角认识

企业管理信息化是当今管理现代化的大势所趋，国内外绝大部分集团企业都纷纷开展企业管理信息化建设工程，把这种先进的管理思想融入企业，并为其谋利。特别是中小型企业，实施企业管理信息化，不仅是时代所需、也是企业发展所需。企业不搞管理信息化，就不可能实现企业管理现代化，也更不可能具有市场的敏捷应变能力。因此，企业管理信息化首先是一项管理的全身运动，是一项向传统管理模式挑战的革新，需要决策层、管理层、技术层、应用层等各个层级的共同努力才能推动；其次，它要具有一定的经济实力、技术水平、管理基础、人员素质，要求企业要具有很强的内部控制能力，能准确地将企业决策实施到位。

3）从企业管理信息化应用的视角认识

企业管理信息化是指企业广泛利用现代信息技术资源，将现代先进的管理技术和管理理念引入到企业具体业务流程中，实现企业管理的自动化，提高企业的管理水平和管理效率，增强企业的核心竞争力。可见，企业管理信息化是现代企业提升核心竞争力的有效方法之一。因此，越来越多的网络技术、信息技术和信息系统被应用到企业管理中，这也就是我们常说的企业管理信息化。

总之，企业管理信息化是指整合企业内外经营资源管理的动态过程，使企业业务数据统一化、掌控数据系统化，并实现企业内外部信息在线传递和多端口实时在线处理。它是向具有高度集成化和智能化的新的管理方式变迁的过程。目前，企业管理信息化已经在我国大中型企业中得到广泛应用，特别是在政府、银行业、制造业、零售业、高科技行业、保险业等很多行业。企业管理信息化建设涉及产品开发、生产、财务管理、销售管理、人力资源管理、行政管理等各个方面，是一项非常系统化的工程。企业管理信息化就是流程、职责、指标、权限等信息规范化的过程。事实上，企业管理信息化建设有利于及时发现和解决企业管理中的一些弊病和漏洞，有利于加快企业运行速率，降低企业运转成本，提高企业市场竞争力。企业管理信息化运用可以辅助销售管理，就能按照货款回收、销售收入、利润和资金占用等指标开展微机化管理，不仅能够提高工作效率，增强资金计算的准确性，而且还能有力地控制了销售费用与成本。

2.1.2 企业管理信息化特点

对企业而言，企业管理信息化是一项长期持久不断提升的过程。随着企业管理新概念、新思想、新方法的不断涌现，企业管理的理论不断丰富，管理内涵不断外延，管理业务不断精细，管理需要信息技术、信息系统充分发挥管理效应。企业管理与信息技术及信息系统不断相互渗透，相互融合，逐步产生交叉学科。这一新的学科理论与方法具有自身鲜明特点。

1) 多学科交叉，动态协调发展

企业管理信息化是通过管理信息系统的应用动态实现的。在管理信息系统的研发、实施、运行维护等过程中，不仅涉及相应的管理技术、管理业务和管理流程，还会涉及计算机原理、软件工程、程序设计语言等计算机科学与工程相关的知识，以及信息处理、信号处理、通信技术、编码技术和网络技术等相关信息技术。而且，这些理论与技术的应用要满足企业管理的需要，应当从企业管理实际需求出发，寻找最经济、实用、有效的相关理论和技术，同时需要将管理、技术、理论动态协调，充分发挥各自的作用。

2) 应用领域广泛，实务性强

从企业的角度，将会涉及制造业、商业、金融业、服务业等不同的组织，而且这些组织的行业不同、规模不同、性质不同，相应的业务内涵也不同。即使在特定的某一个企业内部，针对人、财、物具有不同的管理业务和流程。企业管理信息化工程建设要满足各色各样的需要，而且必须落到实处，能解决企业管理中的相关问题。企业管理信息化应用的广泛性和强大的实务应用能力是其最基本的特点之一。

3）信息传递快，实时性强

信息传递快、实时性是企业管理信息化产生效益的基本特征。企业各层管理者只有通过管理信息系统实时掌控企业活动，了解企业运用现状，才能使管理落到实处，决策具有科学依据，使得PDCA的管理模式得到实现，企业内外用户得到精确的相关信息。例如，客户能随时了解订单进度状态，计划部门能跟踪各类订单状态。

4）开放互连，功能增加与性能提升时变性

企业管理信息化的长期性，企业对管理信息系统的需求随时更新和扩展。原有的管理信息系统软件逐步形成企业的管理方式，产生的数据成为企业宝贵的资产，企业需求的变化、增加是经常发生的常态。企业管理信息化过程中研发的管理信息系统具有开放互连，能及时吸收新功能模块，改造旧功能模块，以满足企业不断提出的新需求。

5）网络结构，系统复杂

企业的快速发展，已经不再是单个企业孤军奋战，而是从物流、价值流和信息流角度联合形成的供应链、客户关系管理。即使是一个企业的管理信息化，由于企业内部将涉及分布在不同地理位置的职能部门，必须采用网络结构，管理信息系统不仅功能繁多，而且联系复杂。因此，企业管理信息化工程十分复杂，需要采用系统工程的理论与方法规范管理信息系统的研发。

6）阶段性和完善性

企业在不断成长，企业管理信息化也需要伴随企业的成长不断完善其功能和性能。因此，企业管理信息化是一个逐步完成、调整的过程，一步到位，做到最好是不可能的，用户的需求在变，企业管理信息化必须分步实现，以满足当前的需求为目标。

企业管理信息化工程有许多，还有工程项目特性和逐步融合演化特点等，在工程项目建设与实施过程中需要抓住其特点，明确其目标，加速实现，尽快产生效益。

2.1.3 企业管理信息化常见问题

企业信息化工程建设的复杂性、动态性和学科交叉性等特性，导致企业管理信息化工程项目的建设经常会产生一些问题，无法达到预期目标。

1) 企业管理信息化工程过程中企业常见问题

企业在管理信息化工程建设中一旦出现问题，往往是一头雾水，很难理清问题的起因和最佳解决方案。这是由于企业管理信息化工程是一项管理的革新，需要进行知识转移。企业面对飞速发展的信息技术与信息系统，其掌握知识和技能往往是被动、落后的。也正是因为企业具有这样的现象，企业才急需开展管理信息化工程建设，提高企业的管理水平。在企业管理信息化工程实施全生命周期中遇见的问题十分复杂，在此仅阐述几个出现频率较高的问题。

（1）企业高层管理者重视不够。企业管理信息化工程建设的服务对象、业务内容、实现目标都是为了管理者。该项目服务的管理者等级越高将产生的效益越高。领导必须参与项目建设，仅提供人力、财力和物力是不够的。领导只有亲历企业管理信息化工程建设项目的审批，管理信息系统信息的利用，企业管理信息化才能真正发挥作用。因此，企业各级领导层对信息化建设要有一个全面的认识。特别是企业一把手的高度重视、直接决策，对企业信息化的成功实施起着决定性的作用。

（2）员工培训不足。企业管理信息化不仅是个技术问题，更是一项向传统的落后管理模式挑战的管理革命，是对企业原有旧的经营方式、管理机制、组织形式、业务流程的大变革。要实施企业管理信息化，首先要解决的是企业员工的思想认识和基本操作技能问题，员工的素质、应用水平、参与程度直接影响着系统运行的好坏。

（3）制度重构不彻底。完善各项基础管理工作，为信息化管理的顺利进行奠定信息化的基础是标准化和规范化。基础管理工作完备与否是信息化管理能否可靠运行的基石。基础工作没做好，将极大地影响信息化运行，而为此付出的代价也是巨大和惨重的。因为企业管理信息化的实施，简单地说就是利用计算机网络处理系统，将一张张单据、一个个信息输入电脑，用人脑来控制电脑，用电脑来控制流程。在这个过程中，要实现物流、资金流、信息流、流程控制、客户关系、供应链衔接等环节的科学管理，就必须夯实企业基础管理，做到数据标准化、流程规范化，否则，计算机将拒绝执行操作指令。

（4）基础数据不完整，不及时。信息系统是对数据进行加工。传递和统计分析为管理者提供实时、正确的信息，实现管理水平的提高。但是企业在传统方式下对数据的实时性、完整性要求不高，采用人工的方式进行计划、规划和决策，最终导致管理水平不高。这种习俗一旦带入信息系统运行模式,最终信息系统同样不能让管理者对企业进行有效掌控。

(5) 资金不到位。企业管理信息化工程项目是一项十分庞大的系统工程,不仅技术复杂、历时长、涉及面广,而且需要大量资金。在企业信息化过程中投入与回报往往是长期的,在短期内很难直接见效。企业对管理信息化工程资金的投入往往不能及时到位,硬件采购、软件研发和实施培训都会受到影响。这种影响有时不是显式的,会逐步影响信息系统运行的效率和效应,最终影响效益。

2) 软件提供商服务常见问题

无论是管理信息系统软件研发商提供实施服务,还是经销商提供实施服务,都必须首先了解企业管理的实际需求。企业管理信息化工程应当从解决企业管理问题实际出发,脱离实际的管理信息系统软件营销是对企业的不负责,也是对软件公司的不负责。管理信息系统要与企业管理思想、管理理念、管理方法和管理流程融合,需要软件提供商负责任地去规划、分析、开发和实施,指导企业运行管理和维护评价。在企业管理信息化工程实施过程中虽然软件提供商掌握了先进的信息技术和信息系统,但是对应用企业管理系统的分析深度直接影响工程项目的成败。软件提供商要有责任性,能担当企业管理信息化工程实施全生命周期的知识转移和知识融合。

(1) 用户需求分析不深入。每个企业都存在管理系统的普遍性和特殊性,而且这种特殊性有时体现了企业的竞争优势。用户需求分析不透彻,直接影响企业管理信息化工程建设效果。在企业管理信息化工程实施过程中,软件提供商时刻要关注企业的实际需求。尤其是在工程前期,需要软件提供商引导企业管理信息化的需求。以提高企业竞争力和经济效益为主要目标,避免企业管理信息化规划目标和实施存在巨大差距。

(2) 技能服务不到位。企业管理信息化对企业每位员工都是技能革新,需要系统学习、操作体现和掌握规律,运用新系统。但是在这过程中,由于员工的素质,能力不同,往往有不少人员没有达到预期要求,需要软件提供商分层次、分阶段、分对象地培训提高。真正做到知识转移,管理信息系统在企业成为受欢迎的管理工具,否则,即使管理信息系统上马,交付使用,也会很快被各种问题拖垮。

在企业管理信息化全生命周期中软件提供商往往存在这样那样的问题,但是上述两个问题是最普遍的,而且往往很难得到软件提供商的认同。因此,在企业信息化工程建设项目实施前企业与软件提供商必须认真协商,签订规范的书面合同,以备后查。

2.1.4 企业管理信息化发展阶段

信息技术飞速发展改变着我国传统经济结构和社会秩序,企业所处的不再是以往物质经济环境,而是以网络为媒介、客户为中心,将企业组织结构、技术研发、生产制造、市场营销、售后服务紧密相连在一起的信息经济环境。信息带动管理的转变对企业成长有着全方位影响,它将彻底改变企业原有经营思想、经营方法、经营模式,通过业务模式创新、产品技术创新,或对各种资源加大投入,借助信息化提供强有力的方法和手段进行实现,其成功的关键是企业不同成长阶段与信息化工具的有机结合。传统软件厂商提供的信息化产品,以及附带的相关服务,仅局限厂商本身产品范围,从而形成只为销售某种产品交易而交付活动,忽略了客户对这种有机结合衍生的多样需求,以及随着业务发展而不断出现的新需求,形成了目前国内 ERP 软件行业普遍存在与客户间的阶段合作、产品更新、反复维护和频繁支持等问题。

企业成长路径会随着组织规模不断扩大、业务模式不断转变、市场环境不断变化,导致对信息管理的要求从局部向整体、从总部向基层、从简单向复合进行演变。企业信息化从初始建设到不断优化、升级、扩展和升迁来完成整个信息化建设工作,体现了企业信息管理由窄到宽、由浅至深、由简变繁的特性需求变化。

管理信息系统在推动企业管理变革、提高绩效管理、增强企业核心竞争力等方面发挥越来越重要的作用。面对互联网时代信息技术革新和中国企业成长路径的需要,通过 B/S 模式完成对 C/S 模式的应用扩展,实现了不同人员在不同地点,基于 IE 浏览器不同接入方式进行共同数据的访问与操作,极大降低异地用户系统维护与升级成本,正是企业管理信息化工程的重心所在。企业管理信息化工程的发展应做到及时便利、准确安全和低廉成本等基本要求。

1) 及时便利

网络信息化把客户经营管理提升到更高层级。无论针对终端客户、分支机构、还是异地化协同办公,都可利用互联网的快捷在管理信息系统进行直接对话,并及时解决客户经营难题,增加企业自身核心竞争能力。而网上系统随时随地给予客户的支持,从教会管理信息系统使用开始的牵手到终生式服务,让客户亲身体验服务的便利性,最终增进企业和软件厂商间达成长期合作的共识。

2) 准确安全

网络数据传导需要精细准确,并涉及企业内部资料隐蔽和安全。软件厂商提供的信息系统安全拥有高级别防护措施,具备高精度身份验证及用户识别功能。不同客户进入管理信息系统都可获取不同功能权限、数据权限所对应的职责信息,或者根据使用者身份等级不同,得到人机对话差异性授权。这些都是对互联网应用系统的深层期望,也更受广大客户的垂青。

3) 低廉成本

众多企业的高成本日常应用与本地化服务一直是困扰大家的问题。企业因在管理信息系统中的各种操作不当,或者对升级换代的管理信息系统产品不熟悉,经常需要技术支持人员上门解决,为此每年都要支付一定的服务费用。通过网上系统进行远程控制与操作访问,成本非常低廉。企业异地人员、软件厂商客服人员都可进行网络实时操作来解决发生的问题。

4) 更新观念

企业的信息化建设过程是对传统、陈旧、落后的管理思想、管理方式的改造过程。企业的信息化建设需要企业各级人员对企业信息化有充分的理解,从上到下形成共识。人是具有能动性的信息处理者,现代企业的发展在很大程度上依靠信息、知识和创新,所以观念的转变在企业信息化建设中显得相当重要。

5) 塑造企业文化

传统的企业文化往往体现一种刚性管理的思想,是一种强调严格控制、高度集权的企业文化。这很难适应新的经济环境,也不适应企业管理信息化建设的要求。要想实现企业管理信息化必须塑造以人为本的管理思想,新的企业文化应该注重个人价值的实现,增进人与人之间的沟通、合作和信任,以便大家协同作战。

随着现代网络技术的发展,企业管理信息化建设必将朝着知识资源方向迈进,信息管理也更加倾向于知识管理。为此,现代企业管理者必须掌握一定的企业信息,学会运用相关知识获得管理策略,进而提升企业经济效益,同时学会从海量的信息中提取有效信息,学会灵活处理各类问题。

综上所述,企业管理信息化建设是一项长期而又复杂的工程,是网络发展的必然产物。在现代企业管理过程中,随着现代企业制度的建立,企业已由粗放经营管理转向集约化经营管理,特别是我国提出的"一带一路"宏伟蓝图,加速全球经济一体化的发展。在此背景下,企业必须加快企业管理信息化建设的步伐,以"互联网＋企业管理"为发展方向,将信息资源的开发、利用和管理提升到企业生存和发展的战略地位上来。

2.2 管理信息系统

企业管理信息化工程的本质是管理信息系统的研发、实施和应用的总和。管理信息系统是一个多学科动态复杂的综合系统,既可以看成由程序代码构成的软件系统,由计算机、传感器和通信设备等构成的网络系统,由数据、数据库和数据库管理系统等构成的数据库系统;还可以看成由人、规则和流程构成的管理系统,由人与人之间、企业与企业之间,以及国家之间构成的社会系统;它也是能采集、加工、传递、存储、维护和使用信息的系统,通过管理信息系统实测组织行为,利用历史数据和数学模型预测未来,帮助组织各级管理者掌控其活动,达到预期目标。

2.2.1 管理信息系统的规划

管理信息系统规划是对企业或组织总的信息系统目标、战略、信息系统资源和开发工作的一种综合性计划,是决策者、管理者和开发者共同制定和共同遵守的建立信息系统的纲领。进行系统规划,就是要根据企业的目标和发展战略,以及信息系统建设的客观规律,考虑企业面临的内外环境,科学地制定信息系统的发展战略、总体方案,并以此合理安排系统建设的进程。

1) 系统规划的目的与任务

管理信息系统的规划是遵循企业管理信息化发展规律,立足企业(或公司、集团、组织等)全局,展望未来,明确其规划目的,制定企业管理信息化工程建设的发展战略和总体方案。这是企业规划的一个重要组成部分,同时也是为企业发展策略的实现提供有效的途径之一。

(1) 系统规划的目的。管理信息系统研发首先要有明确的系统目标,才会有明确的任务。搞清楚为什么要做管理信息系统研发工作是所有工作的关键性问题。通过管理信息系统规划,可以确保管理信息系统开发符合企业总的战略目标要求,使系统能真正成为提高企业竞争力的有力管理工具;满足企业各部门对信息的需求,进一步明确为领导决策提供合理、全面和科学的依据,明确系统开发的优先顺序。

(2) 系统规划的任务。系统规划的主要任务是制定管理信息系统的发展策略;制定管理信息系统的整体方案,安排项目开发计划;制定管理信息系统建设的资源分配计划;提出执行开发计划所需要的硬件、软件、技术人员、资金等资源以及整个系统建设的概算,进行可行性分析。

2) 系统规划的一般过程

系统规划要通过调研,梳理出将要解决的问题。然后,针对这些问题制定出解决方案。系统规划是一个复杂过程,需要遵循系统工程的方法,逐步完成。首先要确定规划基本问题,然后通过调查收集起始信息,同时对企业现状进行评估和识别规划约束,再设定企业管理信息系统的目标,准备规划矩阵。依次确定企业信息化相关活动是一次性工程项目,还是一种重复经常性的活动,确定项目优先权、估计项目成本。以此可编制项目总的执行进度计划,然后把规划书写成书面格式。在此流程中还要不断与用户、信息系统工作人员,以及管理信息系统委员会的主管交换意见,并提交总经理批准,如图2-1所示。

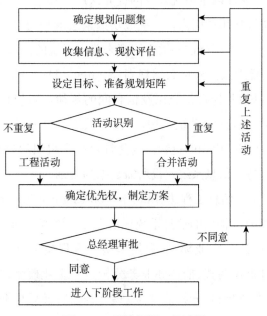

图2-1 系统规划一般过程

3）系统规划的方法

在管理信息系统发展过程中,许多学者从不同的角度提出不同的系统规划方法。因此,管理信息系统规划的方法有很多种,各种方法都具有一定的特殊性和适应性,在规划方法选用时要根据企业的实际状况和规划者的特点。其主要方法有企业系统规划法、关键成功因素法、战略数据规划法等。本章重点介绍企业系统规划法。

(1) 企业系统规划法。企业系统规划(Business System Planning,简称BSP)法是 IBM 在 20 世纪 70 年代提出的,旨在帮助企业制定管理信息系统的规划,以满足企业近期和长期的信息需求。它较早运用面向过程的管理思想,是现阶段影响最广的方法。用 BSP 制定规划是一项系统工程,它自上而下识别系统目标、企业过程和数据,然后再自下而上设计系统以支持目标。

(2) 关键成功因素法。关键成功因素(Key Success Factors,简称 KSF)法是信息系统开发规划方法之一,于 1970 年由哈佛大学 William Zani 教授提出。关键成功因素法是以关键因素为依据来确定系统信息需求的一种 MIS 总体规划方法。在现行系统中,存在着多个变量影响系统目标的实现,其中若干个因素是关键的和主要的(即成功变量)。通过对关键成功因素的识别,找出实现目标所需的关键信息集合,从而确定系统开发的优先次序。在这里,关键成功因素指的是对企业成功起关键作用的因素。关键成功因素法就是通过分析找出使得企业成功的关键因素,然后再围绕这些关键因素来确定系统的需求并进行规划。

(3) 战略数据规划法。战略数据规划(Strategic Data Planning,简称 SDP)是指遵循数据库的规则,挖掘信息以及信息间的规律,经过科学的规划和设计,建立面向实际业务的数据库系统结构,以保证数据的准确性、一致性和安全性,增进信息共享,方便实际应用的过程。这是针对整个组织的数据规划,而不仅仅是针对组织中某一特定信息系统建设所需数据的规划。

(4) 信息工程法。信息工程法(Information Engineering,简称 IE)是上世纪 80 年代初 Jame.Martin 提出的信息系统规划方法。该方法的设计思路与战略系统规划法相似,通过建立企业模型、数据模型和流程模型,最终制定规划方案。这种方法首先通过企业调查、描述和业务分析建立企业模型;其次,通过业务相关实体的描述、分类、归纳和分析建立主题数据模型;最后根据实际情况进行数据分布分析,并结合数据的存储地点确定主题数据库的内容和结构,制定出数据库的开发策略等方案。此方法还提供了建立企业模型、数据模型和流程模型的相关技术手段。

(5) 价值链分析法。价值链分析法(Value Chain Analysis,简称 VCA)是上世纪 80 年代中期 Port 提出的信息系统规划方法。该方法从信息系统对组织的战略具有牵引的关键作用观点出发,将组织视为具有输入——转换——输出活动的集合,集合中的每个活动对最终服务或产品产生增值作用。为了增强企业的竞争力,可以利用信息系统增加信息的作用,使信息系统成为企业产品的增强器,从而提高企业的竞争优势。

信息系统规划的方法有许多种,不同学者从不同观点与侧面提供规划思路。在信息系统规划过程中需要结合企业管理信息化的具体情况选择信息系统规划方法。无论采用什么方法,首先要弄清企业现状、信息系统研发基础和环境,然后,根据用户的期望制定出合理的信息系统规划方案。

4) 系统规划方案的开发可行性研究

可行性研究,也称为可行性分析,是决策部门在采取一项重大改革或投入行动之前,对该项目的必要性和可能性进行分析与论证的活动。现代管理中,经济效益的评价是一个很重要的方面,在进行投资之前,最关心的问题就是该项目能否取得效益,能取得多大效益。为了避免盲目投资,减少不必要的损失,就要进行可行性研究。

管理信息系统的建设是一项投资大、时间长的复杂工程,可行性研究尤为重要。可行性分析的意义在于:它是确定项目开发的依据;它是划定下阶段工作范围、编制工作计划、协调各部门活动的依据;它是分配资源的依据,以及它是系统开发的准则。

2.2.2 管理信息系统的分析与设计

管理信息系统的分析与设计是管理信息系统研发项目的关键工作。它依据系统规划方案,明确现阶段系统研发的目标和任务,并制定出逻辑方案和物理方案。为系统实施提供可用的理论依据。

1) 系统分析

系统分析(Systems Analysis)一词最早是在上个世纪 30 年代提出的。兰德公司认为,系统分析是一种研究方略,它能在不确定的情况下,确定问题的本质和起因,明确咨询目标,找出各种可行方案,并通过一定标准与这些方案进行比较,帮助决策者在复杂的问题和环境中作出科学抉择。面对复杂的管理问题,由系统分析员负责管理信息系统开发过程中的开发人员与用户之间的沟通。由于系统分析在管理信息系统开发过程中获得了成功,到了上世纪40年代得到了进一步的发展。当前系统分析已经成为管理信息系统开发的一个重要阶段,无论是研究大系统的问题,还是建立复杂的系统,都广泛应用系统分析的思想与方法。

(1) 系统分析的主要任务。系统分析的主要任务是在系统规划的指导下,通过系统详细调查,全面地描述现阶段(规划指定工程期内的目标与任务)组织结构、业务流程和数据流程,进一步了解系统现状,以及在生产经营管理中存在的主要问题,分析造成问题的原因和用户开发管理信息系统的需求;以组织管理学、业务流程重组理论和数据结构与数据库原理为依据,运用系统分析方法、U/C矩阵、系统建模等手段明确系统目标,开展系统逻辑设计,写出系统分析报告和可行性分析报告,最终提交信息系统建设委员会审批。

(2) 系统分析的一般过程。系统分析方法的具体步骤包括:明确系统边界、确定目标、调查研究收集数据、提出备选方案和评价标准、备选方案评估和提出最可行方案。

(3) 结构化的系统分析方法。结构化的系统分析思想来源于结构化的程序设计方法,其宗旨是将一个复杂的大系统分解成若干个简单的小系统。采用从总体到具体或从全局到局部的方法了解系统、分析系统、设计逻辑方案。分析结束,需要提交设计的逻辑方案和可行性分析报告,并由主管领导审批,领导批准后才进入下一个开发阶段。

(4) 面向对象系统分析的系统模型。面向对象系统分析不同于结构化的系统分析,结构化系统分析是信息系统开发的一个重要阶段,在这个阶段有其目标、任务和提交的文档资料。系统分析是系统设计的依据,系统设计有其独立的目标和任务。面向对象的系统分析是系统设计的基础,系统设计是在系统分析的基础上实例化或具体化。面向对象系统分析的系统模型是由基本模型、补充模型和系统的详细说明三部分组成。

(5) 系统分析报告。系统分析报告是系统分析最终提交给管理信息系统建设委员会的正式文档,需要提交主管领导批准,才能进入下一阶段的工作。系统分析报告是对系统分析阶段的工作总结,全面地陈述系统分析得出的结论。

在系统分析报告中要包含应用管理信息系统企业的概述,要全面地概述企业的规模、产值、所在行业、行业排名、近年的利税等,还从管理角度和信息化角度概述企业的现状,然后提出新系统的逻辑模型和开发计划,在工程进度计划中要明确在什么时段,完成什么任务,由谁或部门负责,考核指标是什么等等。最好能画出甘特图,或网络图。当管理信息系统是面向企业或集团管理信息一体化建设时,系统分析构建的逻辑方案需要独立成册,并且对系统中所有功能分别进行技术、经济和社会等方面的可行性分析。

2) 系统设计

系统设计是新系统的物理设计阶段。根据系统分析阶段所确定的新系统的逻辑模型、功能要求,在用户提供的环境条件下,设计出一个能在计算机环境上实施的方案,即建立新系统的物理模型。因此,系统功能是否满足用户要求和系统性能是否达标,主要依赖于系统的设计,系统设计是一项技术性很强的工作,需要明确信息系统实现的方法与过程。

(1) 系统设计的主要任务。管理信息系统的开发无论采用什么方法,都需要进行系统设计。系统设计不仅能提高管理信息系统软件产品质量和用户的满意度,而且可使系统开发的相关人员提高沟通力度,减少无序、无效开发工作和增强系统的可维护性。这个阶段的任务很繁杂,也很具体。采用不同的开发方法系统设计过程与着力点会有所不同,但是,其目的都是明确信息系统该"如何做"。设计的任务都离不开明确将来管理信息系统运行的平台基础、信息系统的功能结构、信息系统的人机界面、信息系统的数据组织与存取方式、信息系统的代码体系等的具体方案、系统配置和相应管理规章制度设计。

(2) 系统设计的主要方法

系统设计方法众多,设计内容与设计过程差异很大,但是设计结果都必须按照系统分析确定的目标,满足用户需求。系统设计方法是描述系统设计的理念、过程和形式的,可以从不同的侧面进行分类。从系统成熟过程可分成归纳法和演绎法两种方法;从系统开发理念可以分成结构化的系统设计和面向对象的系统设计。

(3) 系统设计一般过程

信息系统设计技术性强、涉及面广,工作十分复杂。特别是企业信息化高级阶段的信息系统研发项目,或信息系统研发专业公司都需要设立总设计师,全面负责信息系统设计工作的规范和协调,以及对设计结果的审核。采用不同的信息系统研发方法,信息系统设计的内容、方法和过程也不同,但总体上都需要做好设计前的准备,开展设计和设计结果审核。最终设计出来的实在系统达到系统分析的目标,满足用户的需要,方便系统实施和快速投入系统运行,为企业产生效益,并提高企业的竞争力。结构化系统设计和面向对象的系统设计的一般过程如图2-2所示。

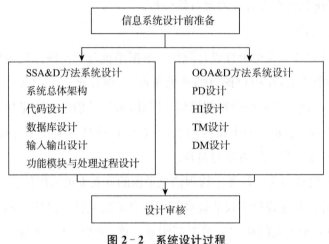

图2-2 系统设计过程

① 信息系统设计前的准备。准备工作主要包括:建立设计团队、任命总设计师、消化系统分析报告和明确分工。当企业信息化处于初级阶段时,信息系统业务单一,系统功能少,结构简单,相对而言系统设计也较简单,往往不需要组织庞大的团队和众多的人员,只要具有相关核心人员就可能完成系统设计工作。但是无论企业信息化处于什么状态,信息系统的规模大小和性能高低,都必须做好对系统分析报告的消化、解读。做到真正明确信息系统研发的目标和内容,才能动手设计,而且需要设计人员共同学习、分析,达成共识,这样才能做到事半功倍的效果。

② 开展设计。系统设计时,不同的人员往往设计不同的内容,需要总设计师把控设计进度和设计质量,并做好设计人员之间的沟通和协调。为了方便沟通,减少设计偏差,要求设计人员共同遵守系统分析时确定的方案和相关标准。特别是数据结构、信息结构、输入与输出交互接口设计等都统一数据的命名、类型

和作用域等规则。不同设计人员对共同设计类型(如:设计处理过程)还要统一设计工具和相关语言。提高设计文档的可读性、可维护性,降低沟通成本,提高设计质量。

③ 设计审核。设计审核是系统设计的重要环节。系统设计审核内容技术性强、差异性大,而且设计结果往往具有创新性,所以要求审核工作细致深入。当发现存在异常或不清楚时,需要与设计人员进行交流与沟通。设计审核不是简单的形式和标准一致性审核,更主要的是审核设计结果是否能达到设计要求,能否满足用户的信息系统需求。审核人员与设计人员共同承担设计结果产生的风险。

(4) 系统设计说明书。系统设计说明书又称为系统设计报告,是系统设计的最后成果。它全面、清楚、准确、详细地描述了系统设计过程中的具体方法、技术、手段和环境要求。新系统的物理模型或称为用户需求的解决方案,是系统实施的主要依据。因此它具有很高的经济性和一定的保密性。系统设计说明书必须按软件开发文档书写成标准格式。

2.2.3　管理信息系统的实施与运行管理

实施管理信息系统是一项技术复杂、投资大,对管理组织、内部机制、企业文化、决策方式、管理思想等都将会造成深刻影响的系统工程。它将改变旧的工作方式方法,直接影响企业内部的工作流程、物流、资金流,影响企业对这些流程的可控性、企业经营的透明度和企业经营信息的作用,改变企业工作岗位设置和岗位管理制度等。管理信息系统应用成功的关键在于系统的运行管理。在信息系统应用成功因素中三分是技术,七分是管理,而管理的关键是系统的运行管理。一个信息系统能否产生效益,并不是信息系统自身能帮助生产产品,或提高生产效率,管理信息系统只能提供管理信息。只有通过对信息系统输出信息的充分利用,提高我们的管理水平,减少工作中产生的失误,才能提高企业的市场竞争力和产品的生命力,不断扩大企业在市场中占有的份额。简要地讲,是通过提高我们的管理水平,避免或减少失误造成的损失,给企业产生巨大的经济效益。

1) 系统实施

系统实施是指把系统的物理模型切换成实际运行系统的全过程。在系统实施过程中,实施单位在维持正常工作秩序的情况下,将投入大量的人力、物力。因此,需要对系统实施进行周密的计划,并在组织结构、业务流程、设备配置等方面发生相应的变革,以适应系统实施的要求。

(1) 信息系统一般实施过程。在信息系统实施与运行管理过程中,三分技术,七分管理,十二分数据。信息系统实施的成败,领导是关键,资金是保障。实施过程中必须要开展业务流程重组(Business Process Reengineering,简称BPR),重视基础数据的建设,且人员的培训要与实施同步进行。实施信息系统是企业的一场革命。信息系统是现代管理思想的体现,企业的管理制度、管理方式和企业文化、员工的工作方式、习惯等对信息系统的实施都有制约。根据信息系统软件来源的不同,信息系统实施过程,如图2-3所示。

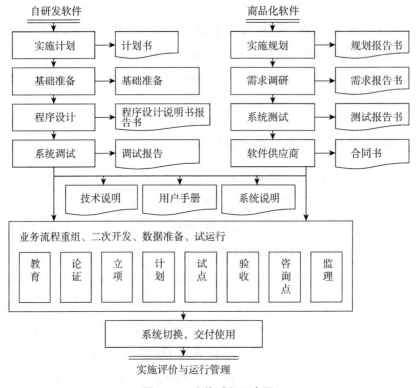

图2-3 实施过程示意图

无论是自制研发软件的信息系统,还是购买的商品化软件系统,其实施都必须要经过各类的教育、立项、论证、选择和试点等工作。

(2) 系统实现。系统实施的关键性工作。信息系统软件来源不同,其实现工作内容也不同。自主开发管理信息系统软件,则实现的关键工作是程序设计,编制并调试程序,为系统运行提供必要的软件。如果软件是通过软件提供商购置的,其实施的主要工作是编制二次开发的程序,然后安装软件、调试二次开发程序和系统软件。最后不论软件来源方式,都必须要写出调试报告,为后续工作提供依据。

(3) 系统试运行。在系统联调时,使用的是系统测试数据,这些数据很难测试出系统在实际运行中可能出现的问题。因此,当一个系统开发完成后,就让它实际运行一段时间,即实施试运行,这是对系统最好的检验。

系统试运行阶段的主要工作包括:对系统进行初始化,并输入各种原始记录;纪录系统运行的数据和状况;核对新系统输出和老系统输出的结果;对实际系统的输入方式进行考察,主要考察效率、安全性、误操作保护等方面;对系统实际运行、响应速度进行实际测试,包括运算速度、传递速度、查询速度和输出速度等方面。

(4) 系统切换。系统切换是指系统开发完成后新老系统之间的切换。系统切换一般有三种切换方法:直接切换、并行切换和分段切换。直接切换,是指在确定新系统运行准确无误后,立即启动新系统,老系统与此同时停止运行。直接切换能够节省人员、设备的费用,适用于一些处理过程不太复杂、数据不很重要的场合。并行切换是指新系统与老系统并行工作一段时间后,新系统继续运行,老系统停止运行,实现新系统对老系统的替代。分段切换是指直接切换与并行切换的结合,即在新系统正式运行前,逐步地替代老系统。

总之,直接切换的方式简单,但风险较大,万一新系统无法正常运行,将会导致正常工作的混乱。因此,直接切换只是在系统规模较小、时间要求不高、系统损失价值不大的情况下采用。并行切换能够保证较高的安全性,为用户创造良好的心理状态,但是费用大、耗时长。分段切换在一定程度上克服了并行切换的缺点,在较大的系统中较为适用。

2) 系统运行管理

在管理信息系统实施中,经过系统切换后即可投入运行。系统运行管理是一项长期、艰巨的任务,主要包括系统日常操作、系统维护等工作。任何一个系统都不是一开始就很完备的,总是要经过多重的开发、运行、再开发、再运行的循环不断完善的。提高信息系统应用效果必须有适时的运行管理组织,运行管理组织设置直接关于到系统应用的成败。

(1) 系统运行组织。在大多企业或组织中负责信息系统运行管理的是信息中心、计算中心、信息处等部门。由于计算机、网络、通信等各项技术的发展，客户端/服务器结构的运用，信息系统在组织中的地位最好是将上述两种方式综合在一起。信息中心主任最好由组织中的副总经理兼任，这样有利于加强信息资源管理。

（2）系统运行管理业务与督查。信息系统验收启用时，必须同时对信息系统进行管理。信息系统运行管理成为企业管理信息化工作长期且艰巨的主要任务。信息系统运行管理的本质是对信息系统的运行情况进行实时记录，比较分析运行结果；对信息系统的运行状态进行跟踪督查。如果信息系统不能满足需求，应及时提出必要的修改与扩充建议，以便使信息系统完全符合管理者决策的需要。

（3）系统运行分析。随着信息系统运行数据的不断积累，数据将成为企业宝贵的信息资源。面对信息系统不断产生的信息，信息主管部门必须做好数据分析、挖掘与利用等工作。信息系统启用后，对系统提供的各类信息需要做各种分析。

① 数据分析。首先是对提供信息进行有效性和及时性分析，分析提供给各级管理者的信息是否正确、全面和完整。及时调查管理者对提供信息使用结果，特别是在系统切换过程中，系统试运行功能模块是否正常，需要对系统提供信息的结果分析才能确定。对系统运行结果不加分析，盲目采用或否定，都会对系统造成严重的危害。

系统运行结果分析不仅是检验系统运行正确性的手段与方式，而且已经成为信息系统功能外延，提升系统应用效益的发展方向。由系统运行结果分析逐步扩展到对系统所有数据的分析，并提供管理者灵活方便的数据分析、在线数据分析、数据挖掘和大数据处理等技术与应用领域。系统给管理者提供的信息形式丰富多彩，从文字、表格逐步演变成图文并茂的各种报告。

② 数据挖掘。数据挖掘（Data Mining，简称DM），又译为资料探勘、数据采矿。它是数据库知识发现中的一个步骤。数据挖掘一般是指从大量的数据中通过算法搜索隐藏于其中信息的过程。数据挖掘通常与计算机科学有关，并通过统计、在线分析处理、情报检索、机器学习、专家系统和模式识别等诸多方法来实现上述目标。

数据挖掘利用了来自统计学的抽样、估计和假设检验，人工智能、模式识别和机器学习的搜索算法、建模技术和学习理论。数据挖掘也迅速地接纳了来自其他领域的思想,这些领域包括最优化、进化计算、信息论、信号处理、可视化和信息检索。对相关其他领域也起到了重要的支撑作用,特别是需要数据库系统提供有效的存储、索引和查询处理支持。源于高性能(并行)计算的技术在处理海量数据集方面常常是重要的。分布式技术也能帮助处理海量数据,并且当数据不能集中到一起处理时更是至关重要。

③ 大数据处理。大数据分析与处理涉及其应用的领域越来越多。大数据的数量、速度、多样性等等都呈现了不断增长的复杂性,所以,大数据的分析方法显得尤为重要,已经成为信息是否有价值的决定性因素。对于大数据来说,最重要的还是对于数据的分析,从里面寻找有价值的数据帮助企业做更好的商业决策。

2.2.4 管理信息系统的维护与评价

随着信息系统运行的普及与深入,不断涌现新技术、新理念、新思路和新方法。原有信息系统伴随企业发展和演变,无论是在功能上,还是在性能上都需要进行维护,以满足管理者日益增长的需求。

1) 管理信息系统维护

推动信息系统在企业管理现代化中应用的普及和提高企业管理信息化水平,需要不断地监测、控制和维护信息系统。信息系统维护是信息系统发挥作用的基本保障。

(1) 系统维护内涵。系统维护是指在管理信息系统交付使用后,为了改正错误或满足新的需要而开展的一系列修改系统的活动和过程的总称。管理信息系统是一个复杂的人机系统,系统的内外环境,以及各种人为的、机器的、外部环境的和内部技术等因素都在不断地发生变化。为了使系统能够适应这种变化,充分发挥信息系统的作用,产生良好的社会效益和经济效益,就要进行系统维护工作。

(2) 系统维护类型。管理信息系统维护起因复杂,需求众多,导致系统维护的类型和内容十分复杂。不同的维护类型往往具有不同的维护内容,因此,需要根据系统运行环境和维护条件选择相应的维护类型,确定其维护内容。

从不同的角度观察系统维护,可以分成不同的系统维护类型。按系统的结构,可以分成硬件维护、网络维护、软件维护和数据维护等;按系统维护活动的目的,可分成正确性维护、适应性维护、完善性维护和安全性维护四大类,这是最常用的分类方法。

(3) 系统维护内容。根据维护活动的具体内容不同,维护内容主要有程序维护、数据维护、代码维护和设备维护等。

(4) 系统维护过程。不少人往往认为系统的维护要比系统开发容易得多,因此,维护工作不需要预先拟订方案或加以认真准备。但实际情况并不是这样。在许多情况下,维护比开发更困难,需要更多的创造性工作。因此,首先维护人员必须用较多的时间理解别人编写的程序和文档,且对系统的修改不能影响该程序的正确性和完整性;其次,整个维护的工作又必须在所规定的很短时间内完成。

在系统某个维护目标确定以后,维护人员必须先理解要维护的系统,然后建立一个维护方案。由于程序的修改涉及面较广,某处修改很可能会影响其他模块的程序,所以建立维护方案后要加以考虑的重要问题是修改的影响范围和波及面的大小,然后按预定维护方案修改程序。还要对程序和系统的有关部分进行重新测试,若测试发现较大问题,则要重复上述步骤。若通过,则可修改相应文档并交付使用,结束本次维护工作。系统维护过程如图2-4所示。

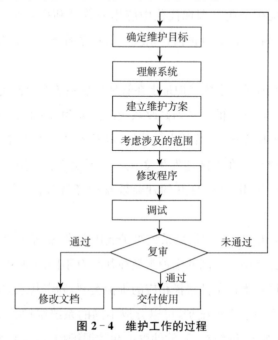

图2-4 维护工作的过程

(5) 系统变更维护管控。系统变更是系统维护的重要工作之一。为确保系统平稳、有效地工作,对用户提出的变更要求要采用一等、二看、三通过的方略。能不变更的尽可能不变,系统变更会影响系统的功能与性能等多个方面。

(6) 信息系统数据安全管控。信息系统数据的安全管控主要由信息管理部负责。信息系统数据的安全管理主要包括日常备份和恢复等工作。

2) 系统评价

无论采用何种先进的信息技术,分析用户需求无论如何精准,系统设计如何巧妙,随着技术进步、社会发展,以及人们对信息系统需求的不断提高,原有信息系统的功能与性能逐步不能满足人们与时俱增的需要,如何正确评价信息系统运行效率、效益和效应是管理信息系统研发工作的重要环节,也是信息系统获得重生的推动力。

(1) 系统评价内涵。系统评价是对新研发的或改建的管理信息系统,根据系统预定的目标,从技术、经济、社会、生态等方面对系统进行评审,以确定系统状态。在信息系统生命周期的不同阶段,信息系统评价目的、评价内容、参与评价人员各不相同。

(2) 系统评价的作用。系统评价是系统保持生命活力的主要手段,也是预防系统崩溃的重要环节。信息系统的每项活动都必须隐含着评价的意识,见证系统活动的正常。根据信息系统生命周期的不同阶段,信息系统评价的作用有所不同。以管理信息系统研发项目为评价核心,分为项目的事前(规划、分析和设计)评价、事中(实施)评价、事后(验收)评价和跟踪(日常)评价。

(3) 系统评价目的。信息系统评价是一项十分复杂的工作,往往站在不同视角评价的结果不同,甚至相反。因此,在信息系统评价时,首先要制定出科学合理的系统评价目的。

(4) 系统评价的过程。依据信息系统实施过程,系统评价总体上可以分成系统实施前的评价、系统实施过程评价和系统实施后的评价。在系统实施后系统运行过程中的评价又可以分成系统项目结束的验收性评价与运行状态诊断式评价。无论对系统评价出于什么目的,或信息系统处于什么阶段,系统评价一般会经过评价前的准备、实施评价和给出评价结论三步进行,如图2-5所示。

(5) 评价结论。最后,由系统评价委员会考虑环境、时间、成本和效益等因素,根据管理准则判定该管理信息系统研发项目应用是否可通过验收,或者管理信息系统软件产品是否发行,自诊断系统是否需要更新、改造和维修。对于实施前的评价,提出企业信息化现状存在的主要问题和已经达到的信息化水平等结论。

(6)评价方法。从信息系统的提供商或软件研发公司、被实施企业和地方政府等不同的角度,对信息系统绩效的测度指标和追求目标往往不一致。一般情况下,测评对象是企业,企业的各种效益是综合因素的结果。企业绩效往往受到外部市场环境的影响很大,无法简单地从企业整体的综合绩效中剥离出信息系统单独产生的效益,因此对信息实施效益的评价存在着很大的争议。目前常用的评价方法是专家评估、技术经济评估、系统分析、ABCD测评法、平衡记分卡法和模糊综合评判法等。

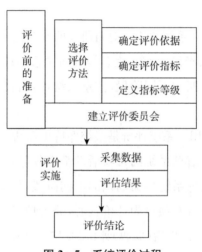

图 2-5　系统评价过程

2.3　管理信息系统的应用

随着信息技术的迅猛发展,信息系统产品的不断完善,功能与性能的提高,推动着管理技术、制造技术的极速发展,促进了社会的进步。管理信息系统的应用正在改变着人们的工作、学习、生活和思想。运用管理信息系统不仅代替了传统人工管理方式、机械制造模式,而且深刻地影响了人们重新认识和再造企业原有的业务流程。智能化、数字化、网络化的大融合,已经成为企业在激烈的市场竞争中取胜的战略手段之一。

2.3.1 企业资源计划系统

随着企业竞争空间与范围的进一步扩大,以及市场与客户需求变化的进一步加速,20世纪80年代MRP Ⅱ的面向企业内部资源全面计划管理的思想逐步发展为面向全社会资源进行有效利用与管理的思想。

1) 企业资源计划系统的形成

企业资源计划(Enterprise Resource Planning,简称ERP)系统的发展是随着信息技术、制造技术和管理技术的发展逐步形成的,而且其功能不断扩大,其性能不断提高。但是随着生产规模的不断扩大,组织机构越来越复杂,市场竞争日趋剧烈。企业生产计划的合理性、成本的有效控制、设备的充分利用、作业的均衡安排、库存的合理管理、财务状况的及时分析等工作对企业具有生死存亡的意义。为了增加企业的竞争能力,充分利用企业各种资源,降低企业运营成本,使企业利益最大化,于是人们从企业全局的物流、资金流、事务流、工作流、信息流等着手,开展一系列的理论研究和实践探索。就典型的管理软件ERP系统功能的完整性、理论的成熟性和企业管理的可控性等方面来看,其发展经历了物料需求计划(Material Requirements Planning,简称MRP)、闭环MRP、制造资源计划(Manufacture Resource Planning,简称MRP Ⅱ)和企业资源计划(Enterprise Resource Planning,简称ERP)4个阶段。

2) 企业资源计划系统的内涵

ERP是集合企业内部所有资源,对其进行有效的计划和控制,以达到最大效益的集成系统。我们可以从管理思想、软件产品、管理系统三个层次给出它的定义:

(1) ERP是在MRP Ⅱ基础上进一步发展而成的面向供应链的管理思想。ERP以MRP Ⅱ功能为核心,吸收了准时生产(JIT)、全面质量管理(TQC)、客户关系管理(CRM)、分销资源集合(DRP)等先进管理思想,极大地扩展了管理信息系统的功能。

(2) ERP是综合应用了客户机/服务器体系、关系数据库结构、面向对象技术、图形用户界面、第四代语言(4GL)、网络通信等信息产业成果,以ERP管理思想为灵魂的软件产品。ERP在MRP Ⅱ基础上集成了质量管理、实验室管理、产品数据管理、配方管理、分销、人力资源、决策支持等多种功能,并支持国际互联网(Internet)、企业内部网(Intranet)和外部网(Extranet)、电子商务(E-Business)系统等。

(3) ERP是整合了企业管理理念、业务流程、基础数据、人力物力、计算机硬件和软件于一体的企业资源管理系统。ERP打破了MRP Ⅱ局限在传统制造业的格局，可应用于金融业、通信业、高科技产业、零售业等诸多行业，扩大了管理信息系统的应用范围。

总之，ERP系统以企业供应链的管理思想为指导，将企业的各方面资源(包括人力、资金、物料、设备、信息、时间、方法等)充分调配和平衡，使企业内部原本分散、孤立的"信息孤岛"通过Intranet或Internet连接到一起，实现企业由相对封闭走向开放，信息处理由事后控制走向实时控制，管理方式由传统单一模式向现代多种复合模式转变，为企业减少库存、加快资金周转、提高生产效率、降低成本、提高客户服务水平等方面提供强有力的支持工具，同时为经营决策提供科学的依据，以有效提高赢利水平，最终提高企业的综合竞争力。

3) 企业资源计划系统的功能

从功能上看ERP系统由制造管理子系统、财务管理子系统、分销管理子系统、人力资源管理子系统、质量管理子系统和内控内审管理工作子系统组成，如图2-6所示。

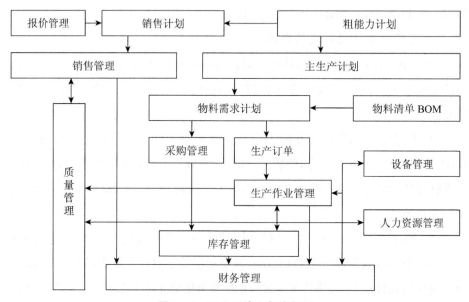

图2-6 ERP系统业务流程图

（1）计划管理。ERP 系统的计划管理继承了 MRP Ⅱ 的所有计划管理内容和方式，并且在此基础上不断完善计划方式和扩充计划对象，形成一个完整的计划体系。这些计划、控制和管理模块又可以根据企业信息化基础分阶段集成和运行，提高了软件系统的适应性、经济性和实用性。

① 经营规划。经营规划是 ERP 系统的最高计划层次，属于决策层。它是根据市场的信息与情报、企业的自身情况、企业发展战略和业内同行竞争等状况制定的。经营规划不直接输入 ERP 系统，而是作为企业的生产经营的奋斗目标，这个目标往往是以经济指标的形式出现，例如企业在行业内的排名、企业赢利目标、总产值、筹资和投资等指标。

② 销售与生产规划。经营规划制定的利税、产值等相关经济指标的完成必须通过销售产品或服务来完成。销售与生产规划是对经营规划的具体化，是把财务经济指标落实到销售与生产任务上去。

销售与生产规划是从企业的高层战略向中层计划过渡的管理层，在形式上是属于高层规划，在实际上是中层计划控制。

在制定销售与生产规划时，首先将企业的经营规划制定的产品类（或产品族）划分，可以分解到产品类（或产品族）的年度销售量。经营规划的分解要充分考虑市场需求预测值、客户订单、生产能力和资源配置等因素，还要考虑历史统计数据、产品生命周期、产品需求等因素。生产规划是根据销售规划量和管理水平的控制确定的。

③ 主生产计划。主生产计划是控制 ERP 系统进行展开其他计划（MRP 和 CRP）不可缺失的重要依据。在销售与生产规划确定后，把计划生产规划量按各产品在其产品族中的比重计算生产量，这个生产量作为主生产计划的预测量，并直接输入到系统数据库中。主生产计划的对象一般是独立需求的物料，在小批量多品种系列化生产方式下，主生产计划的对象往往不是最终装配的产品，而是组成这些产品的标准件、成组件和专用件。这时企业面对客户订单的是装配计划，主生产计划是各工位生产控制用的计划。

当生产规划的产品族仅有一个产品时，计划生产规划量就是主生产计划的预测量。主生产计划是明确企业生产安排的纲领性文件，企业各职能部门必须遵照执行。信息中心要及时检查生产部门、采购部门是否偏离主生产计划分解的相关需求，销售部门通过主生产计划可以明确客户的交货日期，反馈计划部门对计划的调整。

(2) 需求管理。需求管理是通过管理技术有效地管理客户对企业提供产品的需求,这是销售规划、生产规划和主生产计划的重要依据。需求管理的对象是企业外部的客户和客户订单,它既要有效地管理已签订的客户订单,还要预测未签订的预测订单量。因此,需求管理的主要内容是产品销售市场预测和客户订单管理。

① 销售市场预测系统。企业的规划和计划的制订,首先要进行预测。预测是决策者的重要依据。采用不同的预测技术以及在预测时从不同的角度分析因果关系,同时考虑影响因素的数量和各因素所起的作用不同,得出的结论相差很大。这也是预测被重视或不重视的主要原因。当选用适当的预测技术,得出较准确、可靠的预测结果,往往备受关注;当选用不恰当的预测手段,得出错误的结论,造成误导,则认为预测无用。因此,预测技术的选用是预测准确性、有效性的关键。

② 客户订单管理。客户订单是企业与客户已定的供货事实。加强客户订单管理主要从企业内部管理出发,在提高客户服务水平的同时还要详细分析客户订单。通过分析客户订单及时、敏捷地洞察市场波动,以最快的速度适应市场变化,及时规避市场风险,充分挖掘市场潜力,全面提高市场竞争力。客户订单管理的主要内容包括客户订单分析和客户订单输入系统。

对于预测内的客户订单,采用预测消耗逻辑,从预测中减去客户订单量;对于预测外的客户订单,通过标记自动增加到主生产计划中,以这类需求量来增加生产量。

客户订单管理是连接市场需求与企业生产能力的纽带,客户订单信息不仅直接与销售、生产和财务相关,而且与企业的计划、规划和战略密切相关,也为产品的服务、工程、工艺和设计提供了研发需求调研的途径。

(3) 工厂维护管理。ERP 系统的维护管理是以资产、设备信息管理为基础,以工作单的提交、确认、执行、跟踪、关闭为主线,按照缺失处理、计划检修、预防性维修、预测性维护等几种可能,以提高设备的维修效率、降低总体的维护成本为目标,将采购管理、库存管理、财务管理、维护管理集成在一个数据充分共享的信息系统中,从而实现从设备投入使用到设备报废或转让出售的全过程管理。

ERP 系统的维护管理模块是为生产提供所需的设备性能,而非为修设备而修设备。它重视提升设备的可靠度及资产利用率而非仅是维修而已,主要包括预防性维修(维护管理)、预测性维护(PDM)、全员生产维护(TPM)、工作单管理、故障分析、BOM、JIT、看板管理以及项目管理、预算管理等功能。

(4) ERP 系统的人力资源管理。人力资源管理是体现 ERP 系统与 MPR Ⅱ 系统不同的主要功能之一。在 ERP 系统中,人力资源部门的领导可以通过 ERP 系统的中央数据库进行实时、全面的员工招聘、薪资、培训、人事和考核等管理。

(5) 财务管理。ERP 系统通过成本实时管理有机地将企业经济活动与生产活动集成为一体,把企业的资金流与其他流程集成为一体。它具有会计电算化的所有功能,并能实测企业经济活动,做到事前计划(标准成本、模拟成本、定额成本等)、事中控制(作业成本法、成本中心、成本定额等)和事后分析(在线数据分析、管理导航、提供解决方案等)。

2.3.2 客户关系管理系统

产品市场竞争的不断加剧、客户需求的多样化,企业不再是以产定销,而是以客户为中心,以销定产。企业生产出来的产品不一定是资产,也有可能是负债,关键在于客户是否需要,是否能销售出去,客户关系管理是企业一切经营管理的起点。因此,企业必须掌控产品的客户群体,及时、全面、正确地掌控产品销售信息,了解在什么时候、以什么方式、向什么地方、销售什么产品,能销多少。为做到这一点,依靠传统的营销模式无法满足现代企业经营需求,必须采用信息技术,构建信息系统,实现客户关系管理。

1) 客户关系管理的内涵

客户关系管理(Customer Relationship Management,简称 CRM)的提出与任何其他新思想、新理论、新技术的产生一样,是在技术推动、需求拉动和管理思想革新的前提下诞生的。由于消费者的消费意识逐渐加强,顾客已由过去的被动接受,转变为主动寻求自我需求,因此注重满足个性差异的顾客需求将是企业间的竞争趋势。在客户导向的时代,只有积极的个性化服务,才能提高消费者的忠诚度,抓住客户的心。CRM 关注的就是如何通过不断的沟通了解并影响顾客的行为,通过分析对顾客有效并可供参考的信息,增加新客户、留住老客户,根据客户的个性化需求提供专为客户量身定做的服务以提高客户的满意度并改善客户的利润贡献度。

2) CRM 系统的分类

按照目前市场上采用的功能分类方法，CRM 应用系统可以分为操作型、分析型和协同型三类。

(1) 操作型。操作型 CRM 通过给予角色的关系管理工作平台实现员工授权和个性化，通过业务流程的定制实施，让企业员工在销售、营销和服务支持的时候，得以用最佳方法提高效率。通过前台交互系统和后台可以无缝集成链接，并同步所有客户的交互活动，使相关部门的业务人员在日常的工作中能够共享客户资源，减少信息流动的滞留点，从而使企业作为一个统一的信息平台面对客户，大大地减少客户在与企业的接触过程中产生的种种不协调。简单来说，操作型 CRM 可以说是"快速并正确地做事"，也就是按照规章制度的要求和流程标准高效率地工作。

(2) 分析型。分析型 CRM 从 ERP、SCM 等系统以及操作型 CRM、协同型 CRM 等不同管道收集各种与客户相关的资料，再利用数据仓库、数据挖掘等技术帮助企业全面地了解客户的分类、行为、满意度、需求和购买趋势等。主要原理是将交易操作所积累的大量数据进行过滤，然后存储到数据仓库中去，再利用数据挖掘技术建立各种行为预测模型，最后利用图表、曲线等对企业各种关键运行指标以及客户市场分割情况向操作型模块发布，达到成功决策的目的。也就是说企业可利用上述资料拟定正确的经营管理策略，所以我们可以说分析型 CRM 就是"做正确的事，做该做的事"。

(3) 协作型。协作型 CRM 将市场、销售和服务三个部门紧密结合在一起，整合企业内部沟通、企业与客户接触、互动的管道，包括呼叫中心、网站、电子邮件、即时通信工具等，支持他们之间的协作，使企业内各个部门之间协作畅通，数据一致，同时强化服务时效与质量，从而 CRM 为企业发挥更大的作用。协作型目前主要由呼叫中心、客户多渠道联络中心、帮助平台以及自助服务帮助导航等功能模块组成，具有多媒体多渠道整合能力的客户联络中心是协作型 CRM 的发展趋势。

3) CRM 系统架构

CRM 系统的核心是客户数据的管理。我们可以把客户数据库看作是一个数据中心，利用它，企业可以记录在整个市场与销售的过程中和客户发生的各种活动，跟踪各类活动的状态，建立各类数据的统计模型用于后期的分析和决策支持。为达到上述目的，一套 CRM 系统大都具备市场管理、销售管理、销售支持与服务和竞争对象记录与分析的功能。根据对客户关系的概念、思想和分类，我们可以得到 CRM 系统的功能架构，如图 2-7 所示。

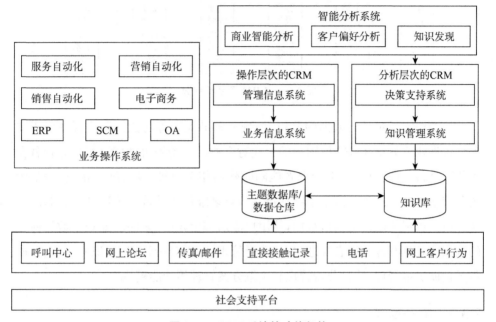

图 2-7 CRM 系统的功能架构

4) CRM 系统的功能

通过上述 CRM 的系统架构，我们可以总结一般 CRM 系统的功能。CRM 系统不是独立存在的，它必然与企业后端的供应链管理紧密相关，从而保证 CRM 系统中每一张客户订单能够在保证利润的前提下有效及时地得到确认并确保执行。每一笔销售交易的达成都有赖于企业后台的支撑平台，即 ERP 系统，其中包括分销与运输管理、生产与服务计划、信用与风险控制、成本与利润分析等功能。从 CRM 的本质上讲，CRM 主要包括销售管理、市场管理、客户服务与支持和数据智能分析等几个子系统。然而随着互联网技术的快速发展，CRM 也需要进行变革以适应新时代的需要，因此 CRM 引入了电子商务子系统。

另外，为了系统的相对独立，我们也把基础数据管理引入 CRM 系统，但一般这个子系统主要由 ERP 系统支持。图 2-8 显示了 CRM 系统。

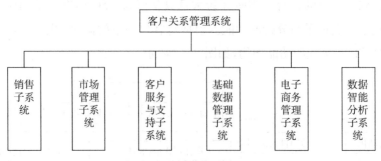

图 2-8 CRM 子系统划分

该模块实现对各类数据的分析、挖掘和辅助决策等功能。企业管理层需要了解各种业务数据,CRM 以图表的形式对企业的市场销售、服务、产品等各种业务状况进行统计分析,便于管理者能随时作出相关决策,及时把握市场商机,为企业带来更大的效益。该子系统支持在线对多维形式的数据采取钻取、切片、切块、旋转、透视等操作来剖析数据,使用户能从多个角度、多侧面地观察数据库中的数据。它具有各类报表管理、各类图形管理、各类分析管理、知识库日常管理、各类辅助决策管理、统计分析管理和决策方案管理等功能模块。

2.3.3 电子商务

电子商务是运用信息技术构建的经营信息系统。这已经不再是一种单纯经营模式的改变,营销管理信息系统的实现,而是一个新兴行业崛起,正冲击着传统的经销方式,改变着商业发展。无论是传统的制造业、金融企业还是商贸企业都纷纷投入巨资打造电子商务模式,形成了纷飞复杂的各类商业活动,网上进行交易成为便捷、高效和实惠的代表。

1) 电子商务的内涵

电子商务(E-Bussiness,简称 EB)也称为 Web 企业业务或企业 2.0。它强调在网络环境下把买方、卖方、厂商及其合作伙伴通过互联网(Internet)、企业内部网(Intranet)和企业外部网(Extranet)等平台实现远程交易、空中贸易和网络支付。1997 年 10 月欧洲经济委员会在比利时首都布鲁塞尔举办的全球信息化标准大会上明确提出了一个关于 EB 的比较严密完整的定义:"EB 是各参与方之间,以电子方式而不是以物理交换或直接物理接触方式完成任何形式的业务交易"。这里的 EB 包括电子资料交换(EDI)、电子支付手段、电子订货系统、电子邮件、传真、网络、电子公告系统、条形码、图像处理、智能卡等。一次完整的商业贸易过程是复杂的,包括交易前的了解商情、询价、报价、发送订单、应答订单、发送接收送货通知、取货凭证、支付汇兑过程等,涉及资金流、物流、信息流的流动。

2) EB体系结构模式

最基本的电子商务应用集中在企业对企业(B2B)、企业对消费者(B2C)、企业对政府机构(B2G)和消费者对政府机构(C2G)这四大领域。它们构成了现有EB应用进一步拓展的基础,体现了EB体系结构的基本规律,具有类似的运营结构,从而构成了电子商务的顶层结构。所谓EB顶层结构是指多个EB实体利用电子商务应用系统提供的技术手段进行商业、贸易等商务活动,实现商务处理过程电子化所遵循的概念结构,是实际运作的EB体系结构的抽象。

(1) 企业对企业(B2B)。B2B的EB结构模式是指商业机构(或企业、公司)使用Internet或各种商务网络向供应商(企业或公司)订货和付款的EB运营模式。企业对企业模式的EB发展最快,已经有了多年的历史,特别是通过增值网络(Value Added Network,简称VAN)运行的电子数据交换(EDI),使企业对企业的EB得到了迅速扩大和推广。公司之间可以使用网络进行订货和接受订货、签订合同和付款。

(2) 企业对消费者(B2C)。B2C的EB结构模式是指以Internet为主要服务提供手段,实现公众消费和提供服务,并保证与其相关的付款方式的电子化的EB运营模式。B2C模式是伴随着WWW的出现而迅速发展的,可以理解成为一种电子化的零售。目前,Internet上已遍布各种类型的商业中心,提供各种商品和服务,主要有服装、鲜花、书籍、计算机、汽车等商品和服务,例如全球最大的虚拟书店Amazon.com、快递公司Federal Express和食品预定公司Pizza Hut。这些采用B2C模式的EB服务商将库存商品做成电子目录,详细记录了待售商品的图片、说明书、尺寸和价格信息,以便于消费者查询、购买。

(3) 企业对政府(B2G)。B2G的EB结构模式是指利用Internet完成政府与企业之间的政府采购、税收、商检、管理条例发布等各项事务的EB运营模式。例如,在美国,政府采购清单可以通过Internet发布,公司可以以电子化方式回应;另外,政府通过电子数据交换的方式向企业征税等。目前这种方式仍处于初期的试验阶段,但可能会很快发展起来,主要是因为这种方式可以更好地树立政府的形象,实施对企业的行政事务管理,推行各种经济政策等等。随着各国政府不遗余力地推进 EB 的发展，基于 B2G 模式的 EB 应用将会迅速增长。各国政府在 EB 应用中扮演了双重角色：既是 EB 的使用者，进行购买等商业活动，又是 EB 的宏观管理者，对 EB 起着扶持和规范作用。

（4）消费者对政府（C2G）。C2G 的 EB 结构模式是指由政府利用 EB 手段进行福利费发放、自我估税和个人税费征收的 EB 运营模式。这类 EB 活动目前还没有真正形成。但随着商业机构对消费者以及商业机构对政府的 EB 的发展，各国政府将会对个人实施更为完善的电子服务。

3）EB 三层体系结构

一个完善的 EB 系统应该包括哪些部分，目前还没有权威的论述。从总体上来看，EB 系统是三层框架结构。底层是网络平台，是信息传送的载体和用户接入的手段，它包括各种物理传送平台和传送方式；中间是 EB 基础平台，包括 CA（Certificate Authority）认证中心、支付网关（Payment Gateway）和客户服务中心三个部分，其真正的核心是 CA 认证中心；而顶层就是各种各样的 EB 应用系统，包括电子商厦、远程医疗、股票交易和视频点播，由 EB 安全体系负责商务交易过程中的信息安全。EB 基础平台是各种 EB 应用系统的基础。基于三层体系结构的 EB 系统如图 2-9 所示。

安全电子邮件	安全WWW站点	远程教育	视频音乐点播	网上订票	网上缴费	报税/交税系统	电子商厦	远程医疗	股票交易	新闻	游戏	EB安全系统
CA 认证中心、支付网关、客户服务中心												
中国公众多媒体数据网												

图 2-9 EB 三层体系结构

EB 是计算机技术对人类商务活动的一次新的革命，从 IT 业角度来理解，是一种软、硬件集成系统。于是在 EB 三层体系结构的基础之上，细化技术内容，突出技术特征，结合现有软、硬件平台基础，生成了基于系统集成的 EB 七层复合技术结构。

（1）应用模型层。是 EB 的实际应用模型，包含基于交易、非交易和智能交易的应用编程接口（Application Programming Interface，简称 API）；现有基于国际通用的 EB 运营模式——B2B、B2C、B2G 和 C2G 的网络应用。

（2）表现层。包括根据用户要求定制的个性化和专业化的网络站点；满足用

户需求,画面美观、布局合理、功能明确和输入方便的交易界面;系统内联的浏览器专业插件;

(3) 中间(构件)层。主要用支持商业主体的应用程序接入本系统,同时帮助用户应用本系统。

(4) 总线层。负责整个结构的应用控制和数据流控制,其中通用对象请求代理结构(Common Object Request Broker Architecture,简称CORBA)和分布式组件对象模型(Distributed Component Object Model,简称DCOM)技术等分布式应用体系承担控制流总线;与超文本标识语言(Hyper Text Markup Language,简称HTML)同源于标准通用计算语言(Standard General Markup Language,简称SGML)的可扩展标识语言(eXtensible Markup Language,简称XML)承担了数据流总线的任务。

(5) 公共层。包含 XML 编译器和基于 XML 的重构等。

(6) 数据存储层。负责管理 EB 交易过程中的海量商业数据,主要采用基于面向对象(Object Oriented,简称OO)技术和关系数据模型的大型数据库管理系统(如 Oracle,MS SQL Server,Sybase SQL Server 等)及传统的文件系统。

(7) 网络计算层。主要处理 EB 体系运作过程中海量商务数据在网络传输介质上的传播,包括各种网络通信协议、传输算法、安全加密算法和分布式并行计算等内容。

4) EB 支付系统

EB 支付信息流动典型的结构如图 2-10 所示。商家和客户都必须到 CA 得到自己的证书,然后通过 CA 认证。很明显,各个部分信息传递必须要经过加密处理;信息来源和目的,必须经过认证。

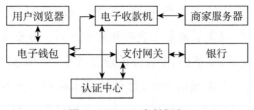

图 2-10 EB 支付框架

支付系统在 EB 中起到关键作用,不仅要确保完成支付业务,而且要提供可靠的安全性。支付系统在客户采购需求的激活下,提出申请,确认账号、身份、交易金额和获取支付系统提供的相关交易过程信息,并通过支付网关、银行核实身份、账号和支付能力,通过商店确认采用需求,并由银行转拨费用、划拨转账。在支付系统运行的每一个环节都在严密的控制下完成,确保客户、商店的资金安全、信誉安全和信息安全。

2.3.4 供应链管理

制造企业将近70%的成本是生产物料,正确把握什么时候采购什么物料,采购多少成为企业经营管理的关键。加强采购管理成为企业降低成本、提高效益的重要途径。随着信息技术的广泛应用,采购管理信息系统功能的不断扩展和性能的提高,企业间的竞争逐步演变成企业联盟的供应链之间的竞争。供应链管理不仅是一种新的管理模式,也是信息化的重要应用领域和管理的重要手段。

1) 供应链管理的内涵

供应链管理(Supply Chain Management,简称 SCM)最早来源于彼得·德鲁克提出的"经济链",而后经由迈克尔·波特发展成为"价值链",最终日渐演变为"供应链"。它的定义为:"围绕核心企业,通过对信息流、物流和资金流的控制,从采购原材料开始,制成中间产品及最终产品,最后由销售网络把产品送到消费者手中。它是将供应商、制造商、分销商和零售商,直到最终用户连成一个整体的功能网链模式"。SCM 在满足一定的客户服务水平的条件下,为了使整个供应链系统成本达到最小而把供应商、制造商、仓库、配送中心和渠道商等有效地组织在一起来进行的产品制造、转运、分销及销售的管理方法。它也是一种集成的管理思想和方法,它执行供应链中从供应商到最终用户的物流计划和控制等职能。从单一的企业角度来看,SCM 是指企业通过改善上下游供应链关系,整合和优化供应链中的信息流、物流、资金流,以获得企业的竞争优势。SCM 是企业的有效性管理,表现了企业在战略和战术上对企业整个作业流程的优化。它整合并优化了供应商、制造商、零售商的业务效率,使商品以正确的数量、正确的品质,在正确的地点以正确的时间,最佳的成本进行生产和销售。所以,一条完整的供应链应包括供应商(原材料供应商或零配件供应商)、制造商(加工厂或装配厂)、分销商(代理商或批发商)、零售商(大卖场、百货商店、超市、专卖店、便利店和杂货店)以及消费者。

2) SCM 的特征

SCM 不同于核心企业的采购管理,不是简单的采购管理信息系统的实现,而是从企业联盟出发,优化产业链资源的整体协作管理。

(1) 顾客权力。不断增加的顾客权力对供应链的设计和管理有重要的影响。因为顾客需要和期望变化相对迅速,供应链应该快速和敏捷,而不是缓慢和僵化。

(2) 长期定位。运作良好的供应链会从整体上提高单个公司和供应链的长期绩效。对长期绩效的强调表明供应链应该与供应商、顾客、中介和服务性企业等不同的参与者采取长期而不是短期合作。重要的是长期定位更看重关系型交换,而短期交换倾向于交易型交换。

(3) 杠杆技术。可以说杠杆技术是对供应链产生影响的变化中心,计算能力和互联网这两个主要因素促成了大部分的变化。

(4) 跨组织沟通的增强。因为供应链依靠大量的实时信息,因此信息能够在组织间无缝的传递非常必要。

(5) 库存控制。SCM 的另一个特征包括库存控制范畴下的各种活动。在供应链中库存控制的一个方面是从间断模式转变为连续流。

(6) 组织间协作。因为 SCM 的一个主要目标是从整体上优化供应链的绩效,而不是优化单个企业的绩效,因此供应链的参与者之间的协作非常重要。

3) SCM 的方法

供应链管理理论的产生远远落后于具体的技术与方法。SCM 最早多是以一些具体的方法出现的。常见的 SCM 方法有快速反应(QR)和有效客户反应(ECR)。

(1) 快速反应(Quick Response,简称 QR)。QR 是指物流企业面对多品种、小批量的买方市场,不是储备了"产品",而是准备了各种"要素"。在用户提出要求时,能以最快速度抽取"要素",及时"组装",提供所需服务或产品。QR 是美国纺织服装业发展起来的一种 SCM 方法。

(2) 有效客户反应(Efficient Consumer Response,简称 ECR)。ECR 是 1992 年从美国的食品杂货业发展起来的一种 SCM 策略。也是一个由生产厂家、批发商和零售商等供应链成员组成的,各方相互协调和合作,更好、更快并以更低的成本满足消费者需要为目的的 SCM 解决方案。ECR 是以满足顾客要求和最大限度降低物流过程费用为原则,能及时作出准确反应,使提供的物品供应或服务流程最佳化的一种 SCM 战略,它主要以食品行业为对象,其主要目标是降低供应链各环节的成本,提高效率。

(3) 快速反应(QR)和有效客户反应(ECR)的异同处。两种方法都表现为超越企业之间的界限,通过合作追求物流效率化,具体表现为:贸易伙伴间商业信息的共享;商品供应方进一步涉足零售业,提供高质量的物流服务;企业间订货、发货业务全部通过 EDI 来进行,实现订货数据或出货数据的传送无纸化。但是在应用方法选择时,还有一些不同点。

4) SCM 功能

SCM 是在节点企业的采购和销售信息化的基础上实现企业间的信息化,它是沿着物流、资金流和信息流开展企业间的协调、融合和优化等管理。SCM 的功能不仅包含企业内部管理的全部功能,而且衍生了企业合作关系的企业联盟相关的管理功能。

(1) 配送网络的重构。采用一个或几个制造工厂生产的产品来服务一组或几组在地理位置上分散的渠道商时,当原有的需求模式发生改变或外在条件发生变化后引起的需要对配送网络进行的调整。这可能由现有的几个仓库租赁合同的终止或渠道商的数量发生增减变化等原因引起。

(2) 配送战略。在 SCM 中配送战略也非常关键。采用直接转运战略、经典配送战略还是直接运输战略?需要多少个转运点?哪种战略更适合供应链中大多数的节点企业呢?所谓直接转运战略就是指在这个战略中终端渠道由中央仓库供应货物,中央仓库充当供应过程的调节者和来自外部供应商的订货的转运站,而其本身并不保留库存。而经典配送战略则是在中央仓库中保留有库存。直接运输战略则相对较为简单,它是指把货物直接从供应商运往终端渠道的一种配送战略。

(3) 供应链集成与战略伙伴。由于供应链本身的动态性以及不同节点企业间存在着相互冲突的目标,因此对供应链进行集成是相当困难的。但实践表明,对供应链集成不仅是可能的,而且它能够对节点企业的销售业绩和市场份额产生显著的影响。那么集成供应链的关键是什么呢?信息共享与作业计划!显然,什么信息应该共享,如何共享,信息如何影响供应链的设计和作业,在不同节点企业间实施什么层次的集成,可以实施哪些类型的伙伴关系等就成了最为关键的问题。

(4) 库存控制。库存控制主要包括:一个终端渠道对某一特定产品应该持有多少库存,终端渠道的订货量是否应该大于、小于或等于需求的预测值。终端渠道应该采用多大的库存周转率,终端渠道的目标在于决定在什么点上再订购一批产品,以及为了最小化库存订购和保管成本,应订多少产品等。

(5) 信息技术和决策支持系统。信息技术是促成有效 SCM 的关键因素。SCM 的基本问题在于应该传递什么数据?如何进行数据的分析和利用?Internet 的影响是什么?EB 的作用是什么?信息技术和决策支持系统能否作为企业获得市场竞争优势的主要工具?

(6) 顾客价值的衡量。顾客价值是衡量一个企业对于其顾客的贡献大小的指标。这一指标是根据企业提供的全部货物、服务以及无形影响来衡量的。最近几年来这个指标已经取代了质量和顾客满意度等指标。

2.3.5 运输管理系统

运输是物流运作的重要环节,在各个环节中运输时间及运输成本占有相当大的比重。现代运输管理是对运输网络和运输作业的管理,在这个网络中传递着不同区域的运输任务、资源控制、状态跟踪、信息反馈等信息。实践证明,通过人为控制运输网络信息和运输作业,其效率低、准确性差、成本高、反应迟缓,无法满足客户需求。随着市场竞争的加剧,对物流服务质量的要求越来越高,尤其是运输环节,运输管理系统就是在这样的前提下生产的。

1) 运输管理系统的内涵

运输管理系统(Transportation Management System,简称 TMS)是一种"供应链"分组下的(基于网络的)操作软件。它能通过多种方法和其他相关的操作一起提高物流的管理能力。包括管理装运单位,指定企业内、国内和国外的发货计划,管理运输模型、基准和费用,维护运输数据,生成提单,优化运输计划,选择承运人及服务方式,招标和投标,审计和支付货运账单,处理货损索赔,安排劳力和场所,管理文件(尤其当国际运输时)和管理第三方物流。

2) TMS 的特征

TMS 运用信息系统,对物流进行统一的调度管理,具有如下特征:

(1) 专门设立集卡调度中心和整车零担调度中心,使调度管理更具针对性。

(2) 智能化调度提醒,实现人性化的调度,全面提升企业车辆利用效率。

(3) 专门设置值班调度,整合 GPS、SMS 数据,时时跟踪货物流向,及时调整并处理非正常业务运作。

(4) 通过符合运作要求的调度机制,从不同区域、车型要求、报关要求、货物属性、特殊业务类型等多种角度支持调度进行合理排班。

(5) 灵活的排班方式,支持订单拆分,支持外委派车处理,支持集中的派车单管理。

3) TMS 的功能模块

TMS 主要具有调度管理、车辆管理、配件管理、油耗管理、费用结算、人员管理、资源管理、财务核算、绩效考核、车辆跟踪、业务跟踪、业务统计、账单查询等功能模块。

(1) 建立基于网络一体化业务操作流程

建立快速、准确的订单处理机制,网上 EC 订单处理与内部 TMS 无缝连接;统一委托受理平台,订单审核机制,保障业务数据的准确性;随时获取关键指标:委托处理差错率、委托响应效率;支持 EXCEL 等标准文档的信息读入;自定义的订单处理流程。

(2) 集中化的财务管理。统一的合约管理,保证系统自动、准确地生成费用;加强收付账款管理、完善的费用处理流程、备用金管理,核销支持多种对冲、应收付等核销方式;账龄分析、备用金结存情况分析;统一的财务处理流程。

(3) 对新技术的充分支持。TMS 提供与 GPS、SMS、IC、行车记录仪、门磁、自动加油机、轮胎检测等的接口支持,全面提升企业服务能力,为客户提供更加贴身的信息服务。

(4) 成本管理和预警管理。TMS 支持对额定费用、易耗件库存、车辆维修以及进出库等相关成本费用的管理和预警,并且围绕运营业务,实现从维修到仓库进出库等业务到油料的全过程管理;考核单车单司机配件、轮胎、事故违章等 KPI 指标;其报表模块提供整体业务运营多角度、多方位的分析报告,并使用图形化的方式进行关键指标的直观图示。

4) TMS 的运行设置

TMS 是一个十分复杂、功能庞大的信息系统,但是物流运输系统的规模、结构和业务种类差异很大。在实际运用 TMS 时,需要根据运输企业的实际情况进行一系列设置。

第3章　制造业信息化工程

制造业信息化工程是制造型企业信息化工程的重要组成部分，也是我国当前提出"两化深度融合"的核心内容，制造业信息化工程已经成为企业转型升级，从中国制造走向中国创造的主要手段，也是实现智造的重要途径。

3.1 制造业信息化工程基础

3.1.1 制造业信息化工程内涵

1）制造业信息化工程的概念

制造业是指将物料、能源、设备、工具、资金、技术、信息和人力等制造资源，按照市场要求，通过制造过程，转化为可供人们使用和利用的大型工具、工业品与生活消费产品的行业。制造业直接体现了一个国家的生产力水平，在发达国家的国民经济中占有重要份额，是区别发展中国家和发达国家的重要因素。

制造业是我国参与世界经济竞争的产业基础，而制造业信息化是推动一个国家制造业发展的催化剂。在当下全球一体化的背景下，世界各国都在谋求制造业的竞争优势，通过信息化来促进本国制造业自主创新，加强国际产能协作，推动建立优势产业集群，提高本国制造业的市场竞争能力。所谓的制造业信息化工程是将信息技术、自动化技术、现代管理技术与制造技术结合应用，带动产品设计方法和工具、企业管理模式和企业间协作关系的创新，实现产品设计制造和企业管理的信息化、生产过程控制的智能化、制造装备的数控化、咨询服务的网络化，从而全面提升我国制造业的竞争力。

2) 制造业信息化工程的内容

制造业信息化工程是一个动态发展过程,在制造业发展的不同阶段,制造业的信息化水平也不同。不同制造业企业对制造业信息化工程的态度也会影响制造业企业信息化建设水平。因此,不仅从时间维度来看制造业信息化水平有差异,从横向看不同制造业企业的信息化水平也不同。在不同制造业信息化水平下反映了不同的制造业信息化内容。

制造业信息化工程的内容非常广泛,从信息化深度上看制造业信息化工程内容总体上可分为产品信息化、企业信息化、产业信息化三个层次。

(1) 产品信息化。产品信息化可划分为两个维度,一个是产品创新信息化,即在创新过程中制造业产品需要广泛应用的现代信息技术。制造业企业在进行产品创新过程中大规模应用计算机辅助工艺规划(CAPP)、产品数据管理(PDM)、计算机辅助工程分析(CAE)、计算机辅助制造(CAM)、计算机辅助设计(CAD)等计算机辅助技术。另一个维度是制造业产品信息价值含量增加。信息技术与现代制造工艺技术的结合使产品的功能愈加丰富、产品的科技含量越来越高。另外,随着信息要素投入的增加,在产品附加值中所占的比例也愈来愈大。

(2) 制造业企业信息化。即将信息技术全面运用于制造企业生产、经营管理、市场开发等企业经营活动过程,通过企业信息资源的有效开发和利用以提高企业的市场份额和竞争优势。制造业企业信息化主要包括企业生产信息化和企业经营管理信息化两个方面。

(3) 产业信息化。产业信息化是在企业信息化的基础上,实现产业链信息化。产业信息化主要有以下特征:① 信息技术对传统产业进行改造升级。② 信息关联机制成为产业间关联的主要机制之一。产业链信息化后,产业各个子系统之间的联系除了依靠物质资源外,还在很大程度上要依靠信息资源。③ 行业信息化平台成为行业协作主要平台之一。过去行业协作主要依靠价格或契约,企业之间的联系不紧密,缺乏有效沟通机制。通过行业信息化平台,企业之间可进行有效沟通,信息共享,减少机会主义行为。④ 产业集群虚拟化。随着信息化的发展和企业虚拟运营,产业集群出现虚拟化。

从关键技术角度来看,制造业信息化工程的内容主要包括设计制造数字化、管理数字化、装备数字化、生产过程数字化、网络化制造与系统集成五个方面。

(1) 设计制造数字化。主要通过实现产品设计制造手段和过程的数字化及智能化,缩短产品开发周期,促进产品的数字化,降低制造成本,提高企业的产品创新能力。数字化设计制造系统包括以产品 3D 数字化模型为主要特征的产品结构分析、工艺设计、数控编程、产品数据和过程管理、面向过程的优化设计软件工具等软件包。另外还包括重大典型应用系统,主要面向重大产品虚拟样机、网络化制造和制造业信息化中的共性关键技术,包括系统仿真、虚拟样机技术、虚拟制造技术、网络环境下产品协同设计与制造准备等。

(2) 管理数字化。通过实现企业内外部管理的数字化,促进企业重组和优化,提高企业管理效率和水平。适合中国国情的 ERP 系统开发与应用是实现管理数字化的主要途径之一。ERP 系统采用先进的软件技术和平台,具有通用、开放的特点,可以满足制造业信息化整体解决方案的集成化要求,支持网络化应用,具有新的系统结构,支持企业定制和快速实施。另外,支持制造企业信息化和电子商务的基础架构、支撑平台和中间件,支持企业的信息集成、过程集成、企业间集成和业务整合的电子商务平台也是管理实现数字化的良好路径。

(3) 装备数字化。通过实现制造装备的数字化、自动化和精密化,提高产品的精度和加工装配的效率。以中档精切类数控机床装备的产业化作为切入点,以机制创新和市场创新作为突破口,塑造数控机床品牌;通过整机带动相关的机床设计,高附加值关键部件以及配套工具技术创新及可靠性的发展;依托国防工业重大需求,设计制造高精尖精密加工装备,打破国外封锁。包括数控系统中产品信息集成接口及新型 CNC 系统标准研究、新型单元技术、新型数控机床单元技术等关键技术。

(4) 生产过程数字化。通过实现生产过程控制的自动化和智能化,提高企业生产过程自动化水平。主要方向包括制造执行系统、基于新一代现场总线协议的控制系统、实时数据集成技术、过程控制技术、过程优化技术和流程工业生产计划与动态调度技术等。

(5) 网络化制造与系统集成。开发形成支持制造协同、资源共享、网络化集成服务的制造网络系统,实现制造企业协作,为制造业信息化工程提供使用平台,使所有能够上网的 CIMS 技术、软件系统、制造资源都可以通过网络进行集成和应用,将制造形成网络。

3.1.2 制造业信息化工程的特点

制造业信息化工程以全面提高制造业的生产效率和经济效益从而提高全行业的竞争力为目标，大规模运用信息技术为主要特征。制造业信息化工程的主要特点如下：

（1）信息技术在制造业大规模使用。现代信息技术种类多样，包括互联网技术、自动化技术、电子技术、云计算、大数据技术、物联网技术等。因此，制造业信息化首先表现为信息技术在制造业生产、销售、管理、采购等各个企业活动中被广泛运用。信息技术与现代企业管理相结合产生了OA、ERP等企业管理系统。这些信息系统是企业进行战略管理和战术管理必备的支持系统。制造业信息化技术帮助企业从单一环节管理向全产业链或全价值链管理，提高企业业务的集成能力。同时，制造业信息技术为企业提供了跨区域协作和资源配置的平台，成为企业提高经营管理效率的武器。

（2）信息产业与制造业相互融合。制造业与信息产业之间相互融合伴随着制造业信息化工程的整个过程。两个产业之间的相互融合不仅相互促进自身的发展，也推动了整个社会信息化水平的提高。在信息产业与制造业交叉地带正在兴起一批新的产业集群，如互联网技术＋家具制造形成智能家居产业。

（3）价值链信息化。制造业信息化工程表现在企业价值活动过程就是企业价值链的信息化。主要包括价值创造活动信息化和价值链各个环节相互链接的信息化。

（4）企业虚拟经营。电子商务的发展和信息经济的兴起，使企业价值活动不断信息化。企业基于利润最大化动机，把企业价值活动的某些职能搬到网络上，依靠互联网技术和大数据技术，对企业价值创造活动进行有效管理，降低企业价值活动成本，提高企业价值和利润水平。随着企业虚拟运营水平的提高，社会上出现了企业组织虚拟化，不同企业虚拟组织在网络上依靠信息机制形成一个虚拟的产业集群。

制造业信息化是国际制造业发展的大趋势。面对经济全球化的国际形势，在全球范围配置制造资源，形成制造业优势产业链和区域产业集群，抢占世界市场是各国制造业发展的首选战略，世界制造业正朝着全球化、集群化、信息化和服务化方向发展。制造业信息化是支撑制造业自主创新、实现国际化协作和资源配置、促进制造业优势产业链和区域特色产业集群形成的主要手段,得到世界各国的高度重视。发达国家提出的跨世纪研究计划均将实现制造业信息化作为重要任务,其制造业信息化的发展趋势表现为集成化、协同化和服务化。

3.1.3 制造业信息化工程相关标准

加快两化融合的步伐,让信息化发挥作用,促进管理提升、技术创新,支撑企业高效运营,是企业走向成功的必经之路。我国制造业信息化工程已经取得了长足的发展,但与国际先进水平相比还存在一定的差距:协同制造远不能满足国际化竞争的需求,集成应用水平不高,公共服务平台建设尚处在初步发展阶段,软件产品研发与产业化遇到艰巨的挑战,中介机构技术服务能力不强,数据不准、流程不畅和沟通困难等。在分析和解决这些问题的过程中,越来越多的企业决策者意识到,把制造业信息化工程作为标准化战略的重点领域对于发展国民经济、推动信息化社会进步具有重要意义。制造业是我国国民经济的支柱产业,如果忽略了制造业信息化工程标准与国际标准的一致性,就有可能丧失产业的竞争力。标准作为企业运作过程中最重要的因素,对制造业信息化工程项目实施的成败起着决定性的作用。

标准是人们为某种目的和需要而提出的统一性要求,是对一定范围内的重复性事务和概念所做的统一规定。标准化则是制定标准并使其在社会一定范围内得以推广应用的一系列活动,这些活动主要包括制定、发布、实施及修改标准等过程。综上,制造业信息化工程标准化指在制造业信息化工程建设实践中,对重复性出现的事物和概念,通过制定、发布和实施标准,使之在有关各方面达到协调和统一,以获取最佳秩序和效益的过程。制造业信息化工程标准是指在制造业信息化工程标准化过程中涉及的标准。

1)制造业信息化工程标准化问题

随着制造业信息化工程的深入,标准化落后于新技术的发展,满足不了工业企业需求的矛盾逐步显现。制造业信息化工程标准化中存在的突出问题如下:

首先,标准化与制造业信息化工程脱节。国内制造业信息化起步晚,管理基础落后,人治思想根深蒂固,对于标准化部门制定的许多标准,企业没有强烈的使用意识,在进行产品资料、管理文件归档或信息交换时,还习惯用软盘或优盘,而标准成了摆设。此外,很多制造业信息化工程标准建设初期往往起点很高,与国际接轨,引用先进标准,但是与企业的实际水平相差太远,贯彻实施难度巨大,最终沦为空纸,不得不从头再来。

其次,缺乏制造业信息化工程需要的众多标准。信息技术作为新兴技术,全面应用时间并不长,制造业信息化工程标准更是在一片空白中艰难摸索。如何与业务结合、如何具有可操作性,各标准之间的关系如何,都是信息化标准制定者需要着重思考的问题。制造业信息化工程标准既要服务于业务,又要对业务起到促进、引领作用。而随着企业信息化广度和深度的不断扩展,信息化标准体系不健全、标准缺失等问题逐步凸现,需要进行完善和逐步优化。特别是由于有些标准没有采取强制性措施,致使制造业信息化工程中的一些问题扩大化。同时,有些国家标准制定滞后,或强制性推广不够,不仅使一个信息系统转入到另一个信息系统时发生困难,也致使国外某些企业标准成为事实标准,无形中为国内企业进入国际市场设置了障碍。

最后,标准的制定滞后于新技术的发展。制造企业以产品为主,信息化标准虽是企业的基础标准,但往往得不到足够的重视。一方面,企业主营业务的标准更新较快,但是信息化相关标准往往更新较慢。在网络技术日新月异发展的今天,无标先行,不仅浪费了大量的人力和物力,也为企业间的工业数据交换与共享带来许多不应有的问题。另一方面,标准制定之后,缺少修订和更新,不能与国际、国家标准同步,甚至不能与企业业务发展同步。采用过期、作废标准的现象比较普遍,阻碍了企业信息化的顺利实施,导致信息技术无法发挥作用。

2) 制造业信息化工程中标准的作用

在制造业信息化工程建设过程中,标准是企业的基础设施,就像法律法规在法制社会中的基础作用一样,标准是构成企业基础管理、业务操作、信息共享、信息交互和信息安全等的技术起跑点和落脚点。

(1) 统一口径、有效沟通。在制造业信息化工程推进过程中,业务与业务之间的沟通,以及业务与信息技术之间的沟通十分重要,而统一标准是沟通的前提。标准是桥梁和纽带,只有在统一的编码标准、统一的流程定义标准、统一的业务术语标准的前提下,业务和业务、业务和信息技术之间才能进行有效的沟通,业务需求才能准确地转化为信息化功能,信息化工具才能切实地为业务服务。

(2) 优化管理、提高效率。制造业信息化工程不仅仅是一个技术项目,从更大范围、更多内容上,究其本质也是一个复杂的管理工程。这不仅仅体现在信息化系统是为了实现企业管理的目标而运作的,就制造业信息化工程本身的管理而言,也需要极强的管理的科学和艺术,这必然对管理的方法和手段提出了更高的要求。信息化项目的推进涉及企业人、财、物的各个方面,必须用工程化的项目管理方法进行管理。这就意味着,在制造业信息化工程的规划过程、开发过程、实施过程和相应的管理过程中,必须采用或建立相关的技术、管理的标准和规范,并根据企业的实际情况进行必要的调整,提高管理的效率和质量,保证信息化项目实施的成功。

(3) 规范操作、提高质量。制造业信息化工程工作从项目管理,到数据整理,都需要有统一的流程和操作规范。只有在统一的操作标准下,才能保证结果的准确性和一致性。同时,建立业务操作和技术管理标准,规范开发、实施和具体操作行为,有助于提高信息化项目开发实施的质量。

(4) 有效保证信息化建设的安全保密。制造业信息化工程是一个不断生产信息、采集信息、交换信息和利用信息的过程。既然信息是一种有利用价值的资源,就必然涉及安全保密的问题。制造业包含很多的领域,涉及企业的商业信息甚至国家安全信息,都需要通过各种各样的安全措施进行防范和保护。加密、公钥基础设施、访问控制、身份认证等技术的实现,都必须借助于标准这一有效的载体。可以说,如果没有统一的安全技术标准和管理标准,则无法判定任何信息系统是否安全,以及是否真正达到了既定的安全目标。

总之,标准对促进制造业信息化工程的发展及推广应用发挥着极其重要的作用,统一标准是互联互通、信息共享、业务协同的基础。标准化工作是推动制造业信息化建设的重要基础性工作。在制造业信息化建设过程中,标准是规范技术开发、产品生产、工程管理等行为的技术法规。只有通过统一技术要求、业务要求和管理要求等标准化手段,才可以保障制造业信息化建设的相关工程及相关环节的建设在全球范围内有章可循,有法可依,形成一个有机的整体,避免盲目和重复,降低成本,提高效益,从而规范和促进我国制造业信息化建设有序、高效、快速和健康地发展。

3) 制造业信息化标准体系架构

制造业信息化标准体系是按照信息化的多种技术和应用领域总结将相关标

准进行科学合理的分类和管理形成的有机整体。按照信息化标准体系研究的各种分析角度、多维视图和标准体系的定位,考虑标准体系的纵横关系,得出制造业信息化标准体系结构的三层总体框架。

(1) 基础性标准。基础性标准位于制造业信息化标准体系结构的最底层。该标准是基本的、支持各类标准的标准,包括技术术语、缩略语、编码规范、基本符号、相应分类等。

(2) 通用性标准。制造业信息化标准体系结构的中间层是通用性标准。该类标准是支持所有专业标准的共性标准,包括支撑平台类标准、企业信息化基本架构、通用管理类标准和关键技术类标准。

① 支撑平台标准。该标准主要是保证企业应用系统正常运行的各项规范,涉及硬件设备标准、网络基础设施标准、应用支撑平台标准、信息安全标准等。

② 关键技术标准。这是制造业信息化工程中标准规范最集中的方面,是指为了实现制造企业信息实时集成的公共服务平台标准、接口标准、数据交换标准等。具体包括:公共服务平台标准,流程建模与管理标准,网络服务标准,系统架构标准,信息集成、数据交换标准,零组件接口标准。

③ 通用管理标准。这是用于管理企业信息化实施的各类标准,具体包括:项目实施管理标准、产品造型标准、权限管理标准、数据管理标准、标准化管理标准、各项生产经营管理标准。

④ 企业信息化基本架构。该信息化基本架构给出了企业信息化建设的总体性、框架性、基础性的标准和规范。

(3) 专业性标准。专业性标准是指应用于各专业及相关领域的标准,位于制造业信息化标准体系结构的顶层,包括设计制造标准、企业经营管理标准和制造执行标准三方面。

① 设计制造标准。从企业具体应用角度,制定出适合推广数字化设计与制造所需的具体技术标准,包括 CAD 标准、CAE 标准、数字样机标准、CAD 文件管理标准、CAPP 标准、CAM 标准、工艺模拟标准以及 MES 标准。

② 企业经营管理标准。管理信息化的标准化重点是:制造业管理信息化标准体系、制造业管理信息化技术术语、制造业供应链管理(SCM)标准、企业资源计划(ERP)标准;制造业客户关系管理(CRM)标准、制造业办公自动化(OA)标准和电子商务管理标准。

③ 制造执行标准。该标准指用于不同制造类型(离散控制、流程控制和批量控制)的制造执行和控制标准。包括制造软件及编程环境标准、制造过程标准、数控机床应用编程标准、制造报文规范标准、工业机器人标准、现场总线标准、制造执行系统 MES 标准等。

3.2 制造业信息化工程主要信息系统

3.2.1 计算机辅助设计

计算机辅助设计(Computer Aided Design,简称 CAD)是计算机在制造业应用最早,最普遍,最重要的领域,已经成为制造业设计人员不可缺失的重要工具。既有为各类产品定制的 CAD 软件系统,也有为行业设计的 CAD 应用软件,还有提供最灵活、实用的通用 CAD 系统软件,CAD 已经成为信息产业的主导产品之一。

1) CAD 的内涵

CAD 其概念不断地发展和内涵不断丰富。国际信息处理联合会于 1972 年 10 月在荷兰召开的"关于 CAD 原理的工作会议"上对 CAD 的定义是"CAD 是一种技术,其中人与计算机结合为一个问题求解组,紧密配合,发挥各自所长,从而使其工作优于每一方,并为应用多学科方法的综合性协作提供了可能。CAD 是工程技术人员以计算机为工具,对产品和工程进行设计、绘图、分析和编写技术文档等设计活动的总称,人们根据系统功能的要求,用有限的特征来描述设计问题,通过形式化用计算机的数据结构来表达特征,并将用数据结构描述的'特征'数据存放在数据库之中。这样,'设计'过程变成了对数据库的处理"。

可见,CAD 是依据制图原理利用计算机及其图形设备辅助设计人员完成设计工作。在工程项目和产品设计过程中,可以通过计算机帮助设计人员完成制图、定位、标注、仿真、模拟、存储和再现等任务,并且可以将设计的作品存入工程数据库中,及时、快速地提供给各类有权使用的用户,还可以在设计中用计算机对已经存入数据库中不同设计方案进行大量的比较、分析、调整和重新计算,通过 CAD 获得最优方案。

CAD系统存储的信息,不论是数字的、文字的或图形的,都能快速地检索。因此,CAD可以全程跟踪设计人员的概念设计、逻辑设计和物理设计,做到产品形成的全息图。这样设计人员从草图开始设计,将草图变为工作图的繁重工作可以交给计算机完成;利用计算机可以实现与图形的编辑、放大、缩小、平移和旋转等有关的图形数据加工工作。

2) CAD的特点

在CAD的帮助下极大地提高了设计人员工作效率和工作质量,降低了工作人员的劳动强度,改善设计人员的工作环境,把单调乏味的工作转变成丰富多彩的创新工作。其主要特点体现在如下三方面。

(1) 交互式图形操作。通过CAD软件可以很方便地调出图形,并进行剪辑、修改、变换、观看、分析等相应的人机交互。CAD应用软件能为设计人员提供几何造型、特征计算、绘图等功能,以完成面向机械、电气、建筑、广告各专业领域的各种专门设计。

(2) 产品构造设计。通过CAD应用软件的用户界面、数据结构、数据管理和算法进行产品的构造设计。数据管理软件用于存储、检索和处理大量图形数据。为此,CAD需要建立工程数据库系统,这与一般的数据库系统不同。工程数据库的数据类型更加多样,设计过程中实体关系更复杂,库中数值和数据结构时常发生变动,设计者的操作同时需要实时性交互处理。

(3) 工程师们应用CAD开展工作,设计速度快、设计精度高、设计工作更加规范等也是CAD的重要特点。在早期,工程师采用手工绘图。他们用草图表达设计思想,各人手法不一,交流沟通和集成困难。而且,由于项目的多样性、多变性,使得手工绘图周期长、效率低、重复劳动多,从而阻碍了设计的发展。于是,人们想方设法地提高劳动效率,将工程技术人员从繁琐重复的体力劳动中解放出来,集中精力从事开创性的工作。工程师们为了减少工程制图中的许多繁琐重复的劳动,编制了大量的标准图集,提供给不同的工程以备套用。

3) CAD系统组成

CAD是人机交互的信息系统,主要有人、计算机系统、图形输入设备、图形输出设备、工程数据库和各类软件组成,如图3-1。

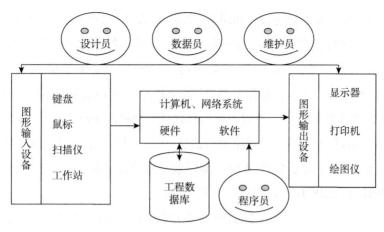

图 3-1 CAD 系统组成示意图

（1）工程工作站。一般指具有超级小型机功能和三维图形处理能力的一种单用户交互式计算机系统。它有较强的计算能力，用规范的图形软件，有高分辨率的显示终端，可以联在资源共享的局域网上工作，已形成最流行的 CAD 系统。

个人计算机（PC）系统价格低廉，操作方便，使用灵活。80 年代以后，PC 机性能不断翻新，硬件和软件发展迅猛，加之图形卡、高分辨率图形显示器的应用，以及 PC 机网络技术的发展，由 PC 机构成的 CAD 系统已大量涌现，而且呈上升趋势。

（2）图形输入输出设备。除了计算机主机和一般的外围设备外，计算机辅助设计主要使用图形输入输出设备。交互图形系统对 CAD 尤为重要。图形输入设备的一般作用是把平面上点的坐标送入计算机。常见的输入设备有键盘、光笔、触摸屏、操纵杆、跟踪球、鼠标器、图形输入板和数字化仪。

图形输出设备分为软拷贝和硬拷贝两大类。软拷贝设备指各种图形显示设备，是人机交互必不可少的；硬拷贝设备常用作图形显示的附属设备，它把屏幕上的图像复印出来，以便保存。常用的图形显示有三种：有向束显示、存储管显示和光栅扫描显示。有向束显示应用最早，为了使图像清晰，电子束必须不断重画图形，故又称刷新显示，它易于擦除和修改图形，适于作交互图形的手段。存储管显示保存图像而不必刷新，故能显示大量数据，且价格较低。光栅扫描系统能提供彩色图像，图像信息可存放在所谓帧缓冲存储器里，图像的分辨率较高。

4）CAD 的功能

在计算机辅助设计领域，不仅是单纯的通过计算机代替人工绘图，而是要根据市场变化、客户需求快速设计出最佳(功能齐、性能好、成本低、便于制造)的产品,满足极速发展的市场需要。所以,产品设计部门经常要弄清楚为什么要设计?什么时候设计?怎样设计等基础问题。因此,需要企业信息化工程为产品设计部门提供相应功能,才能让CAD信息充分利用,解决新的信息孤岛问题。

(1) 新产品开发计划。通过企业信息化系统提供的市场客户订单信息,分析产品生命周期,分析产品型号规格调整信息,为产品设计部门制定新产品计划提供科学的依据,甚至是提供产品设计部门最基本的任务依据。通过企业信息化工程中的计划功能模块实现新产品开发计划。

(2) 客户订货需求管理。随着市场经济的成熟,以销定产已经是最基本的企业经营方式。设计的新产品是为了满足客户的需要,客户订货需求是设计部门的第一要素,也是新产品设计的动因。

(3) 客户服务反馈。通过企业信息化工程中的客户投诉模块将用户在产品使用过程中存在的各种问题收集、整理、确认和转达,对于产品设计中的缺陷问题及时告知设计部门,为产品设计更新和提高提供依据。

(4) 设计问题反馈。通过企业信息化工程相关系统功能进行信息处理,在产品生产周期各阶段、各环节将遇到的所有问题汇总、整理、识别。对于设计问题及时反馈到产品设计部门,改进设计方案,提高设计质量,满足客户需求。

5) 计算机辅助其他系统(CAX)

随着计算机技术的发展和普及推广,计算机辅助(Computer Aided,简称CA)应用直接渗透到制造企业的设计、制造、测试、教育和质量监控等领域,被提炼和抽象成CAX。其改变着机械设计、工艺设计、工程设计和制造装备的工作能力与管理能力,极大地减少生产生命周期,提高制造敏捷度和柔性。传统的产品制造被打造成软性制造、网格制造、异地制造、数字化制造、柔性制造等理念和方法喷涌而出,改变了制造企业的生产环境,员工的工作环境,极大地改善工作条件。

CAX是CAD、CAM、CAE、CAPP、CAS、CAT、CAI等各项技术之综合叫法,因为所有缩写都是以CA开头,X表示相关所有的应用。CAX实际上是把多元化的计算机辅助技术集成起来复合和协调地进行工作,除了在产品设计时,由设计部门工作外,其他各部门也可以提前介入而无需等待上一道作业完成后,才开始下一道作业,缩短了开发时间;同时,在产品设计早期,能很好地考虑到产品生命周期的各种因素,提前发现设计上的错误和误差,及时进行修正,而且可以在设计过程中,按照市场的需求,不断提出可比较的多种设计方案,从而获得最优化的设计成果和效益。

3.2.2 计算机集成制造系统

随着信息技术与制造技术的飞速发展与相互融合,计算机集成制造系统不仅是信息系统的应用领域,而且已经形成独立的综合多学科交叉融合的研究领域。CIMS 的发展直接影响到工业化、信息化的发展和工业化与信息化融合的能力,体现着国家的先进制造技术水平。我国十分重视 CIMS 的研究与应用,专门成立了 863 计划 CIMS 主题专家组,明确了将信息技术、现代管理技术和制造技术相结合,并应用于企业产品全生命周期(从市场需求分析到最终报废处理)的各个阶段,通过信息集成、过程优化及资源优化,实现物流、信息流、价值流的集成和优化运行,达到人(组织、管理)、经营和技术三要素的集成,以改进企业新产品开发的时间(Time)、质量(Quality)、成本(Cost)、服务(Service)、环境(Environment),即 TQCSE,从而提高企业的市场应变能力和竞争能力。

1) 计算机集成制造系统的内涵

计算机集成制造系统(Computer Integrated Manufacturing System,简称 CIMS)概念提出至今经历了三十多年的发展,但是对 CIMS 的界定还不十分清楚。这不仅是由于其所涉及的学科在动态发展和所涉及的学科内涵在不断丰富,而且其应用领域不断拓宽,应用程度不断深入。

随着计算机在制造系统中的应用,其功能从 CAD/CAPP/CAM 不断向外延伸,借助于计算机的控制与信息处理功能,将企业制造过程运作的信息流、物流、价值流和人力资源有机融合,实现产品快速更新、生产率大幅提高、质量稳定、资金有效利用、损耗降低、人员合理配置、市场快速反馈和良好服务的全新的企业生产模式。通过企业市场分析、产品设计、加工制造、经营管理、售后服务等功能进行一体化集成提高企业综合竞争能力。

传统的 CIMS 是 CIM 的实现,是随着计算机辅助设计与制造的发展而产生的。它是在通信技术、自动化技术与制造技术的基础上,通过计算机技术和网络技术把分散在产品设计制造过程中各种孤立的自动化子系统有机地集成起来,解决了多品种小批量或单件生产方式的 TQCSE 问题,实现整体效益的集成化和智能化的制造系统。它把制造系统的范围扩展到了市场预测、产品设计、加工制造、检验、销售及售后服务等全过程,反映了集成化与自动化的广度。它不仅涉及物流控制的传统体力劳动的自动化,还包括信息流控制的脑力劳动的自动化,体现了智能化与自动化的深度。可见,它的理念是在 CIM 的基础上形成的,是对 CIM 的具体实现。

当前,随着我国对 CIMS 的深入研究和广泛应用,在我国有许多学者将 CIM 与 CIMS 解释为"现代集成制造(Contemporary Integrated Manufacturing,简称 CIM)与现代集成制造系统(Contemporary Integrated Manufacturing System,简称 CIMS)"。这已在广度与深度上拓展了传统意义上 CIM/CIMS 的内涵。其中,"现代"的含义是计算机化、信息化、智能化;"集成"被赋予了更广泛的内容,它包括了信息集成、过程集成及企业间集成等三个阶段的集成优化,企业活动中三要素及三流(物流、资金流和信息流)的集成优化,制造过程有关的技术的集成优化及各类人员的集成优化等。CIMS 不仅仅把技术系统和经营生产系统集成在一起,而且把人(人的思想、理念及智能)也集成在一起,使整个企业的工作流、物流和信息流都保持通畅和相互有机联系。所以,CIMS 是制造过程基础上的人、经营和技术三者集成的产物。

2) 计算机集成制造系统的发展趋势

现代制造企业随着信息技术的不断深入应用而飞速发展。推动着现代制造技术发展的内在动力是以信息技术的发展为支持,以满足制造业市场需求和增强企业竞争力为目的。现代集成制造技术未来将突出在以下八个方面具有进一步深化发展的趋势。

(1) 以数字化为发展核心。未来世界,数字化将势不可当。数字化不仅是信息化发展的核心,而且也是 CIMS 发展的核心。信息的数字化处理同模拟化处理相比,有着三个不可比拟的优点:信息精确、信息安全、信息容量大。数字化制造就是指制造领域的数字化,它是制造技术、计算机技术、网络技术与管理科学的交叉、融合、发展与应用的结果,也是制造企业、制造系统与生产过程、生产系统不断实现数字化的必然趋势。它包含了以设计为中心的数字制造、以控制为中心的数字制造和以管理为中心的数字制造三大部分。

(2) 以精密化为发展的关键。所谓"精密化",一方面是指对产品、零件的精度要求越来越高,另一方面是指对产品、零件的加工精度要求越来越高。"精"是指加工精度及其发展,精密加工、细微加工、纳米加工等等。特别是纳米加工不仅确保产品的精细要求,而且改善产品的性能。

(3) 突出极端条件为发展的焦点。"极"就是极端条件,就是指在极端条件下工作的或者有极端要求的产品,也是指这类产品的制造技术有"极"的要求。例如在高温、高压、高湿、强磁场和强腐蚀等等条件下工作的,或有高硬度、大弹性等等要求的,或在几何形体上极大、极小、极厚、极薄、奇形怪状的。显然,这些产品都是科技前沿的产品,其中之一就是"微机电系统(MEMS)"。可以说,"极"是前沿科技或前沿科技产品发展的一个焦点。

(4) 以自动化技术为发展前提。这是所讲的"自动化"就是减轻人的劳动,强化、延伸、取代人的有关劳动的技术或手段。自动化总是伴随有关机械或工具来实现的。可以说,机械是一切技术的载体,也是自动化技术的载体。自动化从自动控制、自动调节、自动补偿、自动辨识等发展到自学习、自组织、自维护、自修复等更高的自动化水平,而且今天自动控制的内涵与水平已远非昔比,从控制理论、控制技术到控制系统、控制元件,都有着极大的发展。制造业发展的自动化不但极大地解放了人的体力劳动,而且更为关键的是有效地提高了脑力劳动,解放了人的部分脑力劳动。因此,自动化将是现代集成制造技术发展的前提条件。

(5) 以集成化为发展的方法。所谓"集成化",一是技术的集成,二是管理的集成,三是技术与管理的集成,其本质是知识的集成,亦即知识表现形式的集成。如前所述,现代集成制造技术就是制造技术、信息技术、管理科学与有关科学技术的集成。"集成"就是"交叉",就是"杂交",就是取人之长,补己之短。

(6) 以网络化为发展道路。网络化是现代集成制造技术发展的必由之路,制造业走向整体化、有序化,这同人类社会发展是同步的。制造技术的网络化是由两个因素决定的:一是生产组织变革的需要,二是生产技术发展的可能。这是因为制造业在市场竞争中面临多方的压力:采购成本不断提高,产品更新速度加快,市场需求不断变化,客户订单生产方式迅速发展,全球制造所带来的冲击日益加强等等。企业要避免传统生产组织所带来的一系列问题,必须在生产组织上实行某种深刻的变革。这种变革体现在两方面:一方面利用网络,在产品设计、制造与生产管理等活动乃至企业整个业务流程中充分享用有关资源,即快速调集、有机整合与高效利用有关制造资源;与此同时,这必然导致制造过程与组织的分散化、网络化,使企业必须集中力量在自己最有竞争力的核心业务上。科学技术特别是计算机技术、网络技术的发展,使得生产技术发展到可以使这种变革的需要成为可能。

(7) 以智能化为发展前景。制造技术的智能化是制造技术发展的前景。智能化制造模式的基础是智能制造系统。智能制造系统既是智能和技术的集成而形成的应用环境,也是智能制造模式的载体。制造技术的智能化突出了在制造诸环节中以一种高度柔性与集成的方式,借助计算机模拟的人类专家的智能活动,进行分析、判断、推理、构思和决策,取代或延伸制造环境中人的部分脑力劳动。同时,收集、存储、处理、完善、共享、继承和发展人类专家的制造智能。目前,尽管智能化制造道路还很漫长,但是必将成为未来制造业的主要生产模式之一。

(8) 以绿色制造为发展趋势。所谓"绿色"是从环境保护领域中引用来的。人类社会的发展必将走向人类社会与自然界的和谐。人与人类社会本质上也是自然界的一个部分,部分不能脱离整体,更不能对抗与破坏整体。因此,人类必须从各方面促使人与人类社会同自然界和谐一致,制造技术也不能例外。

在制造业向全球化、网络化、集成化和智能化发展的过程中,标准化技术(STEP、EDI 和 P-LIB 等)已显得愈来愈重要。它是信息集成、功能集成、过程集成和企业集成的基础。

3) 计算机集成制造系统分类

无论是传统意义上的 CIMS,还是现代意义上的 CIMS,其本质和基础都没有变化,只是系统内涵更加丰富,集成对象与范围不断扩大。CIMS 在企业中的实施往往还需要根据企业的特点和信息化基础来进行定制,必须了解企业生产方式,明确 CIMS 的类型。

(1) 按生产工艺分类。制造业按制造工艺可分为离散型制造业、连续型制造业和混合型制造业三种。

离散型制造业是以订单方式安排生产计划,其制造过程的部分或全部任务可以分别在不同工位、车间或企业完成,然后总装形成产品,如机械、家电和汽车等行业都是离散型制造业。这种生产方式更需要通过 CIMS 有机地将生产过程以及企业间集成以提高效率与效益。

连续型制造业的特点是管道式物料输送,生产制造过程连续,生产工艺流程规范且固定,工艺柔性比较小,产品比较单一,原料比较稳定,如化工、发电和炼油等行业都是连续型制造业。这种生产方式通过 CIMS 可以更好地集成监控制造过程,减少制造过程的异常造成的损失。

一般认为混合型制造业是在企业制造中既有连续性的,又有离散性的。如制药、化妆品、食品和酒类等行业,这类企业通过 CIMS 能更快适应市场需求的变化。

(2) 按体系结构分类。CIMS 也可以分成集中型、分散型和混合型三种。这主要是根据 CIMS 中计算机结构体系分类,在实际构建系统时需要充分考虑企业地理分布,系统分布范围、信息流控制等级和集中处理程度等要素。

4) 计算机集成制造系统的功能结构

CIMS 作为制造业信息化工程的理论指导与新兴学科,其功能不断增强,结构不断完善。在 CIMS 领域将管理信息系统作为其重要的功能组成部分,而在管理信息系统领域将 CIMS 作为融合与发展的趋势,如图 3-2 所示。

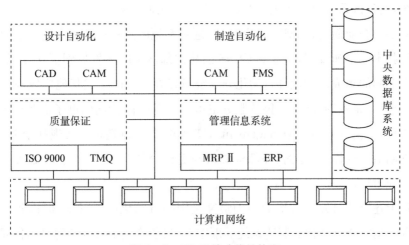

图 3-2 CIMS 的功能结构图

(1) 管理信息分系统。管理信息分系统具有预测、经营决策、生产计划、生产技术准备、销售、供应、财务、成本、设备、工具和人力资源等管理信息功能,通过信息集成,达到缩短产品生产周期、降低流动资金占用、提高企业应变能力的目的。

(2) 设计自动化分系统。设计自动化分系统用计算机辅助产品设计、工艺设计、制造准备及产品性能测试等工作,即 CAD/CAPP/CAM 系统,目的是使产品开发活动更高效、更优质地进行。

(3) 制造自动化分系统。制造自动化分系统是 CIMS 中信息流和物流的结合点。对于离散型制造业,可以由数控机床、加工中心、清洗机、测量机、运输小车、立体仓库、多级分布式控制(管理)计算机等设备及相应的支持软件组成。对于连续型生产过程,可以由 DCS 控制下的制造装备组成,通过管理与控制,达到提高生产率、优化生产过程、降低成本和能耗的目的。

(4) 质量保证分系统。质量保证分系统包括质量决策、质量检测与数据采集、质量评价、控制与跟踪等功能。该系统保证从产品设计、制造、检测到后勤服务的整个过程的质量,以实现产品的高质量、低成本,提高企业竞争力。

(5) 计算机网络分系统。计算机网络分系统采用国际标准和工业规定的网络协议,实现异种机互联、异构局域网络及多种网络互联。它以分布式为手段,满足各应用分系统对网络支持的不同需求,支持资源共享、分布式处理、分布式数据库、分层递阶和实时控制。

(6) 数据库分系统。数据库分系统是逻辑上统一、物理上分布的全局数据管理系统,通过该系统可以实现企业数据共享和信息集成。

对多数企业而言,CIMS 应用是一个逐步实施的过程。随着市场竞争的加剧和信息技术的飞速发展,企业的 CIMS 已从内部的 CIMS 发展到更开放、范围更大的企业间的集成。如设计自动化分系统可以在 Internet 或其他广域网上的异地联合设计,企业的经营、销售及服务也可以是基于因特网的电子商务(EB)、供应链管理(Supply Chain Management),产品的加工、制造也可实现基于 Internet 的异地制造。这样,企业内、外部资源得到更充分的利用,有利于以更大的竞争优势响应市场。

从上述介绍可知,CIMS 是目前最高级别的自动化制造系统,但这并不意味着 CIMS 是完全自动化的制造系统。事实上,目前意义上 CIMS 的自动化程度甚至比柔性制造系统还要低。CIMS 强调的主要是信息集成,而不是制造过程物流的自动化。CIMS 的主要特点是系统十分庞大,包括的内容很多,要在一个企业完全实现难度很大。但可以采取部分集成的方式,逐步实现整个企业的信息及功能集成。

我国信息化工程是以制造业信息化工程和企业管理信息化工程为立足点,这对应于计算机集成制造系统和管理信息系统的实施。这两类系统都是概念系统,或称之为系统类名,只有其分系统的软件产品。这两类系统既有明确的应用技术与领域,又有相互的交叉,这种交叉越来越趋向于融合。其结合越来越紧密,逐步渗透,已经形成你中有我,我中有你的局面。

3.2.3 制造执行系统

纵观我国制造业信息化系统的应用现状,建设的重点普遍放在 ERP 管理系统和现场控制系统(Shop Floor Control System,简称 SFC)两个方面。但是,由于产品营销在这一二十年间从生产导向快速地演变成市场导向、竞争导向,因而也对制造企业生产现场的管理和组织提出了挑战,仅仅依靠 ERP 和现场控制系统往往无法应付这新的局面,工厂制造执行系统(Manufacturing Execution System,简称 MES)恰好能填补这一空白。MES 是近十年来在国际上迅速发展、面向车间层的生产管理技术与实时信息系统。MES 可以为用户提供一个快速反应、有弹性、精细化的制造业环境,帮助企业降低成本、按期交货、提高产品的质量和服务质量,适用于不同行业(家电、汽车、半导体、通信、IT、医药),能够对单一的大批量生产和既有多品种小批量生产又有大批量生产的混合型制造企业提供良好的企业信息管理。

1) 制造执行系统的内涵

制造执行系统(Manufacturing Execution System,简称 MES)是美国 AMR 公司(Advanced Manufacturing Research,Inc.)在 20 世纪 90 年代初提出的,旨在加强 MRP 计划的执行功能,把 MRP 计划同车间作业现场控制通过执行系统联系起来。这里的现场控制包括 PLC 程控器、数据采集器、条形码、各种计量及检测仪器、机械手等。MES 设置了必要的接口,与提供生产现场控制设施的厂商建立合作关系。

MES 是企业 CIMS 信息集成的纽带,是实施企业敏捷制造战略和实现车间生产敏捷化的基本技术手段。

AMR 公司将 MES 定义为"位于上层的计划管理系统与底层的工业控制之间的面向车间层的管理信息系统"。它为操作人员/管理人员提供计划的执行、跟踪以及所有资源(人、设备、物料、客户需求等)的当前状态。制造执行系统协会(Manufacturing Execution System Association,简称 MESA)对 MES 所下的定义为"MES 能通过信息传递对从订单下达到产品完成的整个生产过程进行优化管理。当工厂发生实时事件时,MES 能对此及时作出反应、报告,并用当前的准确数据对它们进行指导和处理。这种对状态变化的迅速响应使 MES 能够减少企业内部没有附加值的活动,有效地指导工厂的生产运作过程,从而使其既能提高工厂及时交货能力,改善物料的流通性能,又能提高生产回报率。MES 还通过双向的直接通信在企业内部和整个产品供应链中提供有关产品行为的关键任务信息。"

MES 的定位处于计划层和现场自动化系统之间的执行层,主要负责车间生产管理和调度执行。一个设计良好的 MES 可以在统一平台上集成诸如生产调度、产品跟踪、质量控制、设备故障分析、网络报表等管理功能,使用统一的数据库和通过网络联接可以同时为生产部门、质检部门、工艺部门、物流部门等提供车间管理信息服务。系统通过强调制造过程的整体优化来帮助企业实施完整的闭环生产,协助企业建立一体化和实时化的 ERP/MES/SFC 信息体系。

2) 制造执行系统的形成

20 世纪 90 年代初期,中国就开始对 MES 以及 ERP 跟踪研究、宣传或试点,而且曾经提出了"管控一体化"、"人、财、物、产、供、销"等颇具中国特色的 CIMS、MES、ERP、SCM 等概念,但只是总结、归纳、宣传、坚持或者提炼,提升不够,发展势头不快。

国内最早的 MES 是 20 世纪 80 年代宝钢建设初期从 SIEMENS 公司引进的。中国工业信息化基本上是沿着西方工业国家的轨迹前进,只是慢半拍而已。几乎绝大多数大学和工业自动化研究单位,甚至于国家、省、市级政府主管部门都开始跟踪、研究 MES。从中央到地方,从学会到协会,从 IT 公司到制造生产厂,从综合网站到专业网站,从综合大学到专科院校,都卷入了 MES 热潮之中。

目前国外知名企业应用 MES 系统已经成为普遍现象,国内许多企业也逐渐开始采用这项技术来增强自身的核心竞争力。回到企业计划层与过程控制层之间的信息"断层"问题。我国制造业多年来采用的传统生产过程的特点是"由上而下"按计划生产,简单地说是从计划层到生产控制层:企业根据订单或市场等情况制订生产计划→生产计划到达生产现场→组织生产→产品派送。企业管理信息化建设的重点也大都放在计划层,以进行生产规划管理及一般事务处理,如 ERP 就是"位"于企业上层计划层,用于整合企业现有的生产资源,编制生产计划。在下层的生产控制层,企业主要采用自动化生产设备、自动化检测仪器、自动化物流搬运储存设备等解决具体的生产(制程)瓶颈,实现生产现场的自动化控制。

3) 制造执行系统分类

伴随着国际 MES 市场的发展，MES 厂商犹如雨后春笋般地涌现出来，而他们的来源也主要分为以下五类：

(1) 从自动化设备基础上发展而来。MES 的数据采集与指令执行就是和底层设备打交道。这些厂商进入 MES 领域有着天然的优势，对自动化设备了如指掌。这类厂商的代表有：GEFanuc、Siemens、Rockwell Automation 等。

(2) 从专业 SCADA、HMI 厂商发展而来。这些厂商多是从开发人机界面开始，然后扩展到 MES 领域的。这类厂商的代表有：AdAstra、Wonderware、Citech(已被收购，但独立运营)等。

(3) 从专业 MES 发展而来。这些厂商一开始就专注于 MES 或者 MES 中的某一项功能，如自动识别、质量管理、组态系统、测控等，然后不断发展，不断积累。现在这些厂商面临的生存环境越来越恶劣，很多已经被并购，而并购者多是自动化设备供应商。如 SIEMENS 收购比利时的 Complex IT Plant Solutions 公司的 MES 产品 Pro CX，GEFanuc 并购 MES 软件产品的供应商 Mountain Systems，Rockwell Automation 对 Enterprise Technology Group、Data Sweep 的收购。目前，这类厂商的代表有 MFsoft、Honeywell、Camstar Systems 和 Tieto 等。

(4) 从 PLM、ERP 等领域延伸而来。由于 MES 的专业性很强，所以目前 PLM、ERP 等厂商进入这个领域的并不多。这类厂商的代表有：UGS、SAP(捆绑德国的 PSI)等。

(5) 从其他领域延伸而来。如 Apriso 是从数据采集和数据挖掘到 1998 年全面介入 MES 软件的开发。

4) 制造执行系统的功能

市场环境的变化和现代生产管理理念不断更新，一个制造型企业能否良性运营，关键是使"计划"与"生产"密切配合。企业和车间管理人员可以在最短的时间内掌握生产现场的变化，作出准确的判断和快速的应对措施，保证生产计划得到合理而快速的修正。虽然 ERP 系统和现场自动化系统已经发展到了非常成熟的程度，但是由于 ERP 系统的服务对象是企业管理的上层，一般对车间层的管理流程不提供直接和详细的支持。而现场自动化系统的功能主要在于现场设备和工艺参数的监控，它可以向管理人员提供现场检测和统计数据，但是本身并非真正意义上的管理系统。所以，ERP 系统和现场自动化系统之间出现了管理信息方面的"断层",对于用户车间层面的调度和管理要求,它们往往显得束手无策或功能薄弱。

MES 具有生产监视、数据采集、工艺管理、品质管理、报表管理、生产排程、基础资料、OEE 指标分析、薪资管理和数据共享等功能模块。MES 处于计划层和现场自动化系统之间的执行层,主要负责车间生产管理和调度执行。一个设计良好的 MES 可以在统一平台上集成诸如生产调度、产品跟踪、质量控制、设备故障分析、网络报表等管理功能。使用统一的数据库和通过网络联接可以同时为生产部门、质检部门、工艺部门、物流部门等提供车间管理信息服务。系统通过强调制造过程的整体优化来帮助企业实施完整的闭环生产,协助企业建立一体化和实时化的 ERP/MES/SFC 信息体系。MES 具有不下车间掌控生产现场状况工艺参数监测、实录、受控;制程品质管理,问题追溯分析;物料损耗与配给跟踪,库存管理;生产排程管理,合理安排工单;客户订单跟踪管理,如期出货;生产异常,及时报警提示;设备维护管理,自动提示保养;EE 指标分析,提升设备效率;自动数据采集,实时准确客观;报表自动及时生成,无纸化;员工生产跟踪,考核依据客观;成本快速核算,订单报价决策;细化成本管理,预算执行分析等能力。

3.2.4 产品数据管理

产品数据管理(Production Data Management,简称 PDM)自 20 世 90 年代以来得到了迅猛发展,这是由于在企业产品设计的过程中广泛使用 CAX 技术,然而这些技术只是离散地分布在设计制造等各应用系统中,只能实现局部的自动化和最优化,彼此之间缺少有效的信息共享和利用,形成了所谓企业内部各职能部门之间的信息化孤岛,严重影响了 CAX 技术在企业的应用,成为制约企业发展的瓶颈。PDM 的出现解决了各部之间信息共享性低的问题,提高了信息的利用率和共享性;解决了信息检索效率低、管理困难的问题,将企业信息资源统一管理全过程等问题。

1) PDM 的内涵

PDM 并非一时发展起来的,在 20 世纪 60 年代后,企业在设计和生产过程中使用的是 CAD、CAM 等技术,但是随着企业的应用,各单元都自成体系,彼此之间缺少信息的共享和利用。为了解决企业内部的信息孤岛,从产品全生命周期出发,满足产品全息记录和利用的需要,逐步产生了PDM。PDM的出现使得CAX系统集成技术成为可能,同时也为了使CAX中各种应用软件所产生的数据和文档进行有效的管理,各单元技术间的信息共享及用户间的协同工作,实现信息的有序管理,提高企业的竞争力。

2) PDM发展历程

PDM是20世纪80年代初兴起的一项新技术,20世纪90年代引入中国。该技术有效地实现了企业的信息集成和过程集成,PDM技术的研究与开发应用已相当普遍,全球范围的商品化的PDM软件不下百余种。PDM的发展历程经历了三个发展阶段。

(1) 第一阶段,起步阶段。这阶段是始于80年代初期,PDM产品是由各CAD厂商推出。此阶段的PDM产品,其功能局限在工程图纸管理,集成工具采用专用的PDM系统。第一代PDM产品在一定程度上缓解了"信息孤岛"的问题,但没有真正实现企业数据和过程的集成。同时第一代PDM产品普遍存在功能较弱、开放程度不高、集成能力不强的缺陷。

(2) 第二阶段,发展阶段。这阶段是从80年代末期开始,将PDM技术发展到了电子图档管理、工程更改单管理和材料清单管理,通过一定的接口,PDM可与ERP系统连接在一起,加上自动化制造系统也就构成了一个企业计算机集成制造系统的雏形,这就是第二代的PDM产品。第二代PDM产品的集成能力和开放程度都有了较大的提高,并且少数优秀的PDM产品可以真正实现企业级的信息集成和过程集成,得到了广泛的认同,其技术也有了巨大进步,商业上也获得了成功,出现了许多专业研发、销售和实施PDM的公司。

第二代PDM产品功能增强,少数产品可以实现企业级的信息集成和过程集成,同时软件的开放性、集成能力大大提高。这一代PDM产品明确了PDM在企业中的地位,即PDM系统应当是企业设计和工艺部门的基础数据平台。各种CAX应用,如:CAD、CAPP、CAE的应用,应当通过PDM进行集成,形成企业的设计、工艺的数据管理中心与流程管理中心。PDM系统和其他管理系统如MRPⅡ、MIS等是相互协作的关系。PDM主要负责企业的设计领域,为企业提供各种产品的工程信息;MRPⅡ主要管理企业的生产领域;而MIS系统主要管理企业的各种管理信息。通过一定的接口将PDM系统、MRPⅡ和企业MIS系统连接起来,与自动化的制造系统相结合,构成企业计算机集成制造系统(CIMS)。

(3) 第三阶段,提高阶段,也可以称为规范、标准化阶段。在这阶段对于 PDM 来说是一个很大的跨越。从 20 世纪 90 年代末期开始,国际 OMG 组织公布了 PDM Enabler 标准草案.草案就 PDM 系统的功能、PDM 系统的逻辑模型和 PDM 产品之间的互操作性等等方面的问题都提出了标准。这一标准的制定给新一代的标准化 PDM 产品的发展奠定了基础,这也就标志着 PDM 产品的标准化走出了崭新的第一步,同时草案也获得了诸多国际品牌公司的支持。在这种背景下,PDM 技术的发展也出现了一些新动向,在企业需求和技术发展的推动下,产生了新一代 PDM 产品。新的企业需求是产生新一代 PDM 产品的牵引力。

第三代 PDM 产品为适应信息技术和网络技术的发展要求,引入了 Internet 平台和基于 WEB 的开发技术,使其具有了更强的数据集成与管理的功能。PTC 公司的 Windchill 和 UGS 的基于 Java 平台的 IMan 是第三代 PDM 产品的典型代表。

3) PDM 的主要功能

目前,在国外已开发出一些产品功能齐全、开放性好、思想新颖、技术先进的 PDM 产品。然而各个 PDM 软件公司推出产品在功能和性能上存在一定的差异,以 UGS 公司的 Information Manager(简称 IMan)为例来了解 PDM 软件产品的一般功能。

(1) 数据仓库及文档管理。IMan 的数据管理功能可保证产品数据的集中管理和安全性,提供多用户的并行访问和防止无权人员的修改。用户可根据自己的权限访问数据信息,不同的保护级别提供给不同的访问人员、工作小组或角色。

(2) 工作流程和流程管理。IMan 工作流程模块可对企业级的工作流程进行管理。它可以创建、执行、监督和控制工作流程。项目发起人或负责人可以随时查看整个项目的执行状态,直到该工作全部完成。

(3) 产品结构管理。IMan 的产品结构管理提供管理产品的结构定义和配置。图形界面使用户可以很容易地浏览和维护产品的结构。当然,IManPSM 定义了产品的 BOM,对应于产品生命周期中不同阶段,如"设计阶段"、"组装阶段"等。不同的 BOM 代表同一个产品的不同角度所定义的信息。

(4) 分类与追溯。IMan 提供零部件按属性分类的功能。

(5) 通讯和通知。IMan 的电子邮件可以发布消息和数据。

(6) 数据传递。IMan 始终监视着各种数据，它随时掌握用户需要些什么数据，在什么地方和使用什么应用软件来处理这些数据。

(7) 数据转换。IManstep 提供专门的数据转换接口。通过 STEPAP203 接口可以实现不同 PDM 之间的数据交换。

(8) 多媒体数据服务功能。IMan 多媒体服务提供了管理点阵和矢量数据的能力，并能管理混合的包括声音和图像等在内的数据。

(9) IMan 分布式数据处理。在分布式数据处理过程中，IMan 既能解决异地数据共享的问题，同时也解决了一般分布式数据管理系统中效率太低的问题。

(10) 备份与归档。IMan 具有专门的备份与归档功能，其中包括三种类型的备份和恢复工具；包含 Oracle 的备份、IMan 自身备份和有选择的备份。

目前，国内外其他 PDM 软件公司都以 PDM 的标准不断完善软件产品的功能，提高其性能，以满足日益增长的用户需求。

4) PDM 的应用

PDM 产品在国内外大型企业应用取得了巨大成功。有效地解决了制造业全过程自动化管控中的数字化瓶颈问题，其应用主要体现在如下方面。

(1) 支持企业可持续发展。PDM 系统充分考虑到了企业发展的持续性，因此在整个系统的设计及开发中，以满足企业动态发展的需求为目标，提出 PDM 系统必须能适应"虚拟企业"发展模式（如分散、异地化设计管理），必须能充分地利用目前先进、成熟的信息技术（如网络、数据库等），必须能满足企业管理模式、应用需求变化后的 PDM 系统的可持续使用、辅助企业做好所有数据的再利用工作。

(2) 以人为本。PDM 系统充分考虑了人与计算机之间的特点及关系，以人为本地对功能进行设计。提供了任务列表使用户灵活方便地对资源进行查询和浏览，提高系统的智能化及自动化水平，尽可能地减少使用人员与系统间的交互量，具有良好的人机交互界面。

(3) 可靠稳定。PDM 系统管理着企业的心脏数据，系统的可靠性、稳定性对企业具有重大意义。PDM 经过严格的测试，为用户提供多级的安全保证措施。

(4) 企业本地化。在 PDM 中提供了与企业运行紧密相关的工作流程定义、权限定义、借用管理、更改管理、工作状态查询、图样使用查询性查询、明细数据提取等功能,以及针对不同企业开发的本地化功能模块都将使 PDM 系统更好地在企业中实施起来。

(5) 单一产品数据源。PDM 作为所有产品信息的集成平台,能有效地集成管理所有产品生产准备用的技术文件和数据。为提高产品数据管理的有效性、集成性,PDM 系统中坚持单一产品数据源原则,尽可能地通过各种手段来保证数据管理的完整性、正确性和一致性。

3.2.5 制造网格

制造网格是基于开放网格服务体系结构(Open Grid Services Architecture,简称 OGSA)的网格技术在制造业的一个新的应用,其目的是通过网格的开放性和灵活性,为制造业提供一个可扩展的资源共享和协同工作的环境,实现分布、异构制造资源的共享和协同工作,从而达到快速响应市场、降低加工成本、提高资源竞争的目的。

1) 制造网格的内涵

制造网格概念提出,以及对制造网格系统建设与应用实施,建立了网络化制造的开放系统架构,形成了网络化制造的标准和规范,统一了网络化制造的模式和范式,为制造业信息化指明了发展方向。制造网格以现有的制造业信息化技术和方法作为基础,充分应用网格技术开放的 OGSA 体系框架、通用的标准和规范、统一的开发平台和工具,致力于为制造业建立起通用的、标准的和规范的网络化制造模式。此为制造业建立的通用的、标准的和规范的网络化制造模式实现不仅能够达到资源的共享、协同工作、降低制造成本、提高对资源的应用效率、加快产品的上市时间的目的,同时又具有极大的柔性和开放性,可以扩展到全球各地,包揽所有的现代制造资源和制造系统,并且最终形成全球制造网格。

2) 制造网格的特征

制造网格突破了网格技术的应用领域,与传统制造相比具有明显的特征。主要体现在将网格技术由以往进行的大规模的科学计算,转而应用到制造业领域;将资源封装成服务,实现制造资源的分布式动态管理;体现制造网格所具有的开放性,以及制造网格所具有的扩展性。

制造网格对资源是开放的,只要符合接口规范,各种制造资源都可以作为服务加入到系统中;制造网格 OGSA 中间件是开放的;制造网格系统的应用是开放的,各种制造业的应用都可以使用平台提供的基础服务,在平台上搭建;建立网络化制造的标准和网络化制造的规范,最终形成网络化制造的标准模式和范式。在制造网格平台建设的过程中,不仅要遵循开放性、标准性的建设原则,同时又要根据制造业的特点,设立网格技术在制造业中应用的一些标准,以及网格技术在制造业中应用的一些规范,例如:制造资源描述规范、数据转换规范等,这些对网络化制造的研究具有同样的功能,将会促进网络化制造标准模式或范式的建立。

3) 制造网格的形成

随着信息时代和知识经济的来临、全球化浪潮深入发展、网络经济的影响、高速发展的高科技推动,以及新思想和新技术的涌现,制造业的制造环境正在发生根本性的变化。制造业是创造人类财富的重要支柱,也是国民经济和综合国力的重要体现,随着时代变迁,制造业发展重点已发生了很大的变化,由 20 世纪 60 年代的追求生产规模,到 20 世纪 90 年代的强调市场响应速度,再到现在 21 世纪的高度重视知识。进入 21 世纪,市场的变化、客户日益个性化、多样化的需求,给制造业提出了新的要求。同时,随着产品制造、销售全球网络的逐步形成,现代制造业正在向全球化、标准化、数字化、虚拟化、开放化的方向发展。各国学者纷纷提出系列的先进制造模式。网络化制造(Networked Manufacturing)就是在这种时代背景下,而逐步发展起来的。网络化制造的研究目前主要集中在网络化制造模式和网络化制造应用的研究。

4) 制造网格的发展

制造网格技术和制造网格系统的发展十分迅速,大致经历了萌芽阶段、试验阶段和增长阶段。制造网格的萌芽阶段于 20 世纪 90 年代的早期,人们从理念走向实务,集中研究千兆网试验床和有些元计算方面的工作,并取得了初步成功;在 20 世纪 90 年代的中期到晚期,制造网格进入第二阶段,制造网格技术和制造网格系统还不够成熟,但市场需求快速增长。在这阶段还处于早期的试验。通过人们的研究出现了比较重要的开创性和奠基性的研究项目。目前,制造网格技术的迅速发展,形成了制造网格第三阶段。在这阶段,制造网格的研究、开发和应用项目大量涌现,出现了影响很大的全球网格论坛 GGF(Global Grid Forum),同时网格技术开始在更广泛的领域进行推广和应用。

网格技术在制造业上的应用必将是制造业发展史上的又一个里程碑,极大地推动制造业信息化的进程。

5) 制造网格安全存在的问题

制造网格技术与制造系统还处于发展增长阶段,在实际应用中尤其是制造网格安全还存在许多问题需要解决,主要体现在如下几方面。

(1) 制造网格的安全体系结构不完备。虽然已经构建了如 GSI,CAS 等典型的网格安全体系结构,但各体系之间不统一,缺乏标准。制造网格是在网格基础上发展的产物,其安全体系结构显得十分稚嫩。

(2) 已有安全技术有待完善。目前在安全技术方面有身份认证、访问控制、审计、通信等,但是这些安全技术都还需要进一步的发展。制造网格是建立在网络基础上,面临着 Internet 网络安全的威胁,甚至由于它将不同地理范围、异构的资源协同集成在一起,其面临着更加复杂的安全威胁因素,而这些因素需要在现有网络安全的基础上进一步探求适应于网格这个大环境的安全技术。

(3) 缺乏一个功能齐全的安全系统。研究人员对制造网格安全的研究是多方面的,侧重点也有所不同,或是偏于身份认证,或是偏于访问控制,或是偏于网格监控,或是偏于实体间信任机制的研究等。这些研究都只注重某一方面,而忽视了其他方面的问题,因此其研究是不完整的,不全面的,因而应用性也就受到限制。

3.2.6 虚拟现实

制造业信息化工程的广泛应用,不仅提高了工作效率,而且极大地帮助人们预知未来可能发生的变化,还可以通过历史经验数据的推测仿真生产过程,由此产生了虚拟现实的理念和相关技术。虚拟现实的提出得到了广泛应用,拓宽了企业信息化工程的视野。人们从现实到虚拟空间,或者从虚拟空间走向现实成为可能。虚拟现实技术的发展不仅改变人们的生活方式,还改变了人们的工作方式。

1) 虚拟现实的内涵

虚拟现实(Virtual Reality,简称 VR)技术是一种可以创建和体验虚拟世界的计算机仿真系统。它利用计算机生成一种模拟环境,是一种多源信息融合的交互式的三维动态视景和实体行为的系统仿真,使用户沉浸到该环境中。虚拟现实技术是仿真技术的一个重要方向,是仿真技术与计算机图形学人机接口技术多媒体技术传感技术网络技术等多种技术的集合,是一门富有挑战性的交叉技术前沿学科和研究领域。虚拟现实技术(VR)主要包括模拟环境、感知、自然技能和传感设备等方面。模拟环境是由计算机生成的、实时动态的三维立体逼真图像。感知是指理想的VR应该具有一切人所具有的感知。除计算机图形技术所生成的视觉感知外,还有听觉、触觉、力觉、运动等感知,甚至还包括嗅觉和味觉等,也称为多感知。自然技能是指人的头部转动、眼睛、手势、或其他人体行为动作,由计算机来处理与参与者的动作相适应的数据,并对用户的输入做出实时响应,并分别反馈到用户的五官。传感设备是指三维交互设备。

虚拟现实除一般计算机所具有的视觉感知外,还有听觉感知、触觉感知、运动感知,甚至还包括味觉、嗅觉感知等。理想的虚拟现实应该具有一切人所具有的感知功能。虚拟现实是多种技术的综合,包括实时三维计算机图形技术,广角(宽视野)立体显示技术,对观察者头、眼和手的跟踪技术,以及触觉/力觉反馈、立体声、网络传输、语音输入输出技术等。

2) 虚拟现实的作用

在VR系统中,人们可以利用双目立体视觉的视差产生立体感;运用跟踪头部运动的虚拟现实头套看到的景象是由用户的位置和头(眼)的方向;还可运用虚拟现实声音、虚拟现实感觉反馈、虚拟现实语音等使系统操作人员身临其境的感受。通过VR可以实现人们原来不可能触及的景界。如观看、分析内燃机点后燃烧产生的热度场分布情况,让飞行员在模拟舱内训练操纵飞机等。在医学方面可以建立虚拟的人体模型,借助于跟踪球、HMD、感觉手套,可以很容易了解人体内部各器官结构,建立一个虚拟外科手术训练器,用于腿部及腹部外科手术模拟。虚拟现实工业仿真方面,虚拟现实技术的应用正对工业进行着一场前所未有的革命。虚拟现实已经被世界上一些大型企业广泛地应用到工业的各个环节,对企业提高开发效率,加强数据采集、分析、处理能力,减少决策失误,降低企业风险起到了重要的作用。虚拟现实技术的引入,将使工业设计的手段和思想发生质的飞跃,更加符合社会发展的需要,可以说在工业设计中应用虚拟现实技术是可行且必要的。

3) 虚拟现实的问题

虚拟现实技术未来将会发展成一种改变我们生活方式的新突破。在第一代Oculus Rift的开发者大会上,所有与会者都看到了一个充满潜力的虚拟现实平台。但是从现在来看,虚拟现实技术真正进入消费级市场,还有一段很长的路要走。

目前,开发者如何为用户提供一个真正身临其境的游戏或应用体验还存在比较大的技术局限性,而一些问题到现在仍然还没有很好的解决办法。

(1) 没有真正进入虚拟世界的方法。在 Oculus Rift 开发圈有一个著名的笑话,每当有人让使用者站起来走走时,对方通常都不敢轻易走动,因为 Oculus Rift 还依然要通过线缆连接到计算设备上,而这也大幅限制了使用者的活动范围。

(2) 如何"输入"也是一大困扰。虚拟现实更大的挑战也许是如何在虚拟世界中与目标进行互动。Oculus Rift 只是对用户的头部进行跟踪,但是并不能追踪身体的其他部位。比如玩家的手部动作现在就无法真正模拟。"输入是能够给用户带来最重要和明显的体验,如果不能模拟动作,用户总会找不到自己的手在哪里。"

(3) 缺乏统一的标准。虚拟现实技术目前仍处于初级阶段,毫无疑问,对于这个平台大家都有着各自的演示方法,无论是粗糙还是漂亮,最关键的也就是最后的几分钟。虽然许多开发者对虚拟现实充满了热情,但是似乎大家都没有一个统一的标准。

(4) 容易让人感到疲劳。所有游戏开发商或电影制作公司都应该了解如何在虚拟现实场景中不同的使用摄像机。移动着观看和静坐观看,二者带来的体验是截然不同的。镜头的加速移动,就会带来不同的焦点,而这些如果运用不当,就会给用户带来恶心的感觉。甚至如果镜头移动的过于迅速,直接会暂时影响用户的视力。

(5) 看起来还是有点蠢。最后一点虽然看起来有些肤浅,但是同样很重要。虽然是一款专业的游戏设备,但是现在我们佩戴起来非常笨重并且不自然,甚至看起来有些愚蠢。虽然目前我们不知道最终版的 Oculus Rift 会是什么样子,但是从目前来看,想要让它变得轻盈似乎不太可能。

3.3 制造业信息化工程建设过程

制造业信息化将信息技术、自动化技术、现代管理技术与制造技术结合应用,推进设计制造数字化、生产过程智能化和企业经营管理信息化。用高新技术改造和提升制造业,促进制造业研发设计、生产制造、企业管理和市场营销的变革,带动产品设计和制造模式的创新、企业管理和经营模式的创新以及企业间协作模式的创新,是新时期我国制造业适应全球竞争环境、生存和发展的必由之路,对提升我国制造业的自主创新能力和市场竞争能力具有重要意义。

制造业信息化工程是对国家发展具有战略性、标志性的重大系统工程。"十三五"是我国建设创新型国家的战略机遇期,是制造业升级、跨越的关键阶段。"十三五"制造业信息化工程的实施有利于我国"两化深度融合"、"制造强国"发展战略的实现,有利于提高我国制造业在国际竞争中的地位,有利于提升制造业企业竞争能力。推进制造业信息化是制造业发展的必由之路,势在必行。

3.3.1 制造业信息化工程规划

1) 规划原则

制造业信息化工程的规划是战略性的,时效性较长。同时总体规划不是一劳永逸的,它是个动态计划,应根据企业的内外部环境的变化随时对规划进行修订。因此,在制定制造业信息化工程规划时应遵循以下基本原则,以确保规划的科学性和合理性。

(1) 顶天立地原则。即制造业信息化工程规划既要紧跟信息技术的最新发展,具有前瞻性,又要充分考虑企业的实际情况,注重可操作性。随着互联网的普及,制造企业已经逐渐使用云计算、虚拟化、物联网、移动应用、远程接入等新兴技术。在信息化工程规划的过程中,应当认真探讨新兴技术在企业中应用的可能性及可行性,充分考虑IT架构的先进性、开放性和可扩展性。另外,信息化规划要充分结合企业当前的经营状况、信息化应用水平、人才状况和能力,以及投资能力来进行规划。制造业信息化工程规划的目标不能脱离实际,要现实可行。

(2) 自顶向下规划原则。制造业信息化工程规划要从宏观到微观,从战略到战术,从管理到信息化,从整体架构到应用系统,再到实施方案、保障体系。信息化规划要强调整体,必须从企业发展的全局,充分结合行业的特点、组织架构、管控模式和端到端的业务流程来进行整体规划。此外,信息化规划的过程是一个严谨的推理过程。规划团队应当在对企业信息化现状客观评估的基础上,结合企业的发展战略、管理现状、存在问题和改进思路等,综合考虑各方面需求的轻重缓急,归纳、综合与推理,得出规划结论。

(3) 注重操作性原则。制造业信息化工程规划的目的是要指导信息化的实际行动,因此,信息化规划要落实到年度计划、信息化项目和责任人。为了保障信息化规划得到切实实施,企业应当建立由企业高层、信息化专家和咨询服务机构领导共同组成的信息化管理委员会。企业的信息化预算,应当纳入企业的整体预算之中,在得到信息化管理委员会批准之后,有序实施。

(4) 动态更新原则。由于企业的内外部环境变化很快,因此,信息化规划周期不宜过长,可以是三年或五年。几年一规划,一年一滚动。每年,企业应当聘请咨询服务机构进行一次评估,对企业的信息化状况进行"体检",并与前一年的情况进行对比,在此基础上对信息化规划进行修订。

2) 制造业信息化规划过程

制造业信息化规划过程包括组织队伍、系统调研、需求分析、系统规划和规划评审等环节。

(1) 组织队伍

组织队伍就是要成立系统规划的工作小组。企业应聘请内外部专家共同组成总体规划组。组长应由企业的第一把手担任,副组长可由企业外部的专家和企业的信息主管担任,成员应包括企业各主要部门的负责人和企业外部专家。队伍组建起来后,还应由专家对所有成员进行有关系统规划知识的培训,使大家都明白总体规划的重要意义,掌握总体规划的基本理论和方法。

(2) 系统调研

系统调研就是利用工业工程的方法摸清企业的现状,包括企业概况、组织结构及组织职能、生产经营情况、企业发展规划、资源情况、市场情况、信息流和物流情况、业务范围及业务流程、计算机应用情况、现行系统存在的问题和约束、对信息系统的期望和要求等,其主要目的是为后续的系统分析和系统规划提供参考。

(3) 需求分析

需求分析是在企业战略分析和现状评估的基础上,按照优化流程的业务运作模式,制定企业适应未来发展的信息化战略,指出信息化建设的需求。企业战略分析要求企业对其所处的国内外宏观环境、行业环境进行深入分析,明确自身优势与劣势、面临的发展机遇与威胁,理解企业发展战略在产业结构、核心竞争力、产品结构、组织结构、市场、企业文化等方面的定位。而企业现状评估则包括业务与管理现状和信息化现状两方面。前者是对企业业务与管理活动的特征、业务流程、业务活动对企业战略目标实现的作用进行分析,揭示现状与企业远景之间的差距,确定关键问题,探讨改进方法。后者是对企业信息化的现状进行评估,包括基础网络、数据库、应用系统状况,分析信息系统对企业未来发展的适应能力等。

(4)系统规划

制造业信息化工程规划过程中,确定企业的信息化整体架构至关重要,应当从支撑企业的业务和战略出发,根据企业的业务需求来进行推导。围绕项目周期、实施效果和项目成本三大关键要素,根据明确的企业发展目标,覆盖企业的所有核心业务构建信息化架构,并清晰地表述各子系统之间的集成关系。系统规划的成果是《系统规划报告》。包括系统的总体目标、系统功能结构、功能模型、优化的信息流程、数据规划、内外部接口、信息标准、网络结构、安全保障、各分系统的基本内容和实施的先后顺序、系统实施的组织结构、系统投资估算、时间进度安排,以及对管理机制改革的要求等。

(5)规划评审

由于企业信息化规划关系到企业信息系统的健康发展,同时,对企业发展战略目标的实现也有很大影响,因此,在总体规划完成后,应组织专家进行评审。

另外,企业信息化是一项持续的工程,需要在实施期间对规划内容做出持续改进和完善。

3.3.2 制造业信息化工程立项

制造业信息化工程项目立项管理是企业信息化工程管理的重要组成部分,为保证项目立项的科学性与计划性,信息化项目立项管理由企业信息化建设组织机构负责组织和协调。

制造业信息化工程立项主要从宏观上论述项目设立的必要性和可能性,从项目的市场和销售、规模、选址、物料供应、工艺、组织和定员、投资、效益、风险等进行深入阐述,消除决策主体项目选择的盲目性,着力阐述项目的规划设想,极力突显项目的社会和经济效益,达到立项报批的目的。制造业信息化工程项目立项步骤如下：

(1) 根据企业发展规划中的项目计划,成立与计划项目需求有关联的项目工作组和业务需求组,确定项目工作组负责人和业务需求组负责人。

(2) 项目工作组人员由项目工作组负责人提出名单,企业领导决定;业务需求组人员由需求单位负责人根据项目需求业务确定;信息处负责项目技术方面的需求资料。

(3) 应用系统需求由与项目需求有关的单位主要负责人,组织本单位业务流程操作熟练人员,根据项目建设意图,写出详细的业务操作流程需求和规划设想需要达到的目标,并将需求书提交给项目工作组负责人,申请项目立项。

(4) 项目工作组对业务需求组提交的业务流程需求书,进行可行性分析和技术指标的分析,完善调研工程施工设计图及预算;业务应用系统需求和预算报告,做出项目工程实施方案(可行性、工期、费用、达到预期目标等内容),提交立项单位领导签字确认。

(5) 项目工作组按照工程要求做出项目计划的实施时间表,并按时对每个实施阶段的工程进度进行总结。

3.3.3　制造业信息化工程实施

制造业信息化工程的实施目的是用信息技术武装自己,通过信息化发展先进生产力,通过信息化工程的实施,使企业现代管理数字化已成为当今企业发展的趋势。制造业信息化是提升我国制造业自主创新能力、实现产业结构转型升级和跨越发展的重要技术支撑,是实施"以信息化带动工业化"发展战略的重大措施。

1) 项目招投标

(1) 项目可采用招标或议标形式。

(2) 如项目需招投标时,则按照总公司相关招标规定执行。

2) 制造业信息化工程项目实施

(1) 项目施工应严格按照合同工程实施方案进行。如项目需求单位中途或项目完工后提出修改需求的,必须以书面形式将修改理由和需修改的问题所在情况以书面形式呈报项目工作组。

(2) 项目工作组负责人收到报告后,要及时对新需求进行调研审查,如确实是需要修改的,应将项目修改变动情况,书面呈报有关领导签字确认后,组织业务需求方与合同签订方协商,协商达成一致方可修改。

(3) 如因客观原因造成工程无法修改时,则仍按原施工方案进行。

3) 项目工程验收

(1) 工程竣工验收,应由项目工作组、项目业务需求组一起验收。

(2) 项目验收应严格按照招标签订的合同为标准,达到合同标准即为验收合格,否则即为不合格。

(3) 验收报告必须由负责项目的所有工作人员签字确认。

(4) 项目验收后,相关人员必须将项目资料整理归档。

3.3.4 制造业信息化工程项目运行管理

为规范制造业信息化工程项目的运行维护管理工作,确保制造业信息化工程项目的安全可靠运行,切实提高生产效率和服务质量,使制造业信息化工程项目更好地服务于生产运营和管理,需制订相关管理办法。制造业信息化工程项目运行管理的对象包括网络系统、数据库系统、应用系统、存储设备、信息安全、机房及附属设备,主要内容包括日常管理、安全管理、事故管理、故障管理、性能管理、软件变更管理和系统运行评估管理。

(1) 日常管理。系统管理员定期检查系统的运行状况,完整、准确、详细地记录并定期分析系统运行日志,确保系统正常运行。

(2) 安全管理。主要包括数据安全、软件安全等。数据安全要求做好数据的备份、管理和保密工作,严禁泄漏单位秘密信息。加强操作人员权限和密码管理,对访问数据库的所有用户要实行权限等级管理,严禁越权操作;密码强制定期修改,及时注销到期的账号,数据输入检查严密,尽量减少人工操作机会。软件安全即在受到恶意攻击的情形下依然能够继续正确运行及确保软件被在授权范围内合法使用,采取有效措施防止对软件的非法修改,防止软件的盗用、误用、流失及越权使用。

(3) 事故、故障管理。即及时报告、统计、调查和处理事故、故障,积极采取预防措施,防止事故、故障的发生,制定相关事故管理制度,确保系统软件、硬件安全。

(4) 性能管理。即优化信息系统性能的活动,包括对信息系统应用的监测、及时发现系统堵塞或中断情况、全面的故障排除、基于事实的容量规划和有效地分配系统资源。

（5）软件变更管理。包括功能完善维护、系统缺陷修改。功能完善维护指根据业务部门的需求，对系统进行的功能完善性或适应性维护；系统缺陷修改指对一些系统功能或使用上的问题所进行的修复，这些问题是由于系统设计和实现上的缺陷而引发的。

（6）系统运行评估。定期对各单位系统的使用和维护情况进行调研和指导，依据系统开发所确定的目标进行逐项对比检查，了解系统的实际应用情况，收集汇总用户对系统使用评价。

3.3.5 制造业信息化升级

随着互联网的迅速发展，制造业信息化逐步涉及制造业的各个环节和产品生产周期全过程。借助互联网平台，制造企业、市场与用户的互动程度和范围极大扩展，互联网与制造业融合的新模式、新业态层出不穷，正重塑产业组织与制造模式，重构企业与用户的关系。"互联网＋制造业"引发了制造业资源配置新方式，驱动制造业生产经营模式变革，促进了制造业转型升级，给我国制造业转型发展带来新机遇。

1)"互联网＋"引发制造业资源配置新方式

将互联网广泛应用到制造业领域，通过大规模协作生产，引发资源配置方式变化，释放企业内外大量资源的创新潜力，使得传统的、集中式经营活动逐渐被分散经营方式取代，"社会化生产"将呈爆发式发展。"互联网＋"时代下，制造企业通过主动变革生产与组织方式，借助社交营销、大数据等新兴技术实现与用户精准互动，推进定制化、柔性生产、快速响应，从而有效降低库存，实现专业化、细分化的长尾效应，满足消费者多样化的需求。在互联网的帮助下，制造企业通过自建或借助现有的"众包"平台，发布研发创意需求，广泛收集客户和外部人员的想法与智慧，扩展了创意来源。制造企业融合现有的网络化制造、ASP平台、物联网和制造网格等概念和技术，将各类制造资源和制造能力虚拟化、服务化构成云制造资源池，实现制造资源云化，为用户提供按需使用、随时获取、安全可靠、优质廉价的制造全生命周期服务。

2)"互联网+"驱动制造业生产经营模式变革

随着"互联网+制造业"的深入发展,互联网正在改变制造业的创新模式、生产模式、销售模式、赢利模式和组织体系。在互联网的广泛深入下,制造企业的信息系统通过互联网实现互联互通和综合集成,促进机器运行、车间配送、企业生产、市场需求之间的实时信息交互,原材料供应、零部件生产、产品集成组装等全生产过程的精准协同,推动生产制造模式向着数字化、网络化、智能化方向发展。工业云平台成为新型生产设施,工业大数据贯穿设计、制造、营销、服务全过程,成为生产辅助决策的支撑,更成为企业生产的重要生产要素。

3)"互联网+"促进制造业创新变革

通过制造业与先进计算、分析工具、低成本传感和更高联网水平的融合,创新与变革正在展开,产品和装备技术含量不断提高,绿色制造、制造业服务化趋势日渐明显,赢利能力得到提升,传统制造业正逐步改造为现代制造业。互联网突破了地域、组织、技术的界限,整合了众多优势资源,形成跨领域、网络化的协同创新平台。越来越多的跨国企业通过互联网,将分布在全球各地的研发中心连接在一起,形成创新资源配置国际化、响应市场需求快速化、整体运行高效化的全球研发创新网络。协同创新成为了产业技术创新的新模式。

"互联网+"在改变技术创新模式的同时,也在积极推动产业结构升级,使制造业服务化成为产业发展新趋势。制造业企业利用互联网开展远程运维、远程监控等信息服务,实现制造服务化转型,或是在推广应用互联网的过程中,衍生出信息系统咨询设计、开发集成、运维服务等一系列专业性信息服务企业,又或者在应用中产生各类平台型服务业,专门为工业企业提供研发设计、生产制造、经营管理、市场销售等互联网信息平台服务,衍生出众筹、众包、众设、行业电子商务等新型信息服务企业。

3.4 制造业信息化发展趋势

3.4.1 异地制造

异地制造模式是制造系统在异地新工厂建设和管理实施的延伸,是在完成制造总部的业务规划并验证运行效果之后的新增工作,是分析总结出异地运行特点之后的实施措施和系统。

异地制造模式应该区分于常规研究领域的异地协同制造或异地并行设计与制造系统实施,其他意义的异地制造多为运用网络技术等形成的虚拟企业及其控制技术,这些模式多为支持快速的生产硬件组建、优化运行和平稳解体,保留有完整的主动控制权和单元,并且对于提供生产制造的支持资源如人力资源、供应链资源和市场网络资源要求较低,通常作为一种临时的、试验性的生产模式,不能对企业主体和当地的经济运行提供高额的贡献和回报。

异地制造模式对制造过程中的精益化建设和控制要求更高,同时也是为了实现新工厂快速组建完善并取得最佳效益的系统。

3.4.2 网络化制造

网络化制造是指通过采用先进的网络技术、制造技术及其他相关技术,构建面向企业特定需求的基于网络的制造系统,并在系统的支持下,突破空间对企业生产经营范围和方式的约束,开展覆盖产品整个生命周期全部或部分环节的企业业务活动(如产品设计、制造、销售、采购、管理等),实现企业间的协同和各种社会资源的共享与集成,高速度、高质量、低成本地为市场提供所需的产品和服务。

科技部关于"网络化制造"的定义为:按照敏捷制造的思想,采用Internet技术,建立灵活有效、互惠互利的动态企业联盟,有效地实现研究、设计、生产和销售各种资源的重组,从而提高企业的市场快速反应和竞争能力的新模式。

1) 网络化制造系统

所谓网络化制造系统,是指企业在网络化制造模式的指导思想、相关理论和方法的指导下,在网络化制造集成平台和软件工具的支持下,结合企业具体的业务需求,设计实施的基于网络的制造系统。网络化制造系统的体系结构是描述网络化制造系统的一组模型的集合,这些模型描述了网络化制造系统的功能结构、特性和运行方式。网络化制造系统结构的优化有利于更加深入地分析和描述网络化制造系统的本质特征,并基于所建立的系统模型进行网络化制造系统的设计实施、系统改进和优化运行。通过对当前制造业发展现状的分析,可知现代制造企业的组织状态包括以下几种:独立企业、企业集团、制造行业、制造区域和动态联盟等。针对不同组织状态常见的网络化制造系统模式为:面向独立企业、面向企业集团、面向制造行业、面向制造区域和面向动态联盟的网络化制造系统等五种模式。

2)网络化制造的技术组成

网络化制造技术群主要包括：基于网络的制造系统管理和营销技术群、基于网络的产品设计与开发技术群和基于网络的制造过程技术群。通常由基于网络的分布式CAD系统、基于网络的工艺设计系统、开放结构控制的加工中心等功能模块组成。

网络化制造系统涉及的关键技术可以分为总体技术、基础技术、集成技术与应用实施技术。

(1)总体技术。总体技术主要是指从系统的角度，研究网络化制造系统的结构、组织与运行等方面的技术，包括网络化制造的模式、网络化制造系统的体系结构、网络化制造系统的构建与组织实施方法、网络化制造系统的运行管理、产品全生命周期管理和协同产品商务技术等。

(2)基础技术。基础技术是指网络化制造中应用的共性与基础性技术，包括网络化制造的基础理论与方法、网络化制造系统的协议与规范技术、网络化制造系统的标准化技术、产品建模和企业建模技术、工作流技术、多代理系统技术、虚拟企业与动态联盟技术和知识管理与知识集成技术等。

(3)集成技术。集成技术主要是指网络化制造系统设计、开发与实施中需要的系统集成与使能技术，包括设计制造资源库与知识库开发技术、企业应用集成技术、ASP服务平台技术、集成平台与集成框架技术、电子商务与EDI技术、Web Service技术，以及COM＋、CORBA、J2EE技术、XML、PDML技术、信息智能搜索技术等。

(4)应用实施技术。应用实施技术是支持网络化制造系统应用的技术，包括网络化制造实施途径、资源共享与优化配置技术、区域动态联盟与企业协同技术、资源(设备)封装与接口技术、数据中心与数据管理(安全)技术和网络安全技术。

3.4.3 虚拟制造

虚拟制造技术将从根本上改变了设计、试制、修改设计、规模生产的传统制造模式。在产品真正制出之前，首先在虚拟制造环境中生成软产品原型(Soft

Prototype)代替传统的硬样品(Hard Prototype)进行试验,对其性能和可制造性进行预测和评价,从而缩短产品的设计与制造周期,降低产品的开发成本,提高系统快速响应市场变化的能力。虚拟企业是为了快速响应某一市场需求,通过信息高速公路,将产品涉及的不同企业临时组建成为一个没有围墙、超越空间约束、靠计算机网络联系、统一指挥的合作经济实体。虚拟企业的特点是企业的功能上的不完整、地域上的分散性和组织结构上的非永久性,即功能的虚拟化、组织的虚拟化、地域的虚拟化。

1) 发展历史

在当今经济全球化、贸易自由化和社会信息化的形势下,制造业的经营战略发生了很大变化,在上世纪 30～60 年代企业追求的是规模效益,如:美国福特汽车公司、通用汽车公司相继采用刚性流水线进行大批量生产;70 年代更加重视降低生产成本,如日本丰田公司采用准时化生产;80 年代提高产品质量成为主要目标;进入 90 年代新产品开发及交货期成为竞争的焦点。由此产生了多种多样的制造哲理,如:精益生产、并行工程、敏捷制造和虚拟制造等,它们各有侧重,从不同角度研究如何增强企业的竞争力。而虚拟制造技术是制造技术与仿真技术相结合的产物。

自上世纪 70 年代以来,世界市场由过去传统的相对稳定逐步演变成动态多变的特征,由过去的局部竞争演变成全球范围内的竞争;同行业之间、跨行业之间的相互渗透、相互竞争日益激烈。为了适应变化迅速的市场需求,为了提高竞争力,现代的制造企业必须解决 TQCS 难题,即以最快的上市速度(T—Time to Market),最好的质量(Q—Quality),最低的成本(C—Cost),最优的服务(S—Service)来满足不同顾客的需求。

与此同时,信息技术取得了迅速发展,特别是计算机技术、计算机网络技术、信息处理技术等取得了人们意想不到的进步。二十多年来的实践证明,将信息技术应用于制造业,进行传统制造业的改造,是现代制造业发展的必由之路。80 年代初,先进制造技术以信息集成为核心的计算机集成制造系统(Computer Integrated Manufacturing System,简称 CIMS)开始得到实施;80 年代末,以过程集成为核心的并行工程(Cocurrent Engineering,简称 CE)技术进一步提高了制造水平;进入 90 年代,先进制造技术进一步向更高水平发展,出现了虚拟制造(Virtual Manufacturing,简称 VM)、精益生产(Lean Production,简称 LP)、敏捷制造(Agile Manufacturing,简称 AM)、虚拟企业(Virtual Enterprise,简称 VE)等新概念。

在这些诸多新概念中,"虚拟制造"引起了人们的广泛关注,不仅在科技界,而且在企业界,成为研究的热点之一。原因在于,尽管虚拟制造的出现只有短短的几年时间,但它对制造业的革命性的影响却很快地显示了出来。典型的例子有波音 777,其整机设计、部件测试、整机装配以及各种环境下的试飞均是在计算机上完成的,使其开发周期从过去 8 年时间缩短到 5 年。又如 Perot System Team 利用 Dench Robotics 开发的 QUEST 及 IGRIP 设计与实施一条生产线,在所有设备订货之前,对生产线的运动学、动力学、加工能力等各方面进行了分析与比较,使生产线的实施周期从传统的 24 个月缩短到 9.5 月。Chrycler 公司与 IBM 合作开发的虚拟制造环境用于其新型车的研制,在样车生产之前,发现其定位系统的控制及其他许多设计缺陷,缩短了研制周期。

因此,近几年,工业发达国家均着力于虚拟制造的研究与应用。在美国,NIST (National Institute of Standards and Technology)正在建立虚拟制造环境(称之为国家先进制造测试床 National Advanced Manufacturing Testbed,简称 NAMT),波音公司与麦道公司联手建立了 MDA(Mechanical Design Automation),在德国,Darmstatt 技术大学 Fraunhofer 计算机图形研究所,加拿大的 Waterloo 大学,比利时的虚拟现实协会等均先后成立了研究机构,开展虚拟制造技术的研究。

2) 虚拟制造的内涵

"虚拟制造"是近几年由美国首先提出的一种全新概念。什么是虚拟制造?它包括哪些内容?这些至今仍然是人们讨论的问题。很多人曾为虚拟制造进行定义,比较有代表性有:

佛罗里达大学 Gloria J.Wiens 的定义是,虚拟制造是与实际一样在计算机上执行制造的过程。其中虚拟模型是在实际制造之前用于对产品的功能及可制造性的潜在问题进行预测。该定义强调 VM"与实际一样""虚拟模型"和"预测",着眼于结果;美国空军 Wright 实验室对虚拟制造的定义着眼于手段,认为虚拟制造是仿真、建模和分析技术及工具的综合应用,以增强各层制造设计和生产决策与控制;而马里兰大学的 Edward Lin 则将重点放在了环境,认为"虚拟制造是一个用于增强各级决策与控制的一体化的、综合性的制造环境"。显然,上述定义强调的方面是不同的,甚至也有人认为没有必要只有一种定义。但是为了讨论和交流,普遍认为,对VM进行定义是有必要的。

综合目前国际上有代表性的文献,对虚拟制造给出如下定义:虚拟制造是实际制造过程在计算机上的本质实现,即采用计算机仿真与虚拟现实技术,在计算机上群组协同工作,实现产品的设计、工艺规划、加工制造、性能分析、质量检验,以及企业各级过程的管理与控制等产品制造的本质过程,以增强制造过程各级的决策与控制能力。

"虚拟制造"虽然不是实际的制造,但却实现实际制造的本质过程,是一种通过计算机虚拟模型来模拟和预估产品功能、性能及可加工性等各方面可能存在的问题,提高人们的预测和决策水平,使得制造技术走出主要依赖于经验的狭小天地,发展到了全方位预报的新阶段。虚拟现实(Virtual Reality)技术是使用感官组织仿真设备和真实或虚幻环境的动态模型生成或创造出人能够感知的环境或现实,使人能够凭借直觉作用于计算机产生的三维仿真模型的虚拟环境。基于虚拟现实技术的虚拟制造(Virtual Manufacturing)技术是在一个统一模型之下对设计和制造等过程进行集成,它将与产品制造相关的各种过程与技术集成在三维的、动态的仿真真实过程的实体数字模型之上。其目的是在产品设计阶段,借助建模与仿真技术及时地、并行地、模拟出产品未来制造过程乃至产品全生命周期的各种活动对产品设计的影响,预测、检测、评价产品性能和产品的可制造性等等。从而更加有效地、经济地、柔性地组织生产,增强决策与控制水平,有力地降低由于前期设计给后期制造带来的回溯更改,达到产品的开发周期和成本最小化、产品设计质量的最优化、生产效率的最大化。

3)主要特点

(1)产品与制造环境是虚拟模型,在计算机上对虚拟模型进行产品设计、制造、测试,甚至设计人员或用户可"进入"虚拟的制造环境检验其设计、加工、装配和操作,而不依赖于传统的原型样机的反复修改;还可将已开发的产品(部件)存放在计算机里,不但大大节省仓储费用,更能根据用户需求或市场变化快速改变设计,快速投入批量生产,从而能大幅度压缩新产品的开发时间,提高质量、降低成本。

(2)可使分布在不同地点、不同部门的不同专业人员在同一个产品模型上同时工作,相互交流,信息共享,减少大量的文档生成及其传递的时间和误差,从而使产品开发以快捷、优质、低耗响应市场变化。

4) 作用

虚拟制造也可以对想象中的制造活动进行仿真,它不消耗现实资源和能量,所进行的过程是虚拟过程,所生产的产品也是虚拟的。虚拟制造技术的应用将会对未来制造业的发展产生深远影响,它的重大作用主要表现为:

(1) 运用软件对制造系统中的五大要素(人、组织管理、物流、信息流、能量流)进行全面仿真,使之达到了前所未有的高度集成,为先进制造技术的进一步发展提供了更广大的空间,同时也推动了相关技术的不断发展和进步。

(2) 可加深人们对生产过程和制造系统的认识和理解,有利于对其进行理论升华,更好地指导实际生产,即对生产过程、制造系统整体进行优化配置,推动生产力的巨大跃升。

(3) 在虚拟制造与现实制造的相互影响和作用过程中,可以全面改进企业的组织管理工作,而且对正确作出决策有不可估量的影响。例如:可以对生产计划、交货期、生产产量等作出预测,及时发现问题并改进现实制造过程。

(4) 虚拟制造技术的应用将加快企业人才的培养速度。我们都知道模拟驾驶室对驾驶员、飞行员的培养起到了良好作用,虚拟制造也会产生类似的作用。例如:可以对生产人员进行操作训练、异常工艺的应急处理等。

3.4.4 两化深度融合

推动两化深度融合,是我国转变经济发展方式、走新型工业化道路的必然要求;是促进产业转型升级、构建现代产业体系的重要举措。值得指出的是,两化深度融合是两化融合的继承和发展,不是另起炉灶,而是在两化融合实践的基础上,在一些关键领域进行深化、提升。两化深度融合的内涵主要包括以下几个方面:

1) 推进产品信息化

推进产品信息化,提高产品的信息技术含量、网络化和智能化水平。一是发展智能家电、智能家具等智能家居产品,为打造"智慧家庭"奠定基础。发展变频家电、物联网家电,推广家电能耗管理系统,降低家电能耗,实现家电联网和远程控制;应用电子信息和自动控制技术,发展满足人体工程学的智能家具。二是发展智能化的生产设备、机械装备。重点发展具有远程控制、远程监测和故障诊断等功能的工程机械，发展类似工业机器人的无人驾驶、智能化工作的工程机械，发展网络化、具有协作能力的工程机械群。三是发展智能化的交通工具，提高汽车电子、船舶电子、航空电子自主创新和产业化能力，提高汽车、船舶、飞机的信息技术含量，使之成为移动的信息终端。

2）推进集成应用创新

大力发展协同设计、协同制造、协同商务，促进企业内部各部门的信息共享和业务协同。建立企业数据目录和交换体系，实现产品、项目、服务等的全生命周期管理。推进管理信息系统之间的集成，如 ERP 与制造企业生产过程执行管理系统 MES、生产设备和工位智能化联网管理系统 DNC、生产数据及设备状态信息采集分析管理系统 MDC、制造过程文档管理系统 PDM、工装及刀夹量具智能数据库管理系统 Tracker、PLM 等的集成。发展企业信息门户，实现企业多个信息系统的单一入口登录。鼓励企业通过信息化集成应用实现管理创新、商业模式创新。

3）产业集群两化融合

产业集群是在某一产业领域相互关联的企业及其支撑体系在一定领域内大量集聚发展，并形成具有持续竞争优势的经济群落。开展调查研究，立足产业集群的共性需求、瓶颈问题和关键环节，找准切入点，开展试点示范，循序渐进地推进产业集群两化融合。支持一批面向产业集群、市场化运作的两化融合服务平台，采用"政府补一点，平台让一点，企业出一点"的方式，降低集群内中小企业使用两化融合服务平台的门槛。地方各级信息化推进部门和中小企业主管部门要加强协作，充分发挥各自优势，共同推进产业集群两化融合。

4）抓住两业融合契机

两业融合已成为全球经济的重要趋势。两业融合的具体表现是制造业服务化和服务业产品化。建议在服装、家具等行业推广基于信息化手段的大规模定制，满足个性化需求。推进现代物流、工业设计、售后服务等生产性服务业信息化。通过政策引导，鼓励企业信息化部门从原企业剥离出来，为本行业甚至其他行业提供信息化产品和服务。

5）培育新兴业态

信息化与工业化融合可以催生出新的业态，如工业电子产业、工业软件产业、工业信息化服务业。在工业电子产业领域，重点发展汽车电子、船舶电子、航空电子、机电一体化、消费电子、智能仪器仪表等。在工业软件产业领域,重点发展工业设计软件、工业控制软件、工业仿真软件、工业装备或产品中的嵌入式软件等。在工业信息化服务业领域,重点发展全程电子商务平台、大宗工业原材料电子交易平台、第四方物流信息平台等。发展覆盖企业信息化规划、建设、管理、运维等环节的第三方咨询服务。

要大力培育发展支撑两化融合的生产性服务业,促进工业电子、工业软件、工业信息化服务企业与工业企业的供需对接,实施一批两化融合新兴业态培育项目。整合研发资源,构建产学研合作体系,突破一批核心技术、关键技术。

第4章 企业信息化水平评价

当今社会已经进入信息时代。我国正在走一条新型的具有中国特色的工业化道路,将信息化与工业化结合,使得信息化与工业化相互促进、共同发展。我国是一个工业化大国,如何运用包括信息技术在内的各种手段对传统的企业进行信息化改造是我国企业要实现现代化必须考虑的问题。对企业信息化水平的科学评价是企业认识自身发展现状的重要前提,只有掌握企业在信息化发展过程中所处的阶段与水平才能制定正确的信息化战略与策略,所以对企业信息化的评价研究就成为信息化研究领域的重要方面。

企业信息化水平的评价是信息化建设中的一个重要环节。目前,从政府的宏观经济层面到企业的应用层面,对企业信息化水平的评价都进行了较为深入的研究,成果十分丰富。但是,这些研究成果大部分侧重在企业信息化工程建设后的评价,或者是从信息经济角度研究信息化对国民经济的影响和地方信息化指数,或者从信息系统建设应用后的绩效进行评价。特别是企业信息化工程建设后的绩效评价,从不同的角度出发完全可能得出不同的结果,甚至出现相反的结论。真正从企业出发,研究企业信息化工程建设前的基础条件和建设过程测评的研究成果很少。事实上,通过对企业信息化工程建设前、建设中和建设后的全过程测评研究,可以为信息化建设提炼出有效、简便的测评方案,对成功建设企业信息化工程项目起到保驾护航的重要作用。

4.1 企业信息化工程建设过程评价模型

信息化的测评从整体上看分成两类:一类是信息化对国民经济影响的信息产业、信息社会的宏观测度,另一类是信息化对企业影响程度的微观测度。企业信息化建设过程测评属于信息化的微观测评。

4.1.1 信息化宏观测度

迄今为止,国际上有关信息化宏观测度方面的理论模型或方法大约有几十种。这些方法可以归纳为两大类,其一是从经济学范畴出发,以信息经济为对象的宏观计量,主要有以马克卢普、波拉特等人的研究成果为代表;其二是从社会的信息流量和信息能力等方面来反映社会信息化程度,以日本的 RITE 模型为代表。也有将信息化测度方法研究的发展过程归纳成八种,分别是马克卢普法、信息指数法、波拉特法、国际电联指标体系法、综合信息产业力度法、国际数据公司法、信息化综合指数法和企业信息化评价法。

1) M.Porat 模型

1977 年在美国商务部的资助下,出版了 M.Porat 的研究报告《信息经济》,这是在前人马克卢普、丹尼尔、贝尔等人的研究成果的基础上发展了克拉克的三次产业理论,将信息活动从三次产业中分离出来,构成独立的第四产业。研究成果主要体现在如下几个方面。

(1) 提出了任何经济形态都可以划分为物质或能量之间的相互转化形态和信息之间的相互转换形态两种。

(2) 将整个经济划分为农业、工业、服务业、信息业四大产业。

(3) 认为信息活动包括信息产品和信息服务在生产、处理、流通中所消耗掉的一切资源,这些资源有两类,即信息资本和信息劳动。信息资本包括:信息设备、信息建筑物、信息产品构成等。信息劳动包括:市场化与非市场化的所有与信息相关的劳动。

(4) 明确了采用三个一级指标描述信息化水平。即信息活动产值占 GNP 或 GDP 的比例。信息部门就业者的收入占国民收入的比例,信息部门就业人数占就业人数的比例。

(5) 信息部门成为国民经济核算部门,并把信息部门分成一级信息部门和二级信息部门。一级信息部门是向市场提供信息产品和信息服务的企业(被分成 8 大类,116 小类);二级信息部门主要指政府或非信息企业内部消费而创造的一切信息服务,其产值由该部门中信息劳动者的收入和信息资本的折扣构成。

(6) 将社会职业分成信息职业与非信息职业两大类。把美国原有的 422 种职业归纳出 5 大类信息劳动者。

Porat的研究成果在信息化测度理论发展过程中作出了开创性贡献,为政府部门信息化规划、决策提供了科学的依据。而且在测评过程中,对一级信息部门的数据采集十分方便,测评指标体系简单。但是,我国学者靖继鹏等在信息化研究、应用过程中发现该方法有许多不足,不能全面反映一个国家或地区的信息产业发展情况。二级信息部门的数据采集十分困难,难于从企业的主体中剥离出来,只能通过估算获得相关数据,数据的准确性、可靠性差。

2) RITE模型

RITE模型是由日本电讯与经济研究所(RITE)提出的,因此称为RITE模型。它是用来测度不同社会阶段或不同国家(或地区)的信息化发展程度的,该模型通过信息量、信息装备率、通信主体水平和信息系统4个因素反映社会信息化指数。每个因素由若干个具体的分指标组成,共有11个分指标。这些分指标不同质。因此,无法直接进行运算,需要将各自的数值转换成指数,最后才能求得信息化指数。

RITE模型的运算方法有两种。一种是一步平均法,也即是"基比"算法。即先确定一个基年,该年的各项指标的指数定为100,分别用被测算年的同类指标值除以基年的指标值,求得被测年度的各项指标值,再将各项指标数相加后除以项数(11),最后得到信息化指数;另一种是二步算术平均法。首先分别计算4个指标内分指标的算术平均指数,再将此指数求算术平均值,得到最终的信息指数。RITE的指标体系如图4-1所示。

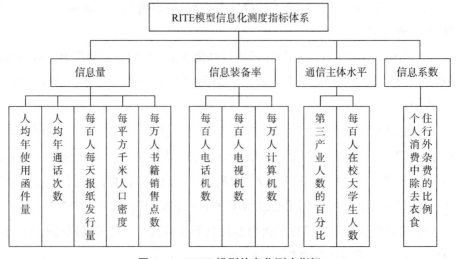

图4-1 RITE模型信息化测度指标

RITE方法所用的统计资料易于获得,参数少,计算方便,实用性较强。将信息化发展进程的相对阶段和相对差距以量化方式反映出来,在有较完整的时间序列数据的情况下还可对今后信息化趋势做出预测,而且通过比较分析,可以发现信息化过程中的结构性问题。但是在实际应用过程中尚存在一些问题。主要表现在指标选取的片面性、指标选取的人为确定性使模型本身带有主观因素、指标运算过于简单缺乏科学性、指数值完全是相对的,可比性差,适用范围有限和"信息系数"指标不全面,忽视了居民和政府两方面消费的实际增长率等。

3) 我国信息化测度

我国早在上世纪80年代开始重视信息化测度的研究,前后分别有靖继鹏、卢太宏、王可、梁滨、郑建明等学者对国外信息化测度理论与方法进行了系统性的研究,为我国在2003年正式颁发的《企业信息化指数》测评方案的制定打下了坚实的基础。从1987年至今已经开展了几十次的国家或省市级的信息化测评研究,这些研究方法和理论基础均是在引用国外的典型模型的基础上作适用性修改。具有创新的信息化测度模型的典型方法是由靖继鹏等人利用PORAT对吉林省信息产业进行测度后,针对存在的问题建立了一套全新的信息产业综合测度方法——综合信息产业力度法,如图4-2所示。

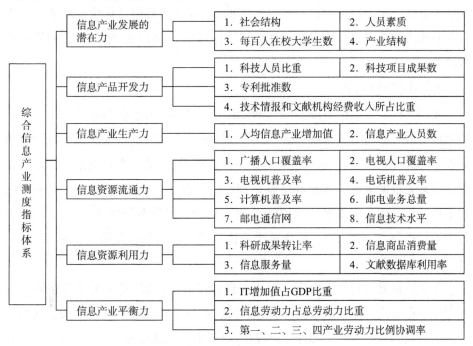

图4-2 综合信息产业测度指标体系

综合信息产业力度法的指标体系由信息产业发展的潜在力、信息产品开发力、信息产业生产力、信息资源流通力、信息资源利用力和信息产业平衡力6种力组成,各种力分别有若干个指标(共25个)。前4种力为软变量,后2种力分别是硬变量和协同变量。综合信息产业力度不是6种力的简单相加,而是遵循牛顿定律的合力,并建立了综合信息产业力的函数关系。靖继鹏称这种方法具有科学性、实用性、理论的合理性、综合测度可操作性、数据的可取性、指标的可比性等特点。在实际应用时尚存在着指标欠妥等问题,例如:信息产业生产力仅包含人均信息产业增加值和信息产业人员数两个指标。各个指标缺乏必要的解释,应用范围受到局限。

4.1.2 信息化建设微观测度

信息化建设微观测度是指企业在建设信息系统后对建设的绩效进行测度的理论与方法。信息化建设的绩效从不同的角度往往测度的结果存在着很大的差异。从信息化建设的软件公司、被建设企业和地方政府不同的角度,对信息化建设的绩效的测度指标和追求的目标不同。一般情况下,测度对象是企业,企业的各种效益是综合因素的结果,往往受到企业外部市场环境的影响很大,无法简单地从企业整体中剥离出信息化单独产生的效益,因此对信息化建设效益的评价存在着很大的争议。目前常用的评价方法是 ABCD 测评法、平衡卡法和模糊评判法等。

1) ABCD 检测表

ABCD 检测表是由美国 Oliver Wight 于 1977 年提出的,是企业建设信息化绩效评价最有影响力的常用方法,至今已经进行了4次改版,检测的内容越来越完善、全面。第4版检测表已经不再是一个测评表,而是一个复杂指标体系。在测评前首先根据企业的规模和信息化程度进行设计、选定测评指标。对测评的每个指标均分成4个等级,并明确了每个指标的不同状态的取值方法,然后累加各个指标得分,给出综合得分,由这个分值判别企业信息建设绩效处在 A、B、C、D 中哪一个状态。

ABCD 检测表的发展由第一版改进到现在的第四版,经历了从简单到复杂的过程。在第四版中明确了测评内容、方法、评分标准和等级判别方法。从理论上看简便、易懂,但是在实际操作过程中,企业由于缺乏企业信息化的专业知识,对检测表提出的问题或者不能正确回答,或者在信息化过程中根本没有记录相应的数据,通过第三方的专家来评判,存在很大的片面性。

2）平衡记分卡法

平衡记分卡法是罗伯特·卡普兰与戴维·诺顿发明的用于评价组织中系统性能的方法。平衡记分卡法是从组织的多战略目标中抽象出来的多个具体指标,如财务指标、客户指标、学习与创新指标,以及内部企业流程指标,集合起来形成一个指标体系。平衡记分方法明显优于采用一个或一种类型指标的评估方法,它把多个指标整合起来,综合用于评估过程。

平衡记分卡不是指标体系的简单综合,而是从空间立体的角度审视企业信息化的绩效,不仅通过指标较全面地反映了企业信息化的状态,而且,较深刻地描述了通过信息化企业内部机制的变化,能够更确切地表达企业信息化本质。但是,由于企业信息化基础不同,信息化对企业的影响也不同,信息化绩效评估不仅影响企业直接的经济效益,而且会影响更深远的企业战略目标的建设,企业竞争优势的发挥、竞争能力的提高和产品的潜在市场能力的增强。因为这种综合素质的提高存在着滞后性,平衡记分的结果只能是反映企业当前的各种指标值。

4.1.3　信息化建设过程中的测度

企业信息化工程建设过程中的测度是对企业在信息化建设过程中采取跟踪评价的方法,不同于信息化的宏观或微观测度,是对建设过程中每个环节建设状态的评价,其目的是为了指导企业在信息化建设过程中少走弯路,降低成本、提高建设成功率。

1）企业信息化工程建设过程中测评的意义

企业信息化建设的内容多、历时长、技术复杂、涉及面广、企业变革深远,是全体员工学习、提高,企业重组的过程。我国企业信息化举步艰难的原因有很多,不同学者从不同的角度去分析、探讨成功之路,提出了建设效益最大化的各种模型,取得了丰硕的成果。通过我们对企业信息化建设工作的实践和认识,发现在企业信息化建设过程中没有把好"关",建设过程失控是影响成败的主要因素之一。在企业信息化建设过程中有许多"关",例如:前期教育、建设规划、项目资金使用、基础数据建设、人员素质提高等等。要把好这些"关"的关键是要实时地对建设过程进行测评,及时反馈测评结论,调整在建设过程中存在的偏差。应当加大研究企业信息化建设过程测评的手段、评估指标体系、评估方法和评估反馈制度的执行,才能降低建设风险,提高建设成功率。否则,建设过程中存在的小问题不被发现,小问题积累成大问题,引发系统建设堵塞,不仅拖延工期,而且严重者造成停工待检、信息化工程先天性缺陷畸胎等问题。因此,企业信息化建设过程的测评不仅对信息化建设具有重大的理论意义,而且,对企业成功建设信息化工程具有很高的实用价值,为企业的信息化建设起到保驾护航的作用。

2) 企业信息化工程建设过程中测评的特点

企业信息化工程建设过程中的测评不同于国家、政府宏观层面上的信息化指数测评,或企业微观层面上的建设绩效测评,它是为了确保企业信息化工程建设成功开展的动态随机跟踪式测评。企业信息化工程建设过程中的特点是测评过程时间短,测评对象动态变化。因此,在测评方法上应尽可能简单、实用,并且需要构建智能化的测评系统,采用科学合理的测评方法,为企业信息化工程建设者提供正确、有效的测评结论。

3) 企业信息化工程建设过程中测评的难点

企业信息化工程建设过程中测评对象的动态性,测评数据采集的困难,测评结论的重要性会引起测评者心理压力过大,企业信息化工程建设过程中重项目建设,轻建设分析,没有意识到建设过程测评的重要性,没有足够地估计测评过程的困难。另外,目前还没有系统、完整地对企业信息化工程建设过程开展测评的工作习惯和成熟的测评方法,所有这些都有待我们去进行探索和研究。

4.2 企业信息化工程建设过程评价指标体系

企业信息化建设过程测评的动态性,使我们在建立测评指标体系时不仅要考虑能与建设规划、计划比较的显性属性,更需要重视影响企业发展战略和企业信息化工程建设深入开展潜在的隐性属性,使得测评的结论更加真实有效。

4.2.1 评价指标体系设置的原则

企业信息化建设过程测评的对象和测评过程具有很强的特殊性。测评的结论无论对企业,还是对信息化工程承包商都具有特别的重要性。因此,在设置评价指标时,必须遵守必要的基本原则。

1) 科学合理性

反映信息化工程建设状态的指标往往可以从许多方面获取,但是某一方面的指标只能侧重描述单个影响因素,指标的选取必须遵守科学合理的原则,既能体现显性特征,又要能体现隐性特征。

2) 简单易用性

测量指标的含义要明确,测评数据的采集要方便,计算方法要简便易行。否则,测评操作困难,无法得到正确的测评结论。

3) 动态实时性

建设过程始终在动态地发生变化,尤其是信息化工程建设过程,企业、咨询公司、监理公司、软件提供商等在建设过程中都需要一个磨合过程,通过建设互相了解,共同提高,不断明确需求,测评指标的设计,数据采集针对建设过程的不同阶段也应当动态变化,适应测评指标的科学合理性和简单易用性。

4) 多目标平衡性

企业信息化建设是企业的全面革新,往往期望着实现多个战略目标。但是企业信息化工程不是根治企业管理百病的灵丹妙药,更不是说信息系统能自动产生效益,而是企业现代化管理、参与国际市场竞争的工具、手段或方法。在企业信息化工程测评时,应当充分考虑目标平衡的原则。

5) 环境适应性

信息系统在企业建设过程及运行过程中是随着企业的成长而成长。建设虽然在信息系统的生命周期中是一个很短暂的过程,但是往往也需要3个月以上,大型企业的建设周期更长,全面的建设前期准备,企业内部整合,信息系统建设的规划与计划由此而发生变化。在建设过程测评时,测评选取要遵守环境适应性的原则,这也是信息化工程建设测评要遵守的最特殊的原则。

6) 双方互利性

企业信息化工程建设将涉及建设企业和软件提供商。测评结果将直接影响到在建设过程双方的利益,影响到企业信息化工程的深入开展,以及下一阶段的决策。从不同的角度出发测评的结论很难一致。所以,在设置测评指标和采集指标值时不但要公平、公正,而且要遵循双方互利的原则。

4.2.2 企业信息化工程建设过程中的评价指标体系

信息化工程建设过程的测评目的主要是为了进一步提高信息化工程建设的成功率，及时发现建设过程中存在的问题，避免建设过程中事故隐患的积累，否则将造成不可弥补的损失。造成企业信息化工程建设失败的主要原因之一是没有制定企业信息化工程建设过程的测评管理机制和测评方法，没有具体的测评指标。

1）指标选取依据

企业信息化评价指数和企业信息化建设绩效测评的指标体系是企业信息化工程建设过程测评指标设置的重要依据。但是，企业信息化工程建设过程测评有其特殊性，不是企业信息化评价指数和企业信息化建设绩效测评的指标体系的累加或筛选。企业应从建设企业和项目建设承包商双方的角度，从有利于企业信息化工程建设的发展战略目标实现角度、从企业基本条件和外部环境等多方面综合因素的交叉、融合、渗透、隐含、突发等现象作为设置测评指标的依据。

2）指标体系的确定

根据信息化工程建设过程测评的指标设置的原则和依据，针对信息化工程建设过程中不同的建设项目分别建设不同的测评指标。

（1）数据建设测评指标　数据建设过程测评可分数据建设准备测评、静态数据建设测评和动态数据建设测评三阶段。数据建设准备是前提、静态数据是基础、动态数据是关键。这三个阶段测评的指标如表4-1所示。

表4-1　数据建设测评指标

数据建设准备	静态数据建设	动态数据建设
1. 数据建设规划可执行性指数 2. 数据建设计划可执行性指数 3. 专职数据员比例 4. 专职数据员能力 5. 数据流程合理性指数 6. 数据字典完整性指数 7. 原始数据记录能力 8. 原始数据正确率 9. 原始数据的完整性指数	1. 数据建设完成率 2. 数据正确率 3. 数据容错率 4. 数据可恢复性指数 5. 数据可靠性指数 6. 数据安全性指数 7. 数据真实性指数 8. 数据复杂性指数	1. 数据建设完成率 2. 数据实时性指数 3. 数据正确率 4. 数据容错率 5. 数据可恢复性指数 6. 数据可靠性指数 7. 数据安全性指数 8. 数据利用率 9. 数据查询速度 10. 数据处理速度

(2) 系统建设测评指标 系统建设过程测评分成网络工程测评、系统安装测评、系统测试测评、系统切换测评和系统管理测评。在系统建设过程中,只有前一个阶段的测评结果良好,才能进入下一个阶段的建设,否则,会造成故障隐患。系统建设测评指标如表4-2所示。

表4-2 系统建设测评指标

网络工程	系统安装	
1. 网络建设计划可执行性指数 2. 计划完成率 3. 通信正确率 4. 网络专职人员指数 5. 通信速度指数 6. 网络工程文档完备性指数	1. 安装计划可执行性指数 2. 安装文档完备性指数 3. 安装质量指数 4. 安装纠错率 5. 存在问题严重性指数	
系统测试	系统切换	系统管理
1. 测试实例代表性指数 2. 测试过程规范性指数 3. 测试文档资料完整性指数 4. 测试结果正确性指数 5. 测试人员水平指数	1. 系统切换稳定性指数 2. 系统切换规范性指数	1. 系统运行稳定性指数 2. 系统一年内无故障时间 3. 系统运行维护费用点投资比重 4. 系统运行人员指数 5. 运行记录完整性指数

(3) 人员教育和培训测评指标 企业信息化过程是对整个企业全体员工进行教育、培训的过程,人的观念、工作方式都必须与企业信息化工程环境下的管理理念相协调,企业信息化工程的过程也是传统与现代管理思想相交融的过程,只有通过磨合,才能使信息系统发挥作用。人员教育与培训十分重要,但教育与培训过程的测评却十分困难。这不仅是由于知识本身的显性、隐性和突发性等特点,而且由于人们掌握知识过程的隐秘性和集聚性,很难用简单的方法反映教育与培训的成败。

人员教育培训过程的测试不是简单地测试受教育者接受知识的程度,而是在企业信息化工程建设过程中更深层次地测评企业信息化工程理念在企业中的认知程度和应用程度。在企业信息化工程建设过程中对教育与培训的测试方法和内容如表4-3所示。

在企业信息化工程建设全过程,高层领导对企业信息化工程的态度是信息系统成败的风向标,教育与培训测试离不开高层领导、全体员工对企业信息化工程的认知和应用需求,离不开建设过程的技术人员队伍建设。正确的建设规划、

表 4-3 人员教育与培训测试指标

建设前	建设中	建设后
1. 高层领导信息化认知指数 2. 信息化思想应用指数 3. 员工掌握信息化知识指数 4. 员工受信息化教育指数 5. 信息化系统队伍结构指数 6. 项目负责人权威性指数	1. 高层领导信息化认知指数 2. 信息化思想应用指数 3. 员工掌握信息化知识指数 4. 员工受信息化教育指数 5. 信息化系统队伍结构指数 6. 信息化建设计划执行指数	1. 高层领导信息化认知指数 2. 信息化思想应用指数 3. 员工掌握信息化知识指数 4. 员工受信息化教育指数 5. 系统运行队伍结构指数

周密的建设计划和严格的建设步骤是系统成败的关键。虽然在建设过程中对教育与培训的测试内容基本相同,但对测试的结果要求不同。后一阶段的测试结果应当比前一个阶段的综合得分高一个层次才是正常,否则,应当查找、分析原因,提出可执行的解决方案。

(4) 制度建设测评指标　制度建设的测评比企业信息化工程建设教育与培训测评更困难,健全和完善企业管理制度是提高企业核心竞争力的主要途径。企业管理制度的建设是因时、因人、因地、因环境的不同动态变化的。测试企业信息化工程过程中的制度建设主要指标,如表 4-4 所示。

表 4-4 企业信息化工程建设制度建设测评指标

指　　标	说　　明
1. 规章制度的完备性指数	职能部门、岗位职责;领导、员工职责的制定合格率(参照企业管理手册)
2. 企业信息化工程管理制度指数	信息系统运行组织级别、运行操作制度和维护管理制度
3. 规章制度执行指数	企业规章制度执行率
4. 制度创新能力	企业信息化工程过程中制度的修改调整量
5. 新制度执行能力	新制度从下达到执行时间效果

(5) 建设状态综合测评指标　建设状态综合测评指标是反映企业信息化工程建设过程状态,是由企业信息化工程建设过程测评各方面的指数组成。

建设状态综合测评指标＝K1×数据建设测评指标＋K2×系统建设测评指标＋K3×人员教育和培训测评指标＋K4×制度建设测评指标

3) 测评指标设计

企业信息化过程建设过程中各阶段的测评指标在不同的基础建设方面处理

方法不尽相同,由于测评指标多,采集数据困难,时间紧,正确性要求高。因此,企业信息化工程建设过程的测评指标必须根据企业信息化工程程度、规模、投入等因素进行设计。设计过程如图4-3所示。

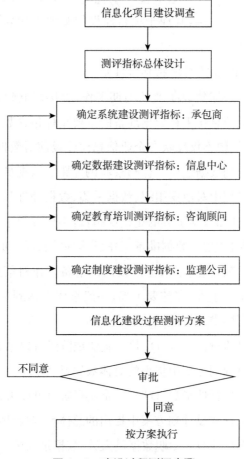

图4-3 建设过程测评步骤

在测评指标设计前首先要对企业信息化工程项目建设基本情况进行详细调查,了解企业信息化的规模、程度。测评指标总体设计是明确测评的目的、意义、原则、方法,最后确定企业信息化工程建设过程中各个方面的重点测评指标和指标权重。测评方案将涉及系统承建商、软硬件提供商、信息技术咨询、监理等部门。因此,企业信息化工程建设过程测评应当由相关单位、部门的负责人共同参与制定。

4.2.3　数据测评指标量化方法

在企业信息化工程建设过程测评中指数数据很多是无法直接采集到的,必须将原始数据进行加工处理形成相关的指数值。在此以数据建设测评指标数据的采集方法与加工过程为例,其他子项目建设的测评指标数据采集评价的过程与方法相同。

1) 数据建设准备情况测评指标(DT)

数据建设准备是数据建设重要的前期工作,直接影响到企业信息化工程的顺利开展。测评企业信息化工程数据准备的主要指标包含数据建设规划与计划的可执行性指数,该指数不仅反映在企业信息化建设前对数据建设的重视程度,而且反映了规划与计划数据建设目标与现状的差距。数据员的数量、能力;该指数描述在数据建设过程中对数据组织、数据采集、数据处理和数据分析的综合水平;数据流程的合理性和数据字典的完整性指数,不仅反映了数据建设前期的工作难度和工作量,同时体现了数据准备工作已达到的状况。原始数据的正确率、完整性和记录能力指数,描述了数据建设前期准备工作对信息系统建设的有效性程度。对原始数据的正确、完整要求高,一般整体上达到92%为合格,95%为良好,特种物料、数据要求必须达到100%。

数据建设规划可执行性指数(DT1)=企业现阶段可以采集的数据量(SD0)/企业信息化工程建设规划方案中提出的总体数据量(SD1)

数据建设计划可执行性指数(DT2)=企业现阶段可以采集的数据量(PD0)/本工期企业信息化工程建设计划方案中提出的总体数据量(PD1)

专职数据员比例(DT3)=专职数据员人数/数据录入员人数

专职数据员能力(DT4)=专职数据员文化程度指数/数据录入员文化程度指数

其中:文化程度指数=无学历人数×0.5+高中或中专人数+大学本科及以上人数×1.8

数据流程合理性指数(DT5)=无缺陷的2层数据流程图数/2层数据流程图总数

数据字典完整性指数(DT6)=数据字典数据总量/应有数据类型总数

原始数据记录能力(DT7)=已经记录的原始数据种类数/应该记录的原始

数据种类数

原始数据正确率(DT8)＝正确记录的原始数据种类数/应该记录的原始数据种类数

原始数据的完整性指数(DT9)＝原始数据种类数/应该记录的原始数据种类数

2) 静态数据建设(DS)

在数据建设过程中往往先静态、后动态,静态数据建设水平直接影响到动态数据建设,如果没有做好静态数据建设就不能盲目地进入动态数据建设,否则不仅动态数据无效、数据可利用率低,而且造成数据混乱。静态数据测评的主要指标有数据建设完成率,描述在数据建设过程中对系统所涉及的数据特征分析工作的完成情况;数据正确率,这是指在已经建立的数据表中抽样本数据与原始记录进行比较,正确数据占样本的比例;数据容错率,这是指选的信息系统对输入数据识别错误码能力的测度,反映能否拒绝错误数据输入;数据可恢复性指数,这是指当系统发生故障、损坏等异常情况时,数据可恢复程度;数据的可靠性、安全性、真实性和复杂性指数,这些指标很难定量测评,往往通过用户问卷抽样调查方法获取测评数据。

数据建设完成率(DS1)＝已定义数据种类数/系统数据种类数

数据正确率(DS2)＝录入样本正确数据量/样本数据总量

数据容错率(DS3)＝能容错数据种类数/输入数据种类数

数据可恢复性指数(DS4)＝可恢复数据数/数据总数

数据可靠性指数(DS5)＝可靠数据样本数/总调查样本数

数据安全性指数(DS6)＝安全数据样本数/总调查样本数

数据真实性指数(DS7)＝真实数据样本数/总调查样本数

数据复杂性指数(DS8)＝复杂数据样本数/总调查样本数

3) 动态数据建设(DD)

动态数据建设的完成标志着信息化工程建设进入试运行和实用阶段,对数据的测评更加复杂,考察的属性更多,动态数据建设测评的主要指标分别是动态数据建设完成率、数据正确率、数据容错率、数据可恢复性指数、数据可靠性指数、数据安全性指数、数据真实性指数、数据利用率、数据查询速度、数据处理速度。动态数据建设完成率是按工程预定的数据输入、处理功能模块的设计完成并调试成功的数据量;数据的正确率、容错率、可恢复性、可靠性、安全性、真实性的指数数据采集方法与静态数据的采集方法相同;数据利用率系统是数据被调用、查询、生成报表数据的使用程度;数据查询速度指数是在特定数据量的情况下查找一条记录的速度达到期望的程度,如果查找时间比期望时间短,则取1;数据处理速度是在特定数据量的情况下完成某项数据加工处理的速度达到期望的程度,如果处理所需时间比期望时间短,则取1。

数据建设完成率(DD1)＝已定义数据种类数/系统数据种类数

数据正确率(DD2)＝录入样本正确数据量/样本数据总量

数据容错率(DD3)＝能容错数据种类数/输入数据种类数

数据可恢复性指数(DD4)＝可恢复数据数/数据总数

数据可靠性指数(DD5)＝可靠数据样本数/总调查样本数

数据安全性指数(DD6)＝安全数据样本数/总调查样本数

数据真实性指数(DD7)＝真实数据样本数/总调查样本数

数据利用率(DD8)＝可用数据量/总数据量

数据查询速度指数(DD9)＝查询速度/期望查询速度

数据处理速度指数(DD10)＝处理速度/期望处理速度

4.3 企业信息化工程建设过程评价方法及其实现

企业信息化建设测评实时性强、正确性要求高,测评对象动态变化。因此,必须采用更加科学合理的测评法,研制实时测评的软件系统。

4.3.1 企业信息化工程建设过程测评方法

企业信息化建设测评内容多,内部关系复杂。测评结论不是采用简单的综合评判方法,而是采用如下的操作过程。

1) 确定测评对象

不同的测评对象需要采集不同的数据,寻找不同的专家和用户,进行访问、咨询和调查采集数据,为测评提供更加全面、合理、公正的依据。测评对象是评价指标体系设计的依据,也是评价目标制定的依据。

2）确定测评指标

不同测评对象、不同建设阶段的测评指标体系的构成不相同，需要根据测评对象的建设现状对指标进行调整，明确建设阶段的测评指标。例如，中小企业 ERP 系统建设规划的测评指标。

在 ERP 系统项目建设过程中，总体规划这一阶段是最为关键的阶段之一，没有建设可行、科学合理的规划，整个项目就很难建设。在总体规划阶段，需要测评的最重要的内容有：项目组织、可行性分析、项目建设计划三个方面。其详细评价指标见表 4-5。

表 4-5 总体规划评价指标

目标层	准则层	子准则层	指标层	指标说明
项目总体规划 W	项目组织 W_1	项目经理 W_{11}	项目经理 w_{11}	项目经理是由企业哪位领导担任
		项目组织独立性 W_{12}	项目组织独立性 w_{12}	项目组织是否独立于企业业务组织
		项目组织快速决策 W_{13}	项目组织快速决策 w_{13}	项目决策及其执行过程是否迅速
		项目组织有效性 W_{14}	项目组织有效性 w_{14}	项目组织结构是否科学合理有效
	需求分析及可行性研究 W_2	企业对项目的需求 W_{21}	企业对 ERP 的客观需求 w_{21}	企业对 ERP 的需求是否迫切、目标是否明确
		资金基础 W_{22}	资金条件 w_{22}	企业筹集项目建设资金的能力
		技术基础 W_{23}	计算机网络的应用能力 w_{23}	企业内部是否有运行良好的内部网络
		管理基础 W_{24}	控制与协调 w_{24}	企业的管理水平
	项目建设计划 W_3	计划完整性 W_{31}	计划完整性 w_{31}	计划中项目活动和任务是否完整
		计划建设周期 W_{32}	计划建设周期 w_{32}	计划中项目建设的整个生命周期
		计划合理性 W_{33}	计划合理性 w_{33}	计划中各阶段安排是否合理
		计划可调整性 W_{34}	计划可调整性 w_{34}	计划的安排能否根据实际情况进行调整

评价指标体系中各指标量纲通常是不统一或非量化指标,不具有可对比性,必须建立统一的衡量标度。在实际应用中,对于表4-5中的各个指标的评分必须有一个标准,如表4-6所示,其中有些指标是无法确定统一的标度,因此,将评价因素根据决策者经验或专家评分标准,然后按模糊数学隶属的原则进行量化。

表4-6 指标评分标准

指标	指标赋值			
	100分	80分	60分	40分及以下
项目经理	项目经理经验丰富、管理能力强	经验一般、管理能力强	经验一般、管理能力一般	经验不足、管理能力差
项目组织独立性 w_{12}	项目组织完全独立于业务组织	项目组织由信息中心担任	项目组织独立性不强	没有独立的项目组织
项目组织快速决策 w_{13}	项目组织决策快速、敏捷	决策效率良好	决策效率一般	决策执行效率低下
项目组织有效性 w_{14}	项目组织结构合理、科学	结构层次分明、责任明确	结构复杂、权责分配不清晰	项目组织结构臃肿、权责分配混乱
企业对ERP的客观需求 w_{21}	需求迫切、目标明确	需求较迫切、目标不够明确	需求较明确、目标不清	无法用计算机管理
资金条件 w_{22}	企业完全有能力筹集项目所有资金	企业能筹集项目资金的80%	企业能筹集项目资金的60%	能筹集项目资金的40%及以下
计算机网络的应用能力 w_{23}	企业网成为企业运行的基础	有良好的局部运行的网络	有网络但未发挥作用	全部单机运行
控制与协调 w_{24}	企业内部管理水平高、协调控制能力强	企业内部协调控制能力良好	企业内部协调控制能力一般	企业内部协调控制能力差
计划完整性 w_{31}	计划内容完整、阶段任务明确可行	计划内容比较完整、阶段任务明确	项目活动不够完整、任务不够明确	项目活动不完整、任务不明确
计划建设周期 w_{32}	周期合理、完全适合企业战略	周期较合理、能适合企业战略	建设周期长	建设周期过长、不适合企业战略

续表

指标	指标赋值			
	100分	80分	60分	40分及以下
计划合理性 w_{33}	计划安排适合企业自身情况、科学合理	计划安排合理性良好	计划安排合理性一般	计划安排不合理
计划可调整性 w_{34}	计划可调整性强、能按需要适时调整	计划可调整性良好、能适时调整	计划调整性一般	计划不可调整

3）确定指标权重

指标的权重反映了相关指标在测评过程中的重要程度，直接影响到评价的结论与效果。权重的计算十分复杂，通常采用层次分析法、聚类法等多元分析工具，随着信息技术的广泛应用，计算机的普及，计算工作量和计算精度要求已经不是数据处理的关键，权值确定的关键是算法。目前在数据处理中常用的权值计算方法有模糊评判法、三角基模糊评判法和信息熵等。

(1) 层次分析法 首先请相关专家对各个指标按重要程度进行排序，然后利用 AHP 方法计算出相关的权重。AHP 算法是将一个复杂的多规则评价问题分解为具有递阶结构的评价指标和评价对象，对同一层次上的元素，通过成对的重要程度比较，组成模糊比较矩阵。相应于该模糊矩阵的主特征值 λ_{max} 的主特征矢量 w，即表示了各评价对象的优先级顺序，是一种定性和定量相结合的方法。

① 假设 已知评价指标集：$X=(x_1,x_2,\cdots,x_n)$；评价集：$Y=(Y_1,Y_2,\cdots,Y_m)$；权重集：$W=(w_1,w_2,\cdots,w_n)$；三者存在关系：$Y=W^T X$。其中，$x_1,x_2,\cdots,x_n$ 是 n 个评价因素；$y_1,y_2,\cdots,y_m$ 是 m 个软件供应商的评价，w_i 为指标集 X 中因素 x_i 所对应的权，满足 $\sum_{i=1}^{n} w_i = 1$。

设评价指标集 $X=\{C_1,C_2,\cdots,C_n\}$ 分成 s 个子因素集 $B_1,B_2,\cdots,B_s$，其中 $B_i=\{C_{i1},C_{i2},\cdots,C_{in}\}$，且满足：

$n_1+n_2+\cdots+n_s=n$；

$B_1 \bigcup B_2 \bigcup \cdots \bigcup B_s = X$；

对任意 $i \neq j, B_i \bigcap B_j = \varphi$

② 权重的计算 先建立权重矩阵，指标体系有三层，分别是 A、B 和 C。设

B 层次中 B_k 与下一层 C 中的 $C_1,C_2,\cdots,C_n$ 元素有关联,于是每个 $C_i(i=1,2,\cdots,n)$ 在 B_k 中占有一个权重 w_{ki},n 个 w_{ki} 构成权重向量 w_k:

$$w_k = (w_{k1}, w_{k2}, \cdots, w_{kn})$$

两元素的权重之比记为 $a_{ij}=w_{ki}/w_{kj}$,关于 a_{ij} 的计算可根据表 4-7 提供的比例尺度来确定。因此这 $n\times n$ 个权重比就构成了 B 层次中 B_k 元素的两两比较评判矩阵 A_k。

表 4-7 相对比较比例尺度

A_{ij}^k	1	3	5	7	9
A_{ji}^k	1	1/3	1/5	1/7	1/9
C_i 比 C_j	同等重要	稍微重要	重要	非常重要	绝对重要

根据所考虑问题的具体情况,还可以将 C_i 比 C_j 比较等级在此 5 级基础上扩展为 9 级,即在 1、3、5、7、9 间分别插入 2、4、6、8。

$$A_k = \begin{bmatrix} a_{11}^k & a_{12}^k & \cdots & a_{1n}^k \\ a_{21}^k & a_{22}^k & \cdots & a_{2n}^k \\ & & \ddots & \\ a_{n1}^k & a_{n2}^k & \cdots & a_{nn}^k \end{bmatrix} = (a_{ij}^k)_{n\times n} \quad (4-1)$$

然后,计算权重矢量。由评判矩阵 A_k 各元素之间的相对重要性,计算单层元素相对于上层关联元素的绝对权重。根据矩阵理论,求解方程 $A_w w_k = \lambda_{\max} w_k$ 得出的特征向量 w_k。其中 $\lambda_{\max}$ 为矩阵 A_k 的最大特征值,w_k 为相应的特征向量。

设 $w_k=(w_{k1},w_{k2},\cdots,w_{kn})$,将其归一化处理得到 $w_k'=(w_{k1}',w_{k2}',\cdots,w_{kn}')$ 即可作为权重向量,其中:

$$\lambda_{\max} = \frac{1}{n}\sum_{i=1}^{n}\frac{(aw_k)_i}{w_k} = \frac{1}{n}\sum_{i=1}^{n}\frac{\sum_{j=1}^{n}a_{ij}^k w_{kj}}{w_{ki}}$$

$$w_{ki}' = \frac{w_{ki}}{\sum_{j=1}^{n}w_{kj}}$$

(4-2)

最后进行一致性检验。评判矩阵一致性是指要求矩阵元素满足 $a_{ij}\times a_{jk}=a_{ik}$。为了避免评判矩阵偏离一致性过大,需对矩阵的一致性指标 C_I 进行检验。

$$C_I = \frac{\lambda_{\max} - n}{n-1} \qquad (4-3)$$

一阶或二阶比较矩阵具有完全一致性。对于二阶以上的比较矩阵,计算随机一致性比例,即 $C_R = C_I/R_I$。当 $C_R < 0.1$ 时,认为评判矩阵的一致性可以接受;当 $C_R > 0.1$ 时,需对评判矩阵进行修正。平均随机一致性指标 R_I 如表 4-8 所示。

表 4-8 平均随机一致性指标 R_I

矩阵阶数	1	2	3	4	5	6	7	8
R_I	0	0	0.52	0.89	1.12	1.26	1.36	1.41

③ 综合指标计算 假定已经推算出第 $k-1$ 层上 n_{k-1} 个元素相对于总目标的权重向量 w_{k-1}^1,第 k 层上的 n_k 个元素对 $k-1$ 层上第 j 个元素权重向量设为:

$$w_j^{(k)} = (w_{1j}^{(k)}, w_{2j}^{(k)}, \cdots, w_{nk}^{(k)})^T \qquad (4-4)$$

其中不受 j 支配的元素的权重为零。令:

$$W_k^{k-1} = (w_1^{(k)}, w_2^{(k)}, \cdots, w_{n_{k-1}}^{(k)}) \qquad (4-5)$$

这是一个 $n_k \times n_{k-1}$ 的矩阵,表示 k 层上元素对 $k-1$ 层元素的分配权重,那么第 k 层上元素对总目标的合成权重向量为:$W_k^1 = W_k^{k-1} \cdot w_{k-1}^1$。

所以,综合各层的权重矩阵,可以得到 n 层递阶结构的指标因素层相对于总目标层的合成权重矩阵:

$$W_n^1 = \prod_{2}^{i=n} W_i^{i-1} = W_n^{n-1} \cdot W_{n-1}^{n-2} \cdots W_3^2 \cdot W_2^1 \qquad (4-6)$$

(2) 模糊评判 建立一个评判结论等级集合和指标直隶度系数矩阵。然后,根据测评指标采集到的数据计算评判等级矩阵,并排列输出各种可能的相关值。考虑到很多指标是定性的,难以定量化,所以通常采用模糊数学理论,考虑主观评价等软信息。对企业被选择的电子商务方案中建立综合评价选择的多层次模糊决策数学模型。多层次模糊综合评价(Fuzzy Comprehensive Evaluation,简称 FCE)是对受多因素影响的事物做出全面评价的一种十分有效的多因素决策方法。其步骤如下:

① 设 U 是因素集,按一定的方式将 U 中元素分组。设 U 中元素分成了 k 组:

$$U = \bigcup_{i=1}^{k} U_i, 且 i \neq j 时, U_i \cap U_j = \varnothing$$

$$U_i = \{u_{i1}, u_{i2}, u_{i3}, \cdots, u_{in(i)}\} (i \leqslant k)$$

$$U = \{U_1, U_2, \cdots, U_k\}$$

称 U 为较高层次的因素集，$\forall i \leqslant k, U_i$ 为较低层次的因素集。在本文中将性质相同的因素分为一组，共有五组，即：成本、效益、安全性、易用性、易维护性，这五组是高层次因素。其中对成本、效益、安全性又进行了细分，总共为四层。所以对 U_i 进一步划分为

$$U_i = \bigcup_{s=1}^{t} U_{is}, 且 s \neq t 时, U_{is} \cap U_{it} = \varnothing$$

$$U_{is} = \{u_{is1}, u_{is2}, \cdots, u_{isn(i)}\}(s \leqslant t) \quad (t 为 U_i 因素所分成因素集组的总数)$$

$$U_i = \{U_{i1}, U_{i2}, \cdots, U_{it}\}$$

② 设 $V = \{v_1, v_2, \cdots, v_m\}$ 为评价集。

不论对哪一层、哪一个因素进行评价，评价集 V 是不变的。先对最低层次因素集 $U_{is} = \{u_1^{(is)}, u_2^{(is)}, \cdots, u_{ns}^{(is)}\}(i=1,2,\cdots,k)(s=1,2,\cdots,t)$ 的 n_i 个因素进行单因素评判，即建立模糊映射

$$\begin{cases} \underline{f}_{is}: U_{is} \to \zeta(V) \\ u_1^{(is)} \to \underline{f}_{is}(u_1^{(is)}) = (r_{11}^{(is)}, r_{12}^{(is)}, \cdots, r_{1m}^{(is)}), \\ u_2^{(is)} \to \underline{f}_{is}(u_2^{(is)}) = (r_{21}^{(is)}, r_{22}^{(is)}, \cdots, r_{2m}^{(is)}), \\ \cdots \\ u_{ns}^{(is)} \to \underline{f}_{is}(u_{ns}^{(is)}) = (r_{ns1}^{(is)}, r_{ns2}^{(is)}, \cdots, r_{nsm}^{(is)}) \end{cases}$$

得单因素评判矩阵为

$$R_{is} = \begin{bmatrix} r_{11}^{(is)} & r_{12}^{(is)} & \cdots & r_{1m}^{(is)} \\ r_{21}^{(is)} & r_{22}^{(is)} & \cdots & r_{2m}^{(is)} \\ \cdots & \cdots & \cdots & \cdots \\ r_{ns1}^{(is)} & r_{ns2}^{(is)} & \cdots & r_{nsm}^{(is)} \end{bmatrix} \quad (4-7)$$

由于各种因素所处的地位不同，作用也不一样，当然权重也不同，因而评判也就不同。专家对定性指标的 m 种评判并不是绝对地肯定或否定，因此评判应该是 V 上的一个模糊子集给每一层的因素分配权重。

设 $U_{is} = \{u_1^{(is)}, u_2^{(is)}, \cdots, u_{ns}^{(is)}\}$ 的权重为：

$$A_{is} = (a_1^{(is)}, a_2^{(is)}, \cdots, a_{ns}^{(is)})(\sum_{j=1}^{ns} a_j = 1)$$

求得综合评判为：

$$A_{is} \circ R_i = \underset{\sim}{B}_{is} (i = 1, 2, \cdots, k)(s = 1, 2, \cdots, t) \quad (4-8)$$

③ 再对第二级因素集 $U_i = \{u_1^{(i)}, u_2^{(i)}, \cdots, u_{ni}^{(i)}\}(i = 1, 2, \cdots, k)$，做综合评判。

依此类推，设 $U_i = \{u_1^{(i)}, u_2^{(i)}, \cdots, u_{ni}^{(i)}\}$ 的权重为 $A_i = (a_1^{(i)}, a_2^{(i)}, \cdots, a_{ni}^{(i)})(\sum_{j=1}^{ni} a_j = 1)$，单因素评判矩阵为

$$R_i = \begin{bmatrix} r_{11}^{(i)} & r_{12}^{(i)} & \cdots & r_{1m}^{(i)} \\ r_{21}^{(i)} & r_{22}^{(i)} & \cdots & r_{2m}^{(i)} \\ \cdots & \cdots & \cdots & \cdots \\ r_{ni1}^{(i)} & r_{ni2}^{(i)} & \cdots & r_{nim}^{(i)} \end{bmatrix}$$ 则求得综合评判为

$$A_i \circ R_i = \underset{\sim}{B}_i \quad (i = 1, 2, \cdots, k) \quad (4-9)$$

④ 最后对第一级因素集 $U = \{U_1, U_2, \cdots, U_k\}$，做综合评判。

设 $U = \{U_1, U_2, \cdots, U_k\}$ 的权重为 $A = (a_1, a_2, \cdots, a_n)$，且 $\sum_{i=1}^{n} a_i = 1$，总体评价矩阵为

$$R = \begin{bmatrix} \underset{\sim}{B}_1 \\ \underset{\sim}{B}_2 \\ \cdots \\ \underset{\sim}{B}_k \end{bmatrix}, 求得最后综合评判为 A \circ R = \underset{\sim}{B} \quad (4-10)$$

B 即为最终选择电子商务方案的依据，如果对评价集中各个元素赋予具体的值，则可计算出每个方案的 B 值，从而以各个方案 B 值大小决定采用何种方案。

在该模型中，对于定性的、难以量化的指标，采用专家打分或投票法得出该指标在评价集上的隶属度。而对于定量的经济指标可采用隶属函数确定其在评价集上的隶属度，隶属函数如下：

$$R_{ij} = \begin{cases} 0 & \text{当 } x_{ij} \leqslant x_{\min} \\ \dfrac{x_{ij} - x_{\min}}{x_{\max} - x_{\min}} & \text{当 } x_{\min} < x_{ij} < x_{\max} \\ 1 & \text{当 } x_{ij} \geqslant x_{\max} \end{cases} \quad (4-11)$$

式中 x_{ij} 为该收益指标的实际收益值，$x_{\min}$ 为该项指标收益值最不满意的上限，$x_{\max}$ 为该项指标收益值最大满意度的下限，R_{ij} 为第 i 项指标属于第 j 评价等级的隶属程度，由上述公式可知 $R_{ij} \in [0,1]$。对于成本性指标，隶属函数为

$$R_{ij} = \begin{cases} 1 & \text{当 } x_{ij} \leqslant x_{\min} \\ 1 - \dfrac{x_{ij} - x_{\min}}{x_{\max} - x_{\min}} & \text{当 } x_{\min} < x_{ij} < x_{\max} \\ 0 & \text{当 } x_{ij} \geqslant x_{\max} \end{cases} \quad (4-12)$$

式中 x_{ij} 为该成本指标的实际支出值，$x_{\min}$ 为该项指标支出值的最大满意度的上限，$x_{\max}$ 为该项指标支出值的最不满意度的下限，R_{ij} 为第 i 项指标属于第 j 评价等级的隶属程度。同样，由上述公式可知 $R_{ij} \in [0,1]$。

对于安全性中的破坏力一些指标，它和成本指标一样，属于逆指标。也就是值越大，满意度越低。因此，破坏力的一些定量指标可以采用成本指标确定隶属度的方法来确定其隶属度。

(3) 定性指标的处理方法　实际测评过程中经常会用到定性指标和定量指标。定性指标往往带有模糊性，很难精确分析。

① 基本思想　通常先对指标的评价分为若干个等级，然后采用模糊数学中的隶属度函数转化为一个介于 $0\sim1$ 之间的值。对于某一个指标的评价可以分为 (V_1, V_2, V_3, V_4) 4个等级，然后分别计算出每个指标对应于评价等级的隶属度 $(\alpha_1, \alpha_2, \alpha_3, \alpha_4)$ 其中 $\alpha_1 + \alpha_2 + \alpha_3 + \alpha_4 = 1$ 且 $0 \leqslant \alpha \leqslant 1$。这样，定性指标就可以转化为定量指标，便于处理和运用模型。然而通常情况下，由于人的大脑判断事物的模糊性和不确定性，以及决策问题的复杂性和评判人员的喜好等原因，决策提供的评价可能不采用精确的数值来描述，而给出模糊信息。对于定性指标往往不能精确地转化为某一个数，只能确定这个数的区间，并且最可能的值是 M，最小值是 L，最大值是 U。因此每个定性指标都可以用一个三角模糊数 (L, M, U) 表示，如图 4-4 所示。

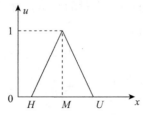

图 4-4　三角模糊示意图

对于三角模糊数 $p=(L,M,U)$ 其隶属度函数 $u(x)$ 可以表示为

$$u(x)=\begin{cases}\dfrac{x-l}{m-l}, l<x<m \\ 1, x=m \\ \dfrac{u-x}{u-m}, m<x<u \\ 0, 其他\end{cases} \quad (4-13)$$

三角模糊数的几何意义就是对某个指标的评估范围落在区间(L,M,U)之间,并且最可能的值或者称期望值是M(隶属度为1),最悲观的估计值是L,最乐观的估计值是U。在三点之间的值的隶属度为上面的函数所示。因此,从直观上可以看出,三角模糊数能表达出每个决策者的悲观程度。

② 三角模糊数主要运算法则 设 $p_1=(L_1,M_1,U_1)$,$p_2=(L_2,M_2,U_2)$

$p_1 \oplus p_2 = (L_1+L_2, M_1+M_2, U_1+U_2)$

$p_1 \otimes p_2 = (L_1*L_2, M_1*M_2, U_1*U_2)$

$\lambda p_1 = (\lambda L_1, \lambda M_1, \lambda U_1)$

$p_1^{-1} = (L_1^{-1}, M_1^{-1}, U_1^{-1})$

对于每个定型化的评估指标,决策人员分别进行评价,得到一个语意化的评估等级,不妨设每个指标的评价等价可以分为 5 级,(很高,较高,一般,较低,低)或(很好,较好,一般,较差,差)。每个语意等级变量对应的评估得分可以转化为一个三角模糊数(L,M,U),同时规定$0 \leqslant L \leqslant M \leqslant U \leqslant 1$。语意等级变量和三角模糊数之间的转化如表 4-9 所示。

表 4-9 语意变量与三角模糊数的转化

很高	很好	(0.8,0.9,1.0)
较高	较好	(0.6,0.7,0.8)
一般	一般	(0.4,0.5,0.6)
较低	较差	(0.2,0.3,0.4)
低	差	(0,0.1,0.2)

③ 权重的确定方法　通常,对于每个指标权重的确定采用层次分析法中的先构造两两比较判断矩阵,然后检验矩阵一致性的方法来获得。但是如果指标比较多,工作量就非常庞大,可操作性不强。而且,许多情况下对于每个指标权

重的分配往往不能精确为某一具体数字,只能知道它介于某一个区间,并且权重取某一个数的概率最大。这样,对于每个指标的权重我们也用三角模糊数来表示。

综上所述,用三角模糊数来刻画个属性及其权重的值,更能反映决策的不确定性和决策者的主观性,使模型更加合理。

(4) 熵权法　熵原本是一热力学概念,它最先由申农(C.E.Shannon)引入信息论。根据信息论的基本原理,信息是系统有序程度的一个度量;而熵是系统无序程度的一个度量,二者绝对值相等但符号相反。

① 假设　如果系统可能处于多种不同状态,而每种状态出现的概率为 $p_i(i=1,2,\cdots,m)$,则该系统的熵就可定义为

$$P_{ij} = r_{ij} / \sum_{i=1}^{m} r_{ij} \quad (4-14)$$

显然,当 $p_i = 1/m (i=1,2,\cdots,m)$,即每种状态出现的概率相等时,熵取最大值为

$$E_{\max} = \ln m \quad (4-15)$$

② 计算熵　若设有 m 个等待评价的单位,n 个评价指标,则有原始指标数据矩阵 $R = \{r_{ij}\}_{m \times n}$,对于某个指标 r_j,有信息熵为

$$e_j = -k \sum_{i=1}^{m} p_i \ln p_{ij} \quad (4-16)$$

不难理解,如果某个指标的信息熵 e_j 越小,就表明其指标值的变异程度越大,提供的信息量越大,在综合评价中所起的作用越大,则其权重也应越大。反之,某指标的信息熵 e_j 越大,就表明其指标值的变异程度越小,提供的信息量越小,在综合评价中所起的作用越小,则其权重也应越小。所以在具体分析过程中,可根据各个指标值的变异程度,利用熵来计算出各指标权重,再对所有指标进行加权,从而得出较为客观的综合评价结果。

③ 计算权重　第 j 项指标的差异系数 $g_i = 1 - e_i$,当指标 g_i 越大,指标越重要。

定义权数:

$$W_j = \frac{g_j}{\sum_{j=1}^{5} g_j} \quad (4-17)$$

W_j 就是用熵权法确定的权重。

计算每个科技合作模式的综合得分 M_j 为

$$M_j = \sum_i^4 W_i * F_i \qquad (4-18)$$

4）评判结果分析

分别对上述评价方法利用历史分别进行计算,把得到的结论与历史事实进行比较,分析各方法获得结论的合理性、正确性、稳定性和可能性,从中选择最佳的方法作为企业信息化工程建设过程测评方法。

评判过程的计算、检验和结论的输出,均由测评系统软件实现。

4.3.2 企业信息化工程建设过程中数据测评系统软件设计

测评系统软件结构十分简单,只有数据管理、模型管理、测评计算和测评报告输出四部分。由于软件的专用性、实时性强,没有设置软件的安全性措施。

1）数据管理

数据管理由指标定义和采集数据输入两部分组成。当操作员选择指标定义时,首先确定测评对象、测评阶段。系统提供参考测评指标及指标的等级和含义说明,操作员可以根据实际情况增加、删除指标和修改指标的等级和含义,然后,输入从专家那里调查到的指标重要程度排序情况和现场采集到的指标值。专家评判结果与现场采集数据都存入数据库表中。同时提供数据的查询、修改、指标和原始数据输出功能。现场采集数据的输入是根据事先定义的指标,测评系统指标体系数据表结构如表 4-10(a) 和表 4-10(b) 所示。

表 4-10(a)　建设过程阶段表结构

字段名	类型	长度	含义	备注
D5	c	20	企业信息化工程建设过程名称	表名:ESS0
T5	C	1	企业信息化工程建设过程阶段	1-4

表 4-10(b)　建设过程测评指标表结构

字段名	类型	长度	含义	备注
D1	c	20	数据建设	表名:ESS1
T1	C	1	数据建设阶段	1-3
D2	c	20	系统建设	

续表

字段名	类型	长度	含义	备注
T2	C	1	系统建设阶段	1-5
D3	c	20	人才培养	
T3	C	1	人才培养阶段	1-3
D4	c	20	制度建设	
T4	C	1	制度建设阶段	1

2) 模型管理

企业信息化工程建设测评工作是通过采集到的数据进行定量计算与定性分析,为企业信息化工程建设进程控制提供理论依据。数值计算与分析的模型要根据企业的规模、企业类型、企业生产产品特点、企业信息化工程建设基础、企业信息化工程建设的软件确定。本系统中根据系统用户选定的测评对象、测评阶段和测评指标,由测评用户确定测评指标权重,然后系统根据用户灵活选定的指标体系和采集到的实际数据计算出综合评分值,提供决策者参考。模型管理由模型库维护和模型分析两部分组成。模型库中记录了测评模型,在创建、修改测评模型后,必须启动模型分析模块,检查所建模型或修改后模型的有效性,判别能否正常运行模型,并计算出结果。

详细检查变量是否存在,模型处理过程中是否会出现不收敛,死循环等错误。

3) 测评计算

测评计算模块是根据用户确定的测评指标体系、采集和输入的原始数据和选择测评模型自动计算出测评的结果。测评计算操作十分简单,但是系统内容处理必须根据用户选择的模型和建设数据进行处理,计算处理过程如图 4-5 所示。

4) 结果分析

测评结果是以报告的形式输出,并提供给被测评的相关用户。根据报告中用户确定的指标体系和测评计算方法,输出参加计算的原始数据清单,测评结论和建议,测评时间和测评操作员等信息。

在数据建设的实际测评过程中,系统对数据的要求比较高,测评获得的结果DT、DS、DD 要求 85% 以上才能合格,如果得分低于 60% 则不能顺利进入下一阶

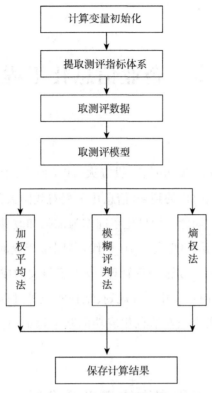

图 4-5 测评计算过程

段,必须对照测评结果得分偏低的指标,及时解决存在的问题。如果得分在 85%～60%之间进行了建设过程切换,则很可能存在建设风险,数据建设影响建设的隐患。

第 5 章　企业信息化工程咨询

企业信息化工程是一项历时长、投资大、涉及面广、十分艰巨复杂的系统工程。尤其是随着大数据时代的到来,信息化工程对我国大部分企业,特别是中小企业来说仍然是全新的课题。信息化咨询作为加强和改善企业经营管理的重要手段,已被世界各国公认。20 世纪 70 年代,美国全产业的 70%,日本全产业的 50%在咨询顾问的帮助下改善经营管理,取得了很大的成绩。借助信息化工程咨询,可以帮助企业解决信息化工程规划、工程实施等过程中存在诸多疑虑和困惑。信息化工程咨询成为企业信息化成功的基本保证,越来越受到社会各界的重视。

5.1　企业信息化工程咨询的意义及发展

5.1.1　企业信息化工程咨询的意义和作用

企业信息化是一个不断深入、改进、探知提高企业核心竞争力的过程。在这个探知过程中,无论是处在信息化初级阶段(单元信息化),还是处在信息化的高级阶段(社会信息化)都需要给予明智的导航。尤其是在企业信息化的高级阶段,实施过程涉及企业的各个部门,企业内部与外部存在错综复杂的关系,靠企业内部信息技术人员无法透析这一现象,企业向外寻求帮助,开展信息化工程咨询成为必然。

1) 企业信息化工程开展信息化咨询的必要性

企业信息化工程实施过程直接关系到被实施企业的生存与发展,关系到企业内部各职能部门的调整和业务流程重组,利益相关者太多,内部参谋难以有效推动项目的进行。而且,这些内部参谋对 ERP 产品的接触面有限,信息化工程项目实施与管理的经验也不够，缺乏成熟方法论的指导，往往受制于上司的观点，同时也怕承担决策风险，因此，很有必要寻求专业的信息化咨询服务。借助企业信息化咨询，可以帮助企业明晰企业战略，优化设计企业管控模式，梳理和优化核心业务流程，制定信息化发展战略和规划（IT 规划）、信息化需求分析和设计、信息系统诊断和评价、信息系统选型、信息安全管理体系建设、ERP 系统实施等业务。

（1）企业业务流程的优化需要信息化咨询

通过企业信息化，提升企业管理水平，最基本的工作就是优化企业业务流程。信息化咨询机构以旁观者的身份，更有利于帮助企业理顺业务流程、优化业务流程、规范基础管理，这对企业管理水平的提升将起到积极的指导作用。ISO 9000 贯彻执行是企业的第一次管理革命，是企业信息化的基础。企业信息化是企业管理的第二次管理革命，而信息化咨询是这场革命的序幕，为企业信息化工程的实施做好了充分准备。

（2）信息化工程的复杂性需要信息化咨询

企业信息化涉及企业的人、财、物、时间、信息等各种资源，关系到企业的供、产、销、研发、质量管理、设备管理等经营的各个环节，以科学的发展观、系统的方法，全面分析企业信息化需求，制定企业信息化发展战略，可以取得事半功倍的效果。否则，往往容易本末倒置，如再加上软件公司的强力推销，企业很容易迷失了信息化的真正需求，而陷入到软件功能的简单比较上。通过与信息化咨询机构的合作，企业可以真正地从管理的角度出发来识别企业对信息化的真正需求，并在此基础上进行信息化整体规划、分系统设计等，把握重点，在信息化实施过程中取得主动。

（3）企业信息技术人才的培养需要信息化咨询

人才是企业信息化工程实施的关键因素之一。信息化咨询服务的过程实际上就是知识转移的过程。目前在多数企业中十分缺乏既懂管理，又懂信息化的高级人才。在信息化咨询的过程中可通过培训、交流、调研等多种手段，帮助企业的管理人员树立信息化意识，培养企业信息化的人才。实施信息化的企业借鉴咨询公司的办事方法，尤其是项目管理的实施方法，可以进一步深化企业的管理改革。

（4）企业信息化工程实施中的双方协调需要信息化咨询

在企业信息化工程实施过程中，企业与信息系统提供商（即工程实施承担者）之间存在着信息不对称。在信息化工程实施过程中双方需要相互沟通、协调、促进，实现双赢。但是，双方在信息化工程实施过程中，由于出发点的不同，往往存在着"结构性"的缺陷。企业希望能够尽善尽美，而实施方则希望尽量按照现有的软件功能在最短的时间、最少的人力资源的投入下完成项目。这样必然会在信息化工程的实施过程中带来分歧，甚至产生矛盾。通过第三方的信息化咨询公司的介入，可以避免以上"结构性"的差异。双方相互制约、相互影响，在共同的规范下实现既定的目标。此外，第三方在实施的关键点实施评审，及时纠正实施过程中的偏差，对例外现象进行科学的管理，从而降低企业信息化实施过程中的风险。

2）企业信息化工程实施中信息化咨询的作用

由于信息化工程的前沿性、动态性、综合性等特点，企业在信息化工程实施时，要全面了解信息化知识有一定困难，需要较长的一段时间和较高的成本。信息化咨询机构能够提供科学指导和完整的方案，使企业借助"外脑"的丰富知识和经验，成功实施信息系统，提高自身的管理水平和竞争能力。企业面临国际市场竞争加剧，信息化进程加快的压力，信息化咨询的意义和作用被越来越多的企业家所认识和接受，并随着我国企业信息化进程的深入越来越重要。

例如，消费品企业信息化过程中的 ERP 系统实施。ERP 软件的咨询和实施比一般信息系统要求更高，范围更广，时间更长，往往要持续到软件生命周期的最后。尤其是项目实施之前一系列的重要工作需要双方共同完成，如项目计划书、系统总体规划、需求分析、企业诊断、业务重组和系统分析等。这对快速消费品企业有较高要求，需要有既熟悉企业管理，又了解信息系统技术的专业人员，才能提出全面的需求。对软件提供商的人员素质要求则更高，必须拥有熟悉行业情况的高级系统分析员和一支售前咨询队伍。在这两方面要求都不尽如人意的情况下，作为第三方的 ERP 咨询顾问介入是顺理成章的。另外，降低信息化工程实施的风险，保障投资的有效性，确保企业信息化工程实施规划的正确性，关键是信息化咨询。通过信息化咨询，让企业充分了解信息化软件产品市场，理性消费。在选型过程中，一方面缩短企业选型的周期，另一方面将技术和商务分开，保证了选型的科学性，帮助企业规避选型风险，降低"选型成本"。在整个信息化项目的实施过程中,强调在总体规划的框架下有重点、有步骤地开展工作。从而体现了"总体规划、分步实施、效益驱动"的原则,降低了企业信息化投资过程中的"机会成本"。此外,信息化咨询机构将结合企业发展的趋势、信息技术的发展情况、企业实施信息化的现状等因素对整体规划定期进行修订,最大限度地降低企业在实施信息化过程中的"信息集成成本"。确定企业未来一段时间内实施信息化的行动指南,避免了企业以往实施信息化盲目尝试的局面,使企业少走弯路,降低了企业实施信息化过程中的"试错成本"。

信息化咨询在企业信息化工程实施过程的重要作用,已经是不争的事实。企业在寻求、选择信息化咨询时,需要认真区分信息化咨询与传统意义上的技术咨询。传统的技术咨询主要是对企业单个管理环节的局部管理改善提供技术咨询服务,而信息化咨询则是对企业业务处理流程的整体改善以及IT技术的全面成功应用提供咨询服务。两者的区别主要表现在以下几个方面:

(1) 在改善企业管理方法上的不同。传统技术咨询注重对企业"科层制"管理模式中各单一管理环节进行局部改善和优化,适应于工业经济时代企业管理的需要。而信息化咨询则是要打破过去传统的"科层制"管理,面向企业业务处理流程实施管理,并建立扁平化组织,以适应对客户和市场的快速反应。这是"系统论"思想在管理领域的应用,是对企业管理从整体上进行优化。因此说,信息化咨询业适应了当前知识经济时代企业管理的要求。

(2) 在提供咨询服务范围上的不同。传统技术咨询一般不涉及企业管理手段,特别是现代计算机信息技术处理手段在企业管理中的地位及其重要性。信息化咨询注重IT手段对于改善企业管理绩效特别是在提升企业竞争力方面的重要作用,并通过专业化咨询服务提高IT技术在企业应用的成功率和在改善企业管理绩效方面的有效性。信息化咨询不同于财务、战略等信息技术服务。例如,信息化咨询公司所提供的服务,必须建立在信息系统研发者所提供的信息系统软件产品这个载体上,服务的水平与项目质量不仅取决于整个项目管理的过程,而且在很大程度上还取决于项目实施前信息系统产品的选型,取决于信息系统软件产品本身的质量,取决于信息化咨询公司对信息系统软件产品的掌握程度。

(3) 在咨询顾问素质要求方面的不同。传统技术咨询的咨询顾问主要以MBA和具有丰富管理实践经验的人为主体。而从事信息化咨询的顾问不仅要具备管理理论基础和管理实践经验，还要精通IT技术及其应用，即需要跨学科的现代复合型人才。信息化咨询建立在对特定的信息系统软件产品的功能透彻了解的基础上，系统性的咨询服务队伍、强大的实施案例库和相关知识库作为背后支持，为企业提供整套解决方案，模拟数据测试和产品功能演示。由于企业对信息系统软件产品的了解甚少，信息系统软件产品提供商的"护短"心理是会受到不同程度的怀疑，只有依靠信息化咨询机构来沟通和解释。

5.1.2 我国咨询业的发展现状与趋势

20世纪80年代初，随着我国改革开放进程的发展，在借鉴日本和欧美国家企业管理咨询的理论、方法和经验的基础上，我国咨询业应运而生。20世纪70年代末至80年代初期，我国的咨询机构还不是独立的组织。咨询活动的经济性、经营性特点尚不明显，咨询市场发展缓慢。中国咨询行业的出现始于20世纪90年代。1992年，中共中央、国务院颁布了《关于加快发展第三产业的决定》，将信息咨询服务列为发展重点。这一决策推动了我国咨询业的发展，其业务逐渐拓展到信息、管理、财务和个人生活等领域。20世纪90年代末，国外信息技术公司大批进入我国市场，我国的信息技术咨询业才开始起步发展，进入专业化、产业化发展阶段。到2004年，"第二届中国咨询业发展论坛"上公布：经过10年的孕育，中国咨询业庞大的市场需求已经显现，对国际跨国咨询公司产生巨大的吸引力，全球前20家咨询公司截至2004年底已全部进入我国。随着我国市场经济体制的逐步完善，社会化、专业化的信息咨询机构逐步发展起来，咨询业真正成为了我国的一个新兴产业。北京、上海等地的优秀咨询企业，认真学习国外出色咨询企业的经验与程序，结合自己企业的专业优势，形成了符合中国咨询企业实际的一套咨询方法。

随着国外著名咨询企业的进入和市场经济的深入发展，我国的咨询服务业出现蓬勃发展的良好趋势。具有战略眼光的大型传媒机构已经走在了行业前沿，开始了对该行业的建设，并取得了一定的成效。但是从整个咨询业来说，其行业的不规范、发展的不成熟以及人们对其认识度不够，导致人们对其要么缺乏信任、要么认识不到求助咨询公司的必要性，因而没有将咨询需求正确定位。咨询公司的实力与咨询能力远远落后于西方信息技术发达国家，与欧美西方信息技术发达的国家相比仍处于起步与发展阶段之间。

(1) 咨询业呈多元化发展。目前,我国的国有、私营、合资咨询机构数量迅速增加,规模不断扩大,档次不断提高,民间咨询机构数量已远远超过国有咨询机构,并且出现了一些非营利的咨询组织。另一方面,随着国外咨询机构纷纷进入我国开展业务,我国咨询业的格局已初步形成了国有、民营、外资三足鼎立的态势。虽然它们在规模、市场定位、营销手段、面临的问题等方面有很大差异,但三者之间也正在产生越来越多的合作关系,正在形成越来越多互补互利的业务联盟。

(2) 咨询业的规模尚小。据统计,2010年在全国工商登记的中国咨询公司有13万家,普遍规模都不大。注册资金在100万以下的占95.5%,100万以上仅占4.5%。目前我国咨询机构的组织形式有综合性咨询机构、专业性咨询机构、区域性咨询机构等类型,涵盖多个领域。与欧美西方咨询业发达的国家相比,我国拥有更多的咨询机构和咨询人员,但咨询业的营业额却远远落后于欧美国家,只占国内生产总值的很少一部分。

(3) 咨询人员素质较低,培训不足。我国咨询业由于起步晚,基础较差,目前尚无统一的咨询人员资格认定和考核制度。咨询人员的素质参差不齐,普遍存在知识面较窄、专业知识老化、知识结构不合理等状况。大部分信息技术咨询公司是在信息技术装备与信息技术软件公司的基础上聘请部分大学教授、学者和研究所的专家组建而成的。一些咨询人员缺乏现代咨询意识,缺乏市场观念、竞争观念、效益观念、系统观念。大多数咨询公司没有人员培训计划与实施,咨询人员的个体知识结构、群体知识结构、专业搭配结构以及年龄结构等都存在不合理现象,致使信息咨询大多停留在低层次上。而欧美信息技术发达的国家对咨询从业人员的要求则比较高,必须具有本科以上学历,并拥有统一考试的资格注册证书。政府有关部门在登记注册和发放资格证书时严格限制其咨询业务领域,杜绝跨领域咨询的现象,确保咨询质量。这样组建起来的咨询公司具有多种技术专家,优化协调知识结构,提高咨询公司的服务质量和规范管理。

(4) 缺乏信息交流平台。目前我国咨询企业缺少信息交流平台,同时缺少对咨询业在市场经济环境中的问题和原因的深入调研。曾有专家指出,中国企业之所以运行不理想,重要的原因之一就是缺乏必要的理论和方法作为支撑。西方发达国家的管理理论和管理咨询几乎是同时产生、同步发展的。企业的成长壮大离不开管理咨询的支撑,世界500强企业中有50%左右的公司拥有自己长期合作的国际著名咨询公司，100%的公司接受过多次管理咨询服务。咨询业是现代市场经济中不可或缺的一个重要行业，没有管理咨询业的介入，就没有市场经济的快速发展。

（5）行业规范差，疏于管理。我国的信息技术咨询公司规模小、人员杂、素质低，甚至有些咨询公司是其他业务公司的临时下属部门或兼营业务，处于一套班子两块牌子的局面，对信息技术的咨询管理没有严格的规章制度和管理条例。此外，企业目前的信息技术咨询工作大部分依附于应用软件系统提供商，或咨询公司代理软件销售业务，因此出于商业目的和竞争的需要，又自觉或不自觉地误导企业，没有规范标准的咨询业务操作规程。企业信息工程的咨询报价从10万至100万元人民币不等，扭曲了企业对信息化的技术、应用及其效果认识。信息技术咨询公司内部组织、管理机制、所获取可用信息量和信息的可利用率、拥有的信息咨询人才等存在着一系列问题，造成在咨询活动过程中应答响应不及时、无法应答，甚至给出不正确的建议。

（6）缺乏政策引导。发达国家咨询产业的快速发展与其政府制定一系列扶持保护政策是密不可分的。政府扶持政策除了包括财政方面的直接补贴、间接补贴，税收方面的减免，信贷方面的低利率贷款外，还包括市场开发、人才培养、信息支持等方面的倾斜政策。比如美国政府运用凯恩斯的有效需求管理理论，促进了信息咨询市场的形成和信息咨询产业的发展。我国政府对咨询业给予了相当的重视，中共中央、国务院在《关于加快发展第三产业的决定》中，把咨询服务业作为加快发展的重点。但这一政策只是包含性产业政策，我国目前还缺乏直接性产业政策以及操作性政策与措施。如咨询市场管理、行业规范、机构审查、从业资格认证等政策规定尚不明确，开发政策、优惠政策、投入政策等政策缺位。由于信息咨询业缺少政策引导和法律支持，导致信息咨询业管理混乱和发展滞后。

（7）缺少核心竞争力和明确的市场定位。决定咨询行业竞争能力的要素很多，其中核心竞争力和市场定位至关重要，现代企业竞争从根本上依靠的是企业的核心竞争力。各企业本身价值链发展不但要有自身特色，而且在资源优化整合和技术创新方面都要突出自身的核心产品或服务。但据有关资料显示，中国目前工商登记的咨询公司13万多家（截止至2010年），其中在科委等有关部门注册的约5 000多家，但是真正从事咨询业务、有一定实力、在相关行业有一定知名度的公司不超过1 000家。相当一部分咨询公司用眼前的短期利益代替公司长远发展的战略需要,这样最终将在竞争日益激烈的市场上被淘汰出局。另外,明确的市场定位也非常重要。它代表了咨询企业提供的产品定位,例如著名的麦肯锡就把客户群定位在CEO等领导决策层。

5.2 企业信息化工程咨询基础理论

5.2.1 企业信息化工程咨询基本概念

1) 咨询

咨询是系统地运用科学知识、先进的技术手段和分析方法,为解决人类面临的各类经济、科技和社会发展等复杂问题而进行的创造性智力劳动。其存在价值在于为其他行业的发展保驾护航,通过咨询报告作用于客户实践活动带来的巨大的社会、经济收益。在一定程度上,咨询业的发展状况体现了一个国家的社会、经济发展水平。"西方经济学家甚至认为,现在资产超过1 000万美元的企业,如果没有智囊团的帮助,该企业的生命周期不会超过5年,一个主要决策的失误将导致整个企业的倒闭。"因此,以知识和人才为资本的咨询企业或机构的革新能力、创造精神以及认识问题和解决问题的能力在形成世界市场竞争中起着重要作用。

关于咨询的概念,有广义和狭义之分。广义的咨询就是单从"咨询"的字面意思来讲,"咨"是商量的意思,"询"是请教或考察的意思,"咨询"就是以专门知识为基础,帮助人们解决各种特定问题的活动。狭义的咨询含义,则是指咨询受托方(咨询人员或咨询机构)根据委托方(客户)提出的要求,以专门的信息、知识、技能和经验,运用科学的方法和先进的手段,进行调查、研究、分析、预测,客观地提供最佳的或几种可供选择的方案或建议,帮助委托方解决各种疑难问题的一种高级智能型信息服务。

2) 咨询业及其分类

(1) 咨询业。咨询业是一种以高智力密集为显著特征的智力型产业。它以专门的知识、信息、技能和经验为资源,帮助咨询者对某一项目进行分析论证,提供方案及建议,降低风险,提高收益水平。咨询业作为一种新型服务业,以提供信息和智力服务为特征,是社会综合服务体系的重要组成部分,在当前以知识经济为主导的国民经济建设和社会发展中发挥着越来越重要的作用。

随着现代 IT 技术的发展,特别是互联网的发展以及大数据时代的到来,咨询产业正在发生新的变化。咨询业是现代社会综合服务体系的重要组成部分,以科学为依据,信息为基础,综合利用现代科学知识、技术和方法为企事业、政府以及其他社会组织提供各种智力成果与服务,成为一种特殊的新型产业。咨询业虽然同属于服务业,但是与其他行业相比,存在着明显差别:劳动复杂程度高,知识的储备量需求大,知识的占有量和使用量之间的比差大;服务覆盖面广,辐射力强,可以为各种产业的每一个局部及其总体服务,产生巨大的经济效益和社会效益;应用效益高,咨询费用的投入产出比很大。

(2) 咨询业的分类。现代咨询业的发展呈现全球化趋势,已成为高度职业化行业。从广义上讲,咨询业包括政策咨询、综合咨询、科技咨询、工程咨询、信息技术、信息咨询、法律咨询、财务咨询和其他专业咨询业。咨询业的快速发展,已经成为企业持续、高速发展的保障和现代社会经济发展新的增长点。咨询业所涉及的咨询对象越来越多,咨询领域与内容越来越广,咨询业务分工越来越细,专业化、规范化越来越清晰。根据咨询对象和咨询业务的不同特点,可以将咨询业划分为不同的类型。

按照咨询的活动范围:可分为内部咨询与外部咨询。外部咨询还可以分为行业内部咨询与行业外部咨询。内部咨询是指在企业内部技术、管理主管部门或主管领导对负责的相关职能部门的事务进行指导和帮助的活动。这类咨询在企业内部完成,不涉及到直接的咨询费用和咨询计划等内容。咨询双方直接、简单和方便,但是咨询能力有限。外部咨询是上级主管部门或规模较大、经验更丰富的同行其他企业的指导和帮助,以及向专业咨询公司寻求帮助,尤其是网络技术、信息技术、先进制造技术和通讯技术等高科技更需要向专业技术公司咨询。随着咨询业的快速发展,企业逐步趋向外部咨询,加快提高企业的创新能力。

按照咨询业务的层次:可分为战略咨询与战术咨询。按照咨询活动的时间期限,可分为长期咨询、中期咨询和短期咨询。

目前,在咨询行业内部,一般是根据服务内容及服务对象等方面的侧重点的不同,将咨询业分为三大类:

① 战略咨询。这是咨询业的最高层,主要为企业提供竞争策略、业务领域分

析、决策设计与规划设计等服务,同时也有一些咨询公司主要面向政府提供政策决策。提供战略与决策咨询服务的难度较大,具有很大的长期性、前瞻性、动态性和不可预见性,往往也难以见到明显的成效,从业风险较大。因此,专门从事战略咨询服务的公司较少,大多数咨询公司通常是将业务领域扩展到信息技术层次上。国际较著名战略咨询公司有"麦肯锡"、美国的"兰德"、"波士顿"和"罗兰贝格"等公司。他们大部分业务是为政府决策提供咨询服务。

我国企业一般每五年制定一次战略规划,以五年左右时间为周期进入新的战略发展期。因此,企业一般五年聘请一次战略咨询公司为其战略调整提供咨询和辅助决策。从事战略与决策咨询业务的咨询顾问不仅要求具备企业管理方面的专门知识与经验,而且要在宏观经济与产业发展领域具有一定的知识水平。

② 管理咨询。这是咨询业的核心层,主要按照企业管理的各个层面分为各专业业务领域,一般包括:投融资咨询、财务会计咨询、税务咨询、市场营销咨询、人力资源咨询、生产信息技术和工程技术咨询、业务流程重组与管理信息化咨询等。

管理咨询的特点是咨询业务的开展一般要求咨询顾问与企业合适的业务人员共同组成项目组,对企业管理的某些层面进行管理改造,或对企业管理进行全面改造。由于企业竞争对手的变化或市场竞争环境的变化,一般企业以三年左右时间为周期,请专业咨询公司为其进行一次管理革新改造,确保企业持续健康发展。

管理咨询首先是对企业管理现状进行全方位调研、分析,聘请顾问开展企业管理的某些领域良好的管理模式设计、企业实施管理改造过程设计,而不仅仅是提供咨询报告。信息技术顾问需要具备企业管理的某些专门领域知识(最好能掌握 MBA 知识体系)与特定行业企业管理经验。

③ 信息咨询。这是咨询业的基础层,主要从事市场信息的调查、收集、整理和分析业务,为企业决策提供准确、完备的辅助信息。我们所熟悉的各种数据服务公司和市场调查公司大多属于此类,如国际知名的"盖洛普"公司和国内的"慧聪国际"、"零点市场调查与分析公司"等。这类咨询公司通常帮助企业进行市场调查和分析,了解企业产品在市场上的份额及客户满意度等。在这个层次中,咨询公司向企业提供进行决策所需的各种数据,但并不直接参与企业的管理。对于从事管理信息化咨询的咨询顾问,以计时方式,收费价格很高。但有些信息技

术业务如投融资咨询等则是按项目定价收费。

信息咨询的特点是企业对信息咨询业服务的需求一般以年为周期。如每年底请专业咨询公司组织市场调查和分析，了解企业产品在市场上的份额、客户对产品的满意度等。很多企业也经常委托咨询公司定期为其提供专业的市场信息与分析报告等服务。

在实际操作中，以上各类别的划分并不一定这么明显，咨询公司往往会根据企业的要求来开展业务。不过，信息技术和战略咨询通常需要咨询公司有较强的实力和丰富的经验，有一定的市场准入性的限制，要成功地进行运作并非易事。

3）企业信息化咨询

信息化咨询也可称为IT咨询，是对企业进行一次全方位的系统改造，主要涉及企业信息化战略、业务流程重组、信息系统规划、信息化解决方案设计与管理软件系统的实施应用。与传统的技术咨询不同的是，信息化咨询将管理思想、全新的商业模式与现代IT技术手段相结合，为企业提供互联网服务领域的咨询与服务。汉普公司前信息技术(中国)有限公司创始人、总裁张后启博士将目前面向企业信息化展开的咨询赋予以下五层涵义。

(1) 电子商务重组。企业管理模式与业务处理流程，使得企业能够适应"电子商务"环境下交易规则，不仅是现代咨询业对BPR咨询业务的一次重大拓展和飞跃，而且开拓出了现代咨询业当前和未来一段时间内的一项重要咨询业务领域。

(2) 面向信息管理。信息的完整性和有效性是企业科学管理和决策的基础。如何及时准确地获取、处理和利用信息是当前企业管理中最重要的问题之一。现代咨询业将会辅助企业制定IT技术解决方案并利用IT技术建立自己的信息管理系统，辅助企业利用Web技术进行信息发布，辅助企业建立Intranet以便从Internet上获取信息并在企业内部进行有效地共享，辅助企业对信息进行科学高效的综合利用。

(3) 面向ERP系统实施。应用现代企业实现管理信息化的重要手段就是应用ERP系统，而且ERP系统的成功应用将会极大地提升企业竞争力。ERP系统应用成功的核心环节就是系统"实施"。现代咨询业将会帮助企业实施ERP系统，准确识别并事前防范ERP系统实施过程中存在的各种潜在危险，提高

ERP系统应用成功率,以使ERP系统应用达到预期目标。

(4) 面向管理持续改善。企业管理的改善不仅要求企业进行业务流程重组和实施应用ERP系统,还需要企业建立管理不断持续改善的机制。现代咨询业将会帮助企业建立个性化管理评价指标体系,并辅助企业不定期地对自己的管理进行自我评价,以达到管理持续改善的目标。此外,现代咨询业还会帮助企业建立知识管理体系和建立知识型组织,以提升企业的长期核心竞争力。

(5) 面向企业国际化发展。随着全球经济一体化进程的推进,企业规模化发展将面对国际化运作的管理问题。其中,IT和Internet技术将起到至关重要的作用。这就需要现代咨询业同时实现国际化发展,以快速响应企业国际化运作过程对IT技术应用与维护的需求。现代咨询业在推动企业国际化发展的同时,也将同时实现自身的国际化发展。

5.2.2 信息化咨询的发展条件

信息化咨询的迅速发展不仅依靠社会分工细化,知识暴涨和市场千变万化等因素的咨询需求拉动,更依赖于信息化咨询内在素质的提高,咨询价值在企业发展中所发挥的作用和咨询条件的不断完备,信息化咨询发展的基本条件如下:

1) 完善的信息库是信息化咨询发展的基础

信息化咨询是信息服务的一种,其发展必然建立在拥有大量信息资源的基础之上。因此,一个完善的信息库是开展咨询业不可或缺的基本条件。尤其是在大数据时代下,没有信息库的存在,信息化咨询产业永远只是空中楼阁。大数据时代,信息的采集、分析、整理和存储的手段和方式都发生了翻天覆地的变化,为现代化的、大型的信息数据库的建立带来便利,必将促进咨询服务业更快向前发展。

2) 联系广泛的智囊团是信息化咨询发展的重要支柱

经济领域的一切竞争归根结底都是人才的竞争。作为高智能的信息服务产业,咨询业卖的就是信息、知识和智力,一批受过专业训练、具有良好素质、来自不同行业的专门人才是其业务开展所必须拥有的支柱。没有这个支柱,咨询业就无从做起。所以,信息化咨询的成败,其实都取决于咨询从业人员的素质与实力,联系广泛的智囊团是信息化咨询发展的关键。

3) 先进的传输系统是信息化咨询发展的催化剂

众所周知,传播工具是人类传播得以进行的物质技术基础。首先,随着人类传播技术的一次又一次改革和进步,尤其是云计算、物联网等新网络技术的出现,网络社会化触发了信息化咨询产业的发展。其次,作为为个人、群体或企业提供信息服务的信息化咨询而言,在这个"时间就是金钱"的时代,先进的传输系统不仅可以增加信息采集的渠道,还可以缩短信息传递的时间,使得信息可以在最短的时间内得到最大限度的采集,在最短的时间内被传输,在最短的时间被处理。所以,先进的传输系统是促进咨询业迅速发展壮大的催化剂。

4) 雄厚的资金来源是信息化咨询发展的重要保证

对任何行业来说,充足的资金都是其顺利发展最重要的保证。在一家咨询企业成立初期,必须要完成三项基本工作:信息库的建设、先进传输系统的引进以及专业人才的吸收。这三项基本工作都需要投入大量资金才可能完成。因此,要使得咨询业迅速发展,雄厚的资金来源是必不可少的重要因素。

5.2.3 信息化咨询的定位和工作内容

1) 信息化咨询的定位

企业是信息化咨询的主体,软硬件服务商是管理信息化产品的主要提供者,企业自身对其运营模式、自身特点和需求十分熟悉,软件提供商对自己的产品和功能十分了解,但由于他们没有一个统一的理解和表述方法,使双方的沟通和信息的准确性大打折扣。我们借鉴国外企业信息化中信息技术的经验,针对我国企业的实际情况,信息技术公司在我国企业信息化建设中可充当中间人的角色,保障企业管理信息化建设成功。

(1) 企业的导师。我国真正实行市场经济的时间还很短,大多数企业不论从管理还是从技术力量来说都较薄弱,并且对企业信息化软件市场状况不甚了解,对于企业信息化建设中像 ERP 系统实施这种复杂工程往往难以控制,在工程实施中往往处于弱势地位。信息技术公司专长于企业的管理,对企业信息化软件系统和企业信息化软件市场状况较为了解,且处于中立的第三方地位,可以从各个方面对企业加以指导,以推进企业信息化实施工程的顺利实施。

(2) ERP 等信息化软件提供商的助手。国外 ERP 提供商有丰富的实施经验,实施能力较强,但对我国企业情况不太了解,存在一定的实施难度。我国

ERP提供商除了用友、金蝶等少数厂商外,大多数实施经验欠缺。ERP工程实施不仅涉及技术问题,更多的涉及管理问题,管理因素成为我国企业实施ERP的一大阻碍。不论是国外的还是国内的ERP提供商在对我国企业实施ERP项目时对管理体制问题、业务流程调整问题等均感到难以着手,而这正是信息技术公司的强项,尤其是我国的一些信息技术公司如汉普、新华信、北大纵横等更是擅长于此类业务。他们参与ERP项目的实施能够为ERP提供商分担此类难题,发挥各自优势,提高我国企业ERP项目的成功率。而且,信息技术公司作为独立的第三方,更能够从客观的视角随时监控项目进度,保证项目按计划完成,这对提供信息化软件的厂商实施项目管理是很有帮助的。

(3) 企业和提供信息化软件的厂商之间沟通的桥梁。实施企业信息化工程需要企业和提供信息化软件的厂商密切配合才能成功,而企业和提供信息化软件的厂商是不同的利益主体,在实施中必然会竭力维护其自身利益,从而可能导致不愉快的事情发生。如企业想尽力保持其管理体系的稳定,不想人员变动太大,而提供信息化软件的厂商则力主进行业务流程重组,使之与其ERP系统相适应。如何协调类似的矛盾,就成为ERP等企业信息化工程能否成功实施的关键因素。而作为中间人角色出现的信息技术公司正好可以成为合适的协调人选。它既熟悉我国企业,又对ERP系统及ERP工程实施有一定的了解,高超的沟通技巧又是信息技术顾问的必备技能之一,因此更能胜任这个角色。在信息技术公司的协调之下,企业和提供信息化软件的厂商各自从全局出发,在维护其基本利益的前提下放弃一部分利益,推动ERP项目顺利并成功实施,从而实现双赢。信息技术公司作为企业与提供信息化软件的厂商之间沟通的桥梁至关重要。在我国企业ERP系统建设中引入信息技术服务符合产业分工细化的原则,企业、ERP提供商、信息技术公司各司其职,实现专业化发展,发挥各自优势,可有力推动ERP软件在我国企业应用的顺利进行,对于逐步实现我国企业管理的规范化和信息化有着十分重要的现实意义。

2) 企业信息化咨询的内容

企业信息化咨询的主要内容包括企业信息化战略咨询、业务流程改进、信息系统规划、信息系统辅助选型、其他辅助工作。在这一咨询过程中,咨询人员要对企业进行充分的调研和需求分析,甚至对管理流程重新设计,将企业的核心问题归纳出来,分析企业需要怎样的管理和怎样的管理软件。

(1) 面向企业信息化协助制定企业信息化战略规划。美国管理学教授奎因认为,战略是一种模式或计划,它将一个组织的主要目的、政策与活动按照一定的顺序结合成一个紧密的整体。一个制定完善的战略有助于企业组织根据自己的优势和劣势、环境中的预期变化,以及竞争对手可能采取的行动合理配置自己的资源。制定企业的信息化战略规划,要综合考虑企业内外各种因素,需慎之又慎。通过企业信息化战略咨询,可以帮助企业对自身如何利用信息技术支撑企业战略目标的实现有一个清醒的认识,并将其有机地融入到企业的整体战略之中去,企业可以从战略高度就信息化建设达成共识,充分利用信息技术来提高企业的整体运作水平。

(2) 业务流程改进。信息化咨询从更客观的角度,以业务流程为改造对象和中心,利用先进的制造技术、信息技术以及现代的管理手段,最大限度地实现技术上的功能集成和管理上的职能集成,对企业现有的业务流程进行根本的再思考和彻底的再设计。在设计和优化企业业务流程时,强调尽可能利用信息技术手段实现信息的一次处理与共享机制,将串行工作流程改造成为并行工作流程,协调分散与集中之间的矛盾。通过对信息化管理诊断和业务流程改进的咨询服务,企业可以明确自身的信息化管理状况和未来建设信息化的路径,并建立起基于信息化战略规划的业务流程功能模型。

(3) 信息系统规划。通过对信息系统总体规划咨询服务,企业对其他信息化系统建设过程可以明确建立清晰的远景,建立基于企业核心竞争战略的、以信息化战略为主导的信息化总体规划,并对各信息系统建设次序排序。规划过程充分体现"总体规划,分步实施"信息化建设方针。每个不同阶段对应不同的信息化技术应用规模和范围,并在每个不同的阶段结束之前都进行相应的可量化的水平等级测评。

(4) 信息系统辅助选型。企业信息系统辅助选型工作主要是依据企业信息化战略、企业的业务流程以及信息系统规划来进行。通过对信息化实施过程控制咨询服务、信息系统验收评估咨询服务,企业可以建立对信息系统实施中与实施后的评估标准,同时可依据信息系统实施前制定出的评估标准,建立完善的信息化绩效评估体系;依据系统规划的要求,从技术和商务双重角度,帮助企业进行系统选型,辅助企业进行信息化项目。

(5) 其他辅助工作。主要包括企业信息化建设项目可行性研究、企业信息化绩效评估等工作。可行性研究,也称为可行性分析,是决策部门在采取一项重大改革或投入行动之前,对该项目的必要性和可能性进行分析与论证的活动,涉及经济可行性、技术可行性和组织管理可行性等方面的内容。此外,在信息系统交付使用后,专家还要定期进行系统运行效率评估工作。

5.2.4 信息化工程咨询机构的选择

企业信息化工程,如 ERP 工程项目,耗资巨大、企业管理变革深远。另外,我国企业的信息化基础和管理基础相对薄弱,因此必须寻求企业管理信息化咨询服务。企业在寻求咨询服务时对信息化咨询公司的资质、报价和对 ERP 工程的重视程度必然有一定的要求。为了争取到并顺利实施企业信息化咨询项目,信息技术公司必须从声誉、咨询实力两个方面来提高资质,并高度重视 ERP 工程和合理报价来满足我国广大企业的要求。

1)信息化咨询公司的声誉

信息技术咨询业的行规决定了信息技术咨询公司很少像别的行业那样大张旗鼓地进行广告宣传。企业领导在对各信息技术咨询公司不甚了解的情况下,往往首先倾向于选择业内口碑较好的信息技术咨询公司,企业声誉对于欲从事 ERP 系统咨询业务的信息技术咨询公司至关重要。对于信息技术咨询公司来说,影响其声誉的主要有以下因素:

(1)信息技术咨询公司的客户情况。企业在选择信息技术咨询公司时,首先会了解该信息技术咨询公司过去的主要客户有哪些。如果客户包括那些国内和国际知名的企业,说明该信息技术咨询公司值得考虑,因为那些知名企业在挑选信息技术咨询公司时是很谨慎的。如我国著名 IT 咨询公司汉普信息技术咨询公司的主要客户包括联想、海尔、松下公司等著名企业。企业在看到这一长串名单时,不得不动心,这也是汉普公司在我国 ERP 系统咨询市场中居于前列的法宝之一。

(2)与信息技术咨询公司结盟的 ERP 提供商情况。ERP 提供商往往选择咨询实力比较强的信息技术咨询公司作为其战略合作伙伴,让其对自己所提供的 ERP 产品有充分的了解,在此基础上,请其协助自己实施 ERP 工程。因此,与一个信息技术咨询公司结盟的 ERP 提供商实力越强、数目越多,说明该信息技术咨询公司越值得信任。如埃森哲先后与 SAP, Oracle, PeopleSoft 等世界首屈一指的 ERP 提供商结盟。这些品牌的 ERP 产品往往是企业的首选,因此埃森哲公司也往往成为各企业的首选。

2) 信息技术咨询公司的咨询实力

信息技术咨询公司只有真正具有实施 ERP 系统咨询的能力,才能保证企业 ERP 工程的顺利实施,赢得企业的信任。信息技术咨询公司的咨询实力可以体现在四个方面:

(1) 信息技术咨询公司的规模。ERP 系统咨询项目涉及企业发展战略咨询、组织结构设计咨询等多种咨询项目,需要信息技术咨询顾问具有广阔的知识面和进行多种咨询的能力,需要许多能力各有侧重的信息技术咨询顾问配合。因此,企业需要有一定数量的信息技术咨询顾问,各类信息技术咨询顾问之间数量比例要合理,才具备成功实施 ERP 系统咨询的能力。

(2) 信息技术咨询公司的业务特长。信息技术咨询是个相当宽泛的概念,可分为战略咨询、组织设计咨询、企业文化咨询、信息化咨询等,ERP 系统咨询是企业信息化咨询中重要的一种。各信息技术咨询公司受管理顾问数量、素质的限制,必定各有其业务特长。如毕博、埃森哲、普华永道、德勤、汉普都以 ERP 系统咨询等信息化咨询为其业务特长,麦肯锡、波士顿、科尔尼都擅长于战略咨询,翰威特则以人力资源信息技术咨询为专长。考虑各信息技术咨询公司的业务特长,对于欲实施 ERP 工程的企业来说,毕博、埃森哲、普华永道、德勤、汉普当为首选。

(3) 信息技术咨询公司的实施方法论。在长期积累 ERP 项目实施经验的基础上,国外一些信息技术咨询公司总结出了实施模型和方法论,依据各企业具体情况灵活运用,可大大提高企业实施 ERP 工程的速度和成功率。如德勤的业务流程蓝本"Industry Print"和 ERP 实施方法论"Fast Track"与埃森哲的 DBR (Design, Build, Run)模型就使其在 ERP 系统咨询市场占有一定的优势。而我国的信息技术咨询公司则至今没有一家总结出自己的实施方法论,这是我国信息技术咨询公司与国外咨询公司在咨询实力上差距的重要表现。

(4) 信息技术咨询公司的 ERP 系统咨询案例。在 ERP 系统咨询项目竞标时,各信息技术咨询公司往往要提供以往的 ERP 系统咨询实施案例以供参考。企业通过对案例中提到的企业进行访谈,具体了解该信息技术咨询公司。这是企业选择信息技术咨询公司的重要参考砝码,也是各信息技术咨询公司咨询实力的重要体现。

3) 信息技术咨询公司对 ERP 信息技术项目的重视程度

ERP 系统咨询需要经过六个阶段,在实施过程中有着很多的繁琐细节,如果粗枝大叶其后果不堪设想。而且一些信息技术咨询公司会在项目竞标时提交一套经验丰富的咨询顾问组成的咨询小组,而在实施 ERP 系统咨询时却用一些新手代替或由经验丰富的高级咨询顾问同时兼顾几个项目,致使 ERP 项目实施不尽如人意。因此,对于一个信息技术咨询公司而言,必须对企业 ERP 系统咨询项目加倍重视。信息技术咨询公司对 ERP 系统咨询项目的重视程度可表现在四个方面:

(1) 在项目竞标时精心准备。在项目竞标时,信息技术咨询公司会向企业提交一份咨询建议书。在咨询建议书中,信息技术咨询公司全面阐述自己对客户需求的理解程度,并提出相应的咨询计划。信息技术咨询公司可从咨询建议书中的咨询需求理解、咨询计划、风险认知、质量保障、培训安排、资源保障等几个方面的完善程度来显示信息技术咨询公司对此次咨询项目的重视程度。

(2) 在项目开始时精心策划。ERP 系统咨询项目要经过四个阶段,信息技术咨询公司在项目开始时就要对企业情况进行初步调研,然后估算各阶段工作的难度和可能会花费的时间,并初步制定各阶段工作规划。在规划的基础上,信息技术咨询公司会对这次项目的实施结果进行预测,并对企业保证在实施过程中会提供何种支持,咨询方案的实施效果会如何,准备投入的信息技术咨询顾问数量和各类型搭配比例及其工作时间等。以上规划和承诺越详细具体,表明信息技术咨询公司对这次项目越重视,企业越有信心。

(3) 项目进行过程中在保证质量的前提下严格执行项目规划。在 ERP 系统咨询项目进行过程中,信息技术咨询公司要严格按照制定好的规划稳步开展工作,严格按照承诺投入相应数量的信息技术咨询顾问,在前一阶段达到预期效果后再展开下一步工作,对工作中每一个细节都精益求精。如根据实际情况需要更改项目规划中的一小部分时,必须召集企业和 ERP 提供商一起开会商讨,取得一致同意才可实行,不能擅自作决定。这表明了信息技术咨询公司尊重企业和 ERP 提供商,重视这个项目。

(4) 在项目结束时适时离开,做好善后工作,为以后合作做准备。在各阶段工作基本完成后,负责的信息技术咨询公司不会贸然离开,而要考察企业员工素质是否合格和 ERP 系统是否运作正常。在确保企业可独立操作该 ERP 系统时再举行项目总结会,正式撤出。国外信息技术咨询公司如埃森哲等往往在信息技术咨询顾问撤离后还派其当地办事处人员与企业保持联系,提供帮助,为以后再次合作打下基础。这是我国信息技术咨询公司应该学习的。

4) 信息技术咨询公司的报价

ERP 工程往往要花费几百万、几千万甚至上亿。在这些费用中,硬件和软件费用所占比例并不是很大,信息技术咨询顾问和 ERP 提供商技术人员的服务费至少会占到总费用的一半。在我国,企业大多经济实力并不雄厚,价格因素是他们在选择信息技术咨询公司时重点考虑的因素。因此,信息技术咨询公司的报价对其能否争取到该 ERP 系统咨询项目意义重大。在国外,信息技术咨询公司的报价主要是依据派驻的信息技术咨询顾问的资历并按照其工作时间来收费的,即使是一名刚毕业两年的信息技术咨询顾问一天的收费也要在 500 美元左右。对于我国企业来说,一则这种方式收费太高,承担不起,二则对这种收费方式也很难理解。因此现在国外信息技术咨询公司和国内信息技术咨询公司往往采取按项目收费的方法,一次性谈好整个项目的价格,附加如出现各种意外情况应该增加多少费用。这样我国企业就可以综合自身经济条件与信息技术咨询公司的知名度、实力来判断其报价是否合理、企业是否承受得起。信息技术咨询公司在制定报价时,首先要考虑实施 ERP 信息技术咨询项目的成本,如信息技术咨询顾问的薪水、所需物资设备及信息技术咨询公司总部的资料、技术支持等,其次要考虑我国企业经济承受能力。制定的报价既要在保证收回成本的基础上有一定的盈利,又不能超出我国企业的经济承受能力。如何制定一个合适的价格成为各信息技术咨询公司必备的技能。

5) 信息技术咨询顾问的基本素质

具体来说,信息技术咨询顾问的基本素质要求又可分为五种:

(1) 身体素质。ERP 工程往往旷日持久,从数月到数年不等,需要信息技术咨询顾问长时间地工作,实际上是一种高强度的劳动,对其身体素质要求比较高。

(2) 心理素质。ERP 系统咨询不是在短期内就能完成的,而且在项目实施过程中可能会遇到各种各样的困难。ERP 系统咨询顾问必须具有高度的责任感和献身精神,在项目实施过程中既充满自信,又对所面临的困难有充分的思想准备,百折不挠、开拓创新、积极进取,才能成功完成ERP系统咨询项目。

(3) 职业道德素养。咨询职业道德就是咨询人员在咨询业务中应遵循的道德规范和行为准则。咨询人员应遵循的职业道德包括:在咨询业务中认真工作,对工作负责;始终坚持客观、公正、无私的态度,实事求是、科学地开展咨询业务,抵制来自各方面的干扰;对客户提供的、自己在咨询过程中了解的资料和信息应承担保密的责任;热爱集体,相互尊重,与同事合作共事,不争名夺利;不中伤、诋毁、损害兄弟咨询公司及其咨询人员的名誉,其中,最重要的是公正、客观、负责。从事ERP系统咨询业务的信息技术咨询顾问作为咨询业中的一员,同样应该遵守这些职业道德规范。

(4) 知识基础。对咨询业从业人员来说广博的知识是其工作的基础。ERP系统咨询顾问相对于其他传统的信息技术咨询顾问来说,其业务范围涉及面更广一些,更复杂一些,对其知识基础的要求也更高一些。ERP系统咨询顾问的知识基础包括:

① 企业管理知识。信息技术咨询顾名思义就是对企业管理中出现的问题进行诊断,提出解决方案并付诸实施。企业管理知识自然是其必须要了解的知识之一。当然,企业管理知识涉及面十分广,对于一个信息技术咨询顾问来说不必面面俱到。ERP系统咨询项目小组是由各类信息技术咨询顾问组成的,其企业管理知识侧重点各不相同。

② ERP系统方面的知识。对于信息技术咨询顾问来说,不懂ERP方面的知识是不可想象的。但他们对ERP系统的了解不必像专业技术人员那样精深,与他们自身所负责的那部分咨询业务密切相关的ERP系统的模块应透彻了解,其他方面大致了解即可。

③ 咨询理论与方法。作为咨询业从业人员,咨询理论与方法是ERP系统咨询顾问必备的专业知识,也是其优势所在。

(5) 基本能力。咨询业从业人员必要的能力是能否胜任工作的前提。

① 调研能力。在实施ERP系统咨询过程中,信息技术咨询顾问需要进行各种调研,如对企业基本状况的调研、对ERP市场的调研、对企业所处行业信息化状况的调研等。只有熟练掌握了如访谈、问卷调查、网上查询等调研方式,才能搜集到大量的有用的资料,为ERP系统咨询项目的顺利实施打下坚实的基础。

② 思维能力。思维能力又可分为综合分析能力、合理假设能力、综合概括能

力。面对通过调研得来的大量资料，综合分析能力使信息技术咨询顾问可以透过纷繁的表面现象，看到问题的本质，进而对咨询课题做出正确的认识和判断。信息技术咨询顾问进行咨询的过程也就是一个提出假设、验证假设的过程。在信息技术咨询项目进行过程中和完成后，信息技术咨询顾问要对咨询方案实施情况进行综合概括，并针对其缺点进行相应的改正。

③ 沟通能力。ERP系统咨询顾问在工作中有80%以上的时间是用来进行与企业员工或ERP提供商工作人员进行沟通的，沟通能力是衡量一个ERP系统咨询顾问是否合格的重要考察指标之一。

④ 学习能力。作为ERP系统咨询顾问的客户来自各行各业，面临的问题纷繁复杂，任何一个咨询顾问都不可能对所有问题都非常精通。对ERP系统咨询顾问来说，要有非常强的学习能力，对新知识能够快速掌握和理解。

⑤ 组织管理能力。ERP系统咨询项目相对于传统的信息技术项目来说要复杂得多，从全局上把握并合理安排项目进程相对难一些，对信息技术顾问的组织管理能力提出了较高的要求。信息技术顾问的组织管理能力包括计划能力、决断能力、应变能力和协调能力。

信息技术顾问的实践经验表明，ERP系统咨询项目相对传统的信息技术项目更为复杂，可能遇到种种意想不到的困难，仅具有理论知识在面对这些突如其来的困境时难免心慌意乱、手足无措。资深信息技术顾问的丰富实践经验在这时就显露出其优势。因此，信息技术顾问的实践经验就成了企业考察ERP系统咨询顾问的重要标准之一。在国外，企业对咨询人员的资格认定，既要考察他的专业知识，也要求他有相应的实际工作经验。如德国的咨询公司对新录取的年轻咨询顾问必须经过一年的培训，熟悉业务后，才能与老的咨询人员配合工作。英国企业管理协会要求从事信息技术工作的顾问必须有从事管理工作至少5年的经历。这也是国外ERP系统咨询实施较成功的重要原因之一。而在我国，大量从校门到校门的MBA加入信息技术业，他们在理论上有其优势，但在实际工作中却暴露出其经验不足的缺陷。我国企业实施ERP工程时，往往不请信息技术公司参与的原因之一就在于我国的大部分信息技术公司资历较浅，缺乏经验丰富的信息技术顾问把关。比较我国和国外ERP系统咨询实施的差距，信息技术顾问的实践经验的重要性可见一斑。

现代咨询业是人们对第三产业中以智力型服务为特点的新兴行业的总称。

它以科技为依托,以信息为基础,综合运用科学知识、技术、经验、信息,按市场机制向用户提供各种有充分科学依据的可行性报告、规划、方案等创造性智力服务,为解决政府部门、企事业单位、各类社会组织面临的复杂问题提供帮助。信息技术的飞速发展和企业经营环境的日新月异,企业信息化建设的战略选择是企业求生存、谋发展的必然产物,但是,在纷繁复杂的、时常突变的企业信息化市场环境下,企业要把信息化战略落到实处,取得成功,还必须有一套科学、有效的战术策略保证。在这种背景下,催生了信息化咨询的快速发展,信息化咨询成为企业信息化成败的关键因素之一。

5.3 ERP 系统咨询

ERP(Enterprise Resources Planning,企业资源计划)系统的应用和普及代表着一种管理思想和管理技术的革命。ERP 系统本身与 IT 技术息息相关,企业实施 ERP 系统是企业信息化的主要体现。ERP 系统咨询是信息技术咨询业中特殊的咨询服务专项,是指企业信息化领域 ERP 类软件实施过程中的咨询,包括系统总体规划、总体方案的可行性分析、企业现状诊断、业务重组、系统分析、软件选择、软件实施计划、二次开发需求、应用效果评价、使用培训等等多方面内容,和其他咨询行业相似,ERP 系统咨询的效果主要是受到咨询公司及咨询顾问的影响。在我国 ERP 系统咨询顾问有多种形式,包括个人、高校、科研单位、中介机构、软件公司和专业咨询公司。

大多数情况下,ERP 系统咨询顾问都由 ERP 软件公司的咨询人员担任,他们熟悉自己的产品,有技术方面的优势,但严格地说只能属于售前咨询和售后服务,有一定局限性。专业性的 ERP 咨询顾问公司在我国是一个新兴产业。相比较而言,专业咨询公司的体制更能保证咨询的水平、规范和中立性,应该是今后发展的趋势。这一新的管理方法和管理手段决定了 ERP 咨询行业在我国企业企业信息化建设中的多种作用。

由于 ERP 系统实施的复杂性、动态性、多样性和前沿性,急需要企业与 ERP 系统提供商之间紧密配合,ERP 系统提供商对企业的透析和企业对 ERP 思想的学习、理解、引用和应用,都需要 ERP 咨询业发挥中间桥梁的沟通作用。企业和 ERP 提供商之间只有密切配合才能成功。另外,企业和 ERP 提供商有着不同的利益主体，在实施中必然会竭力维护自身利益，因而可能导致不愉快的事情发生。协调类似的矛盾，就成为 ERP 工程能否成功实施的关键因素之一。ERP 咨询公司作为第三方，是最合适的协调人选。因此，高超的沟通技巧是 ERP 咨询顾问的必备技能之一。在 ERP 咨询公司的协调之下，在维护其基本利益的基础上，企业和 ERP 提供商都必须放弃影响全局的局部利益，推动 ERP 项目顺利并成功实施，从而实现双赢。

在我国企业信息化工程实施中引入 ERP 咨询是信息化深入发展的必然，也是产业分工细化的趋势。在企业信息化工程实施过程中，企业、ERP 提供商和 ERP 咨询公司各司其职，是发挥各自优势、规范企业信息化工程实施、提高实施成功率的关键。

5.3.1 我国 ERP 咨询公司与相关主体关系

1) ERP 咨询公司与企业的关系

大部分实施 ERP 系统的企业几乎都设有独立的信息管理部门，可以自己组织业务人员、管理人员和 IT 人员进行需求调研、方案设计、软件选型，甚至自行开发软件，自行实施。他们对于企业的具体问题和需求比较了解，但在实施中遇到的阻力也是相当大的。

现实情况是国有大中型企业经过多年的信息化建设，培育了自己的专业队伍，有一些技术骨干可以胜任以上工作，但最近几年这部分人才流失严重；而大部分中小型企业，很难有这样的 IT 专业人员，这两点是我国企业实施 ERP 的致命伤。

需要培养和引进人才，全面提高职工素质，也需要借助外部 ERP 咨询顾问的力量，这是必然的，也是必需的。所谓"旁观者清"，外部咨询顾问有丰富的管理经验，深厚的行业背景，熟悉同类零售企业系统实施的过程，又置身零售企业管理圈子之外，往往容易发现一些问题，更有利于推动问题的解决。"外来的和尚好念经"主要指这方面的有利因素。企业完全可以和咨询公司就具体的项目签订合同，如明确需求分析、技术培训、项目实施等条款，完成之后解除合同；也可以作为企业的长期顾问或战略合作伙伴，不断地提供管理新思想和 IT 新技术咨询。

2) ERP 咨询公司与软件供应商的关系

一般来说，国内 ERP 软件生产厂商在自己专业化的咨询业务建设上较国外大型 ERP 咨询公司相比还不是很成熟，更缺乏有关的专家。因此有必要加强自身的咨询服务力量，提高咨询服务水平。对于某些大型的 ERP 软件企业，今后的发展趋势是咨询会逐步独立于软硬件产品，向企业的经营信息技术拓展，本身就成为产品，成为品牌，成为新的盈利点。同样，与专业 ERP 咨询公司合作也可以达到较好效果，而且成本更低。但与咨询公司合作的，目前绝大多数是国外大型软件公司。

到底这些工作由软件提供商自己做，还是由 ERP 咨询公司做？业内专家认为，像 ERP 这样大规模企业管理软件，软件开发商一般完成软件开发和经销工作，而像软件实施、技术支持与运行维护则可以交给一支专业化咨询服务队伍，来为企业的应用提供专业咨询服务。

对国内许多 ERP 软件开发企业来说，他们现在在市场中是直接面对用户或者通过代理公司面向用户，软件开发商不仅要做销售，销售完成后，还要做售后服务，往往是开发跟着销售走，销售跟着客户走，客户如何要求软件，开发就要满足用户的所有要求，结果是软件版本越来越多，附加功能越来越复杂，商品化程度却降低了。与 ERP 咨询公司合作，可以把主要精力集中在产品开发和升级上，完善软件的核心功能，提高商品化水平。

专业 ERP 咨询公司应具有相对的中立性，即与多家软件提供商保持分销代理关系或战略合作伙伴关系。能根据用户的需求，帮助其选择合适的产品。这有一点像医生看病和药房供药。现在都是医院一家，既看病又卖药，许多矛盾无法解决，医疗体制改革就是要"医药分家"，才能给患者提供满意的服务。当然，这只是理想的格局，实际上大多数咨询公司只管抓药，不管开药方，只负责一两家软件公司产品的实施。

5.3.2　ERP 咨询服务的主要内容

1) 战略规划

ERP 系统是综合性的管理信息系统，其建设理应纳入企业的信息系统战略规划。制定企业的信息系统战略规划，要综合考虑企业内外部各种因素。我国企业习惯了过去的计划经济，自我规划、整体把握能力较差，因此聘请 ERP 咨询公司来帮助做规划不失为明智的选择。

ERP 咨询公司在设计企业信息系统战略规划时,首先会从客观的角度,调查企业信息化基础设施和信息技术人才现状,了解企业所处的信息化发展阶段;同时,审视信息系统技术发展现状和全国各企业及企业所处行业的各企业信息系统建设状况,从而确定企业需要建设的信息系统,并对各信息系统建设次序排序,安排各信息系统开发的轻重缓急。

2) 参与 ERP 软件选型

在我国市场上,分布着众多的 ERP 品牌,即使是对 ERP 产品略懂一二的技术人员面对这些品牌也难免会产生眼花缭乱之感。我国企业在进行 ERP 软件选型时,难免会无所适从。而适合的 ERP 软件对于一个企业的 ERP 工程实施的重要性是毋庸置疑的。因此,一个既懂得企业管理,又对 ERP 市场状况有所了解的帮手是我国企业所急需的,ERP 咨询公司可以担此重任。

ERP 咨询顾问在我国企业 ERP 软件选型中可起到如下作用:

① 辅助企业进行管理需求分析。管理需求分析包括宏观需求分析和微观需求分析。宏观需求分析即全面考察企业的市场环境与生产特点、影响企业竞争力和制约企业发展的主要因素。微观需求分析即对现有信息系统的使用调查、各部门需要处理的业务需求、企业业务报表需求和软件使用权限的设置等分析。

② 进行市场调研,搜集产品信息。即根据企业的管理需求,利用各种方式搜集几种与之基本相适应的 ERP 产品信息,供企业选择,以缩小企业的造型范围、提高选择的准确性。

③ 参与初选、复选。鉴于我国企业 ERP 选型经验的欠缺,不妨借鉴国外企业的经验吸收信息技术公司代表加入选型小组,充分发挥 ERP 咨询顾问的作用,以提高选型小组的工作效率。

3) 优化企业业务流程

业务流程是动态的跨越部门界限的活动集合,在国外业务流程重组成为各企业管理变革的首选,强调将传统的组织分工界限和层级管理体制彻底打破,重新梳理。我国企业必须结合我国国情和本企业实际情况,借鉴国外企业的成功经验,吸收其理论精髓,探索我国企业独特的业务流程优化模式。

4) 辅助 ERP 工程技术实施

ERP 咨询公司作为中立的第三方,主要是帮助企业和 ERP 提供商做些辅助

性工作,辅助者应是我国 ERP 咨询公司的准确定位。具体来说,辅助工作主要包括以下几个方面:

① 指导企业进行项目前期准备工作,包括准备基础数据、选拔合适的业务骨干和技术人员参与项目实施等。

② 辅助 ERP 提供商制定并严格执行项目实施计划。ERP 提供商可在方法论的指导下,科学制定项目实施规划。对于二次开发的幅度,ERP 提供商可参考主持企业业务流程优化的咨询顾问的意见,使之局限在企业和 ERP 提供商都可接受的范围之内。咨询顾问以中立的第三方身份,更能看出项目实施中会影响项目如期完成的因素,并督促企业或 ERP 提供商想办法及时改正。

③ 协调企业和 ERP 提供商之间的矛盾,提供全方位培训。ERP 咨询公司可提供 ERP 理念、ERP 管理模式、ERP 管理技术及具体业务流程等课程的培训,提高企业人员掌握和运用相关知识的能力,以提高项目实施的成功率。

④ ERP 应用后的管理持续改善工作。咨询顾问可帮助企业设计一套企业管理绩效变化动态监控报表体系和定制一套指标体系,以便及时发现管理中存在的问题,并及时调整管理策略。

5.3.3　ERP 咨询机构

随着我国企业信息化工程的广泛深入,越来越多的企业开展 ERP 系统实施,ERP 系统已经成为企业信息化的重要标志。ERP 系统软件的市场需求不断扩大,ERP 系统咨询不仅是一个专项咨询服务,而且成为信息技术咨询公司的主营业务。我国 ERP 咨询机构大致分为三种类型。

1) ERP 系统开发公司咨询

这类服务是由 ERP 产品开发的软件公司直接承接用户的咨询业务。如 SAP、Oracle 和 Fourth Shift 等公司,这些都是 ERP 领域如雷贯耳的软件开发公司。SAP 发源于欧洲大陆,在 ERP 市场的占有率上一直保持领先地位。早在 20 世纪 80 年代就开始同中国的国有企业合作。作为中国市场绝对的领导者,SAP 的市场份额已经达到 30%,年度业绩以 50%以上的速度递增。Oracle 的强项在于自身在数据库、中间件、客户关系管理等各个领域丰富的产品线。Oracle 近年来一直马不停蹄的收购,1989 年正式进入中国市场,成为第一家进入中国的世界软件巨头。此外,我国知名的 ERP 软件公司如用友、金碟、浪潮、博科等软件公司,同时肩负着大量的信息技术咨询业务。近年来,用友公司开始在国内开展咨询顾问的培训,准备进一步拓展 ERP 的实施服务业务。权威研究机构赛迪顾问(CCID)2006 年发布的调查数据显示:用友软件以近 1/4 的市场份额,在中国 ERP(企业管理软件)市场中继续保持第一,并全面超越国际竞争对手,已连续 4 年占中国 ERP 市场第一。中国本土 ERP 提供商已经彻底崛起,并成为市场主角。

软件公司进入 ERP 咨询业,是软件企业为争夺客户,占领市场而向客户提供的一种增值服务。当软件提供商推出自己的产品时,市场对新产品的认知程度不高。同时也没有其他公司比软件公司自己更了解软件的性能和参数。因此软件公司刚刚开始进入实施领域的时候,是以客户化设置和进行二次开发为宗旨进行的,参与人员也是以技术人员为主。但是,随着软件产品的不断完善和产品化,软件的销售费用与实施费用也开始分别报价,软件公司在获得软件销售收入之后,更希望能够获得利润更高的实施费用。同时企业希望软件公司的实施人员能够对自身的业务流程等方面提出自己的意见。

一些大型的国外软件提供商在刚开始进入中国的时候,由于没有合作伙伴,而不得不进行相应的实施工作,如 SAP 和 ORACLE 等公司必须经历一个培育市场和培训合作伙伴的过程。这个过程是每个软件企业所必须经历的。随着软件的成熟度日益提高以及合作伙伴的确定,这些软件公司也开始逐渐退出实施服务领域。因为,如果这些软件公司仍旧既销售软件,又做实施的话,那么就有可能出现软件公司与自己的合作伙伴同时争夺一个客户的尴尬局面。而软件公司不但控制着软件的价格,还掌握着技术优势。这种竞争的情况,只会挫伤合作伙伴的积极性,不利于软件公司产品的推广。因此,现在国外的主流厂商都选择了退出实施领域,只关注于对合作伙伴的培训和支持上。毕竟中国这个市场太庞大了,如果软件提供商不依靠合作代理商,任何公司不可能单靠自己而获得高额的市场额。

国外软件公司之所以愿意放弃咨询服务领域,一方面是出于迅速占领市场的考虑,而高额的软件费用也是国外软件公司退出咨询实施领域的重要"资本"。国外的大型 ERP 软件动辄三四百万元的软件价格令国内的软件提供商难以向背。因此,对于占据中低端软件市场的国内软件提供商更加看重咨询实施的高额利润,也就不足为奇了。但是面对着国外的软件提供商不断在中国凯歌高奏,如何使国内提供商自己的产品迅速占领市场,成为困扰国内软件公司的难题。这些国内的软件公司也逐渐认识到仅依靠自身的力量显然是很难做到的,必须培养和依靠自己的合作伙伴。但是国内软件公司发展合作伙伴的道路并不是一帆风顺的。

一方面因为现在国内的软件成熟度不够,需要太多定制和开发。这样企业在信息化工程实施过程中,对软件提供商的要求比较高。此外,国内软件的实施费用明显低于国外的大型应用软件,也就是实施的利润非常薄。很多想实施国内软件的企业都在持观望的态度,谁也不愿意过早地陷进去。另一个方面,国内的软件公司也不太愿意放弃这个市场。很多软件企业认为其他企业不可能比自己更了解软件的特点和性能,软件公司可以根据客户的业务流程对软件进行灵活定制,这样可以降低项目实施的风险,这对于软件公司来说是至关重要的。而另一个方面,软件公司认为自己在软件销售之后,提供软件实施服务是顺理成章的事情。因为软件的实施费用对于软件公司也是一笔不小的收入。

目前,国内的软件提供商,如用友、金蝶虽然对未来发展合作伙伴共同提高市场占有率达成了共识,但是对于是否退出成长很快的咨询服务领域还犹豫不决。最为明显的是,一方面 2005 年 5 月初,用友在全国开始实施合作伙伴发展计划,发展的合作伙伴包括咨询服务伙伴和实施服务伙伴。而另一方面用友又持续不断地在各地举办 ERP 的顾问培训班,为全面开展 ERP 系统的实施做人员方面的准备。由此可见,国内的软件提供商对自身未来发展的定位还没有清楚的认识。

2) 信息技术硬件公司咨询

这类咨询是由硬件生产厂商转入 ERP 咨询领域,咨询业务的起步是侧重于信息系统构建平台的硬件系统,同时兼顾 ERP 系统软件的咨询。随着 ERP 系统应用的普及和在信息化过程中的作用与地位的提高,ERP 系统咨询业务在这类公司的比重不断攀升,逐步成为主营业务。最有代表性的是 IBM 公司并购了普华咨询(PWC),HP 公司成立了自己的咨询公司(HPC),并在 2001 年初尝试收购 PWC(普华永道)。国内的联想也未雨绸缪,先是自己为华凌电器实施 ERP 项目,而当年 3 月份又收购了国内的信息技术公司(汉普公司)。

由提供硬件产品向提供服务转变最为成功的例子是 IBM 公司。在过去几年中,IBM 的包括 ERP 在内的服务业务每年增长高达 15%以上。在 2000 年,IBM

全球的业务收入为880多亿,有37%来自于IT服务。

在2001年,HP公司也看到ERP咨询市场的快速增长和巨大的利润空间,也由向客户提供系统解决方案逐渐过渡到提供系统咨询服务。尽管惠普咨询是咨询市场的一支新军,但是其不俗的业绩表现令业界刮目相看。为什么HP和IBM能在这个竞争如此激烈的ERP咨询市场占据一席之地呢?这和原来IBM和HP的硬件产品有密切的联系。IBM和HP除了提供个人计算机外,更为大量的产品是服务器和工业计算机。在他们几十年的经营过程中,根据不完全统计,在国内的银行、保险、证券、电信等领域,几乎70%以上的服务器是IBM和HP公司提供的。现在不论是IBM还是HP公司,硬件产品的销售都是基于行业性的技术解决方案为基础的。对相关行业业务的了解和行业客户基础成为他们进入ERP咨询行业的基础。但是,相比之下国内的这类企业情况却不那么令人乐观了。2005年国内的IT产业巨子联想公司进入了咨询领域,并组织一批顾问实施SAP等产品。去年咨询业绩表现更是乏善可陈,唯一可以大力宣传的就是华凌电器这样的ERP客户,但是其300万元人民币的合同金额与惠普咨询500万美元的"大单"就逊色多了。究其原因在于联想公司产品的特点与IBM和HP的产品结构完全不同,绝大多数产品为个人计算机。对其他行业业务特点的不了解和缺乏项目实施经验导致了联想的咨询部门在项目实施过程中不得不面临着巨大的项目实施风险。

据IDC 2004年6月底最新发布的《中国IT咨询服务2005—2008预测和分析》报告显示,联想IT咨询服务以3.5%的市场份额跻身中国IT咨询市场前三甲,但与IBM的11%以及HP公司的8%相比,仍有较大差距。同一个市场,同一片蓝天,国内企业的踌躇不前,国外企业的高速发展,让我们看到了国内外企业在IT服务领域完全迥异的态势。

3) 独立的信息技术咨询公司

这类咨询公司是中间服务机构,也是独立的第三方咨询服务机构。尽管没有自己本身的产品,也并不像第二类公司有硬件的IT基础,但这类公司凭借自己宝贵的顾问资源和丰富的项目咨询实施经验在ERP咨询界的舞台上发挥着不可忽视的作用,而且是今后信息技术咨询业发展的主要模式。在这个层面上的信息咨询企业比较多,还可以根据业务层次、业务内容继续细分。

汉普公司(现被联想收购)原来是以实施Oracle软件而迅速发展壮大的。在

ERP系统实施过程中,汉普公司提出了诸多管理理念试图使自己转变为信息技术公司,然而这对于缺乏信息技术经验的汉普来说,困难重重。

在中间服务市场中,国外的信息技术公司一直是这个市场的主力军。他们的实施客户数量实际占据了整个ERP咨询的60%以上市场份额。相对于国外咨询公司近千美元的顾问收费,国内咨询公司正在利用价格优势和本土经验与国外的咨询巨头展开了阵地战。现在对于汉普公司的销售人员而言,早已经习惯了出现在各地IT咨询竞标中的"洋对手们",甚至大家可以彼此非常友好地聊上几句。毕竟这个行业的"整合"太快了,说不定哪天又会出现从"竞争对手"变成"自己人"的情况。此外,原来在国内只作信息技术业务的公司,如北大纵横、新华信等也开始准备涉足IT咨询这个领域。北大纵横联手新中大,试图将原有的高端信息技术"落地"于IT咨询;而新华信也在当年年初的青岛信息化会议中崭露头角,并不断在各地的信息化项目出人头地。但是由于ERP咨询非常高的技术性和复杂性,这些信息技术公司只能从IT战略、业务流程重组等领域切入。IT服务业务在我国咨询业的ERP实施服务领域中,还需要大量的人员储备和知识积累。

在中间服务中,软件提供商的实施伙伴的角色也是非常重要的。如以Oracle实施为主的汉得公司,以SAP实施为主的高维信诚。这些公司更给外界以软件"实施代理商"的印象。客户对这些公司的印象是他们难以对企业的业务流程做出有效地整合和优化,为企业提出的管理方案缺乏系统方法论的指导。因此,如何加大实施服务过程中信息技术的成分,为客户在系统实施过程中提供完善的管理方案是这些企业值得注意的地方。由此可见,与国内信息技术公司合作对这些企业来讲似乎是解决问题更为有效的手段。政府对ERP咨询业的扶持与推动,主要是通过其在资本市场、外资、生产标准、竞争条例等方面作用于产业本身。政府的影响可能是积极的,也可能是消极的。一个尊重市场规律且有预见性的政府,对于促进产业竞争力的提高具有举足轻重的作用;反之,非但不能促进产业竞争力的提高,还会起抑制作用。下面主要从产业政策和立法两方面分析政府对ERP咨询业的积极作用。

5.4 企业信息化工程咨询发展对策

5.4.1 政府引导扶持，行业规范与法律监督并行

我国信息化咨询服务的健康有效发展，需要政府对其大力支持。政府要在宏观上引导并扶持信息化咨询的发展，管理组建行业协会，加强交流、联合与合作，形成行业规范。加快立法步伐，规范咨询服务行为，尽快制定咨询业的法律、法规，同时要制定信息咨询资格认定制度，信息咨询机构的等级评定和管理制度，对信息咨询业进行宏观指导和调控，为我国企业管理咨询业的健康发展创造良好的法制环境。我国政府可通过以下几个方面的政策来推进我国 ERP 系统咨询服务的发展。

1) 政府重视培植信息技术咨询业

我国信息化咨询服务起步晚，信息技术咨询公司规模小。信息技术咨询营业额不到咨询业务的 1/10，绝大部分的信息技术咨询业务仅仅作为信息技术的一个业务内容。以信息技术咨询为主营业务的公司寥若晨星，加快信息技术咨询服务必须由政府出台一系列的政策或享受企业的各种优惠政策。政府要重点培植信息技术咨询业，制定相关确保公平竞争的法规、制度、条例。美、日、英等信息化程度高的经济发达国家在信息化建设过程中都出台了相关的法规，通过立法为企业信息化保驾护航。

2) 在教育政策方面

我国政府可鼓励各高校在工商管理、信息管理与信息系统等相关专业开设咨询理论与实务、ERP 原理与应用等课程，培养复合型的人才，以解决我国 ERP 系统咨询人才短缺的问题。也可鼓励我国知名信息技术公司与我国高校联合办学，如北大纵横依托北大光华管理学院，是其迅速发展的重要原因之一。其他规模较大的信息技术公司可仿效此形式。

3) 在资金支持方面

因为我国信息技术公司普遍规模较小，资金有限，我国政府可制定优惠政策鼓励各银行和各基金会向信息技术公司提供贷款和风险基金，以解决其燃眉之急，为其扩大规模、增强咨询实力添砖加瓦。

4）在税收政策方面

为在实施 ERP 工程中聘请信息技术公司参与的企业和从事 ERP 系统咨询业务的信息技术公司提供部分税收减免的政策，为承担着巨额经济负担的实施 ERP 工程的企业减轻经济负担，同时也鼓励越来越多的信息技术公司加入到提供 ERP 系统咨询服务的行列中来。

5.4.2 加强第三方信息化咨询

作为行使宏观调控职能的政府机构不宜直接出面干预各信息技术公司的业务经营活动，咨询协会的优势就突现出来，它介于政府机构和各咨询机构之间。企业信息化咨询业建设直接影响着信息化工程的实施效果，通过信息技术咨询服务可以降低企业实施信息化的风险，保证其投资的有效性。加强和完善企业信息化咨询业是刻不容缓的信息化工程配套建设，只有这样，才能使信息化工程建设走上正规发展的道路。

从当前国内外的现状来看，信息技术咨询工作大部分的咨询业务是直接由软件研发商或软件提供商承担。从理论上分析，由软件提供商和软件研发商直接提供信息技术咨询服务是最佳的方案，企业从那里可以得到最具体、最准确、全面和动态的服务，这种服务是企业寻求支持的最佳途径。事实上在我国实施企业信息化过程中，由于软件提供商和软件研发与实施企业利益出发点的不同，我国企业信用体系建立的缺失和监控体系的不明确，直接由软件提供者提供信息技术咨询服务的质量差、内容少、信息化项目签约前后的承诺与实施不一致。即使是在国际上具有一定信用的软件供应商在我国"交易"和服务过程中也会出现不到位的现象。为此在我国企业信息化过程中必须建立第三方信息技术咨询公司，从组织形式、信息化工程实施过程中明确信息技术咨询的地位和作用，使软件提供商与企业之间在服务上更加公平、公正，也使企业能得到信息化过程的全程服务。加强我国信息技术咨询服务是企业信息化建设顺利开展的保障措施之一。

5.4.3 建立信息化咨询服务管理机制

信息化咨询业务是一项技术性、前沿性、学科交叉性、动态性、专业性都很强的工作，面对千变万化的企业需求，信息技术咨询公司必须练好内功，加强内部服务管理机制，明确咨询服务操作岗位责任，站在与企业利益双赢、长期合作（企业也确实需要长期合作）的出发点，去设计信息技术服务路线、计划、服务收费，为企业信息化规划、培训、现场指导、投资预算、分析管理需求，制定正确、合理、经济的信息化方案。不要因为当前信息技术咨询规模小，市场混乱，操作不规范，缺失了信息技术咨询的管理机制建设。目前，根据调查有相当一部分的信息技术咨询公司管理较不规范，没有明确的组织结构、管理制度和操作规程。

1) 建立信息技术咨询服务质量评价体系

提高信息化咨询服务质量，加快信息技术咨询业的发展，不仅要依靠政府的大力培植，还要加强信息技术咨询机构内部的整合，建立信息化工程实施过程的监理体系，同时还应当建立和完善信息技术服务质量评价体系，加强信息技术服务质量评价方法研究，确保信息技术咨询业的健康发展，使信息技术咨询服务工作公正、公平。避免信息技术咨询服务过程中的收费混乱和信息、技术不对称等情况造成不必要的误解和争议，使信息技术咨询服务也能按质、按量公开地开展其业务。信息技术咨询服务质量评价体系的建立不同于一般产品质量的评价。由于信息技术本身的复杂性、动态性、学科的交叉、综合和边缘性，给信息技术咨询服务质量的检验和报价都会带来很大的困难。按照产品质量管理方法和其他信息技术服务规则，对信息技术服务质量价格的定位应当从服务内容、技术复杂性、功能性、先进性和提供咨询服务的基本成本、利益等综合考虑。

2) 完善信息技术咨询服务业务操作规程

信息化咨询服务的复杂性、服务对象的不确定性和信息技术快速发展对咨询从业人员要求的特殊性，要求信息技术咨询服务的操作过程科学、合理、规范。另一方面，信息化咨询服务往往涉及企业的核心机密，尤其是企业产品、工艺、包装等技术的专利，涉及企业资本运作的详细记录，信息技术咨询人员要为企业提供管理过程中遇到的困难，必须掌握企业的管理过程和业务流程，从中分析存在问题，才能提出解决问题的可行方案，也就是说咨询人员将成为企业的管理专家。因此对信息技术的操作过程应当作严格的规范，并制定详细、切实可行的双方遵守的保密制度。

5.4.4 加强咨询公司的人才建设

信息化咨询人才建设应当从政府和咨询公司两方面来抓。首先，政府应当成立咨询从业人员的考核机构。信息技术咨询人员必须具有由政府机构确认的从业资格,信息技术咨询公司必须具有从业资质。信息技术咨询员要求具有本科以上学历,对每位从业人员登记注册和发放资格证书,在证书上明确咨询从业范围或领域,严格限制咨询从业人员咨询业务领域,严禁咨询从业人员跨领域咨询。同时对信息咨询人员根据信息技术的发展及其应用的深入,要求信息技术咨询从业人员定期参加学习和考核。如果达不到咨询从业水平要求,及时取消信息技术人员的从业资格。其次,信息技术服务公司把咨询从业人员的业务技能培训作为公司的一项常规性工作,投入人力、资金加强咨询人才建设。信息技术咨询人员不仅是信息技术人才,还应当配备其他各类学科的技术人才,欧美发达国家的咨询公司员工的比例结构较合理、全面。没有强大的咨询人才队伍不可能吸引客户,没有高素质的咨询人才无法让客户得到满意的咨询和确保客户的机密不被泄露。

5.4.5 加强咨询公司的基础设施建设

信息技术咨询公司在企业信息化过程中起到技术专家的角色,咨询公司拥有信息的丰富程度同时也决定了咨询公司的综合竞争实力。无论如何顶级的专家,面对各种各样的企业信息化需求和日新月异的信息暴涨,也没有人能掌握咨询业务所需要的全部信息。咨询业的数据库、知识库和模型库建设是咨询业的基础性建设,数据库是否能"全、新、准、专和精"地拥有相关领域的知识决定了咨询服务能力和服务质量。咨询公司自己建立的数据库更是屈指可数。加大数据库、知识库和模型库建设投入,及时更新信息是咨询业发展的基础性工作。

5.4.6 建立信息技术咨询决策支持系统和人工智能系统

信息化咨询业务本质上是为企业信息化工程提供更加科学合理的决策方案。这一决策方案在咨询公司的产生可以分成调研型、预测型、建议型、经验型和理论型。要使提供的决策方案做到"专、精、深、准和新"必须建立咨询决策支持系统,应用咨询决策支持系统作为信息技术咨询服务的保障体系的重要组成部分。该系统由咨询决策的基础标准、系统功能和系统数据模型组成,在系统标准和模型的指导、控制和协调下,实施企业信息化工程中的网络工程、数据库工程和应用软件工程。在系统决策过程中分两步完成,首先产生服务体系信息资源规划解决方案。必须把信息资源建设放在首位,为开发事务处理系统、管理信息系统、企业决策支持系统和执行信息系统等信息系统方案奠定基础。其次,产生服务体系集成化、网络化建设方案。在信息化实施过程中分高层工作和低层工作两层。高层工作面向整个服务对象,解决总体方案、标准规范的建设和高层设计问题。低层工作面向职能领域,解决标准规范的实施、应用系统的分析、设计和建设问题,两层的工作均由集成化应用软件来支持,设计理念坚持开放性、集成化、可持续性,软件开发时要能实现集成、重构、共享、嵌套、组合和调配功能模块,并且可以让用户选择三层、多层 C/S 体系或 W/S 体系结构。通过咨询决策系统提高咨询服务的及时性和正确性,减少人为因素影响。

5.5 企业信息化工程咨询案例

5.5.1 浙江移动 IT 信息技术项目应用案例

1) 企业简介

浙江移动通信有限责任公司(简称浙江移动通信)隶属中国移动通信集团公司,是中国移动(香港)有限公司的全资内地运营子公司,在全省拥有 11 个市分公司和 62 个县(市)分公司。自 1992 年率先在杭州开通第一部移动电话以来,浙江移动通信一直是全省移动通信服务的主要提供者,并始终保持领先地位。目前公司移动电话客户总数已突破 1400 万户,网络规模和客户总数连续八年位居全国第二位。

2) 业务支撑系统面临的挑战

随着业务的发展和市场竞争环境的变化,业务支撑系统已不仅仅是浙江移动业务运行和对外提供服务的保障,而且已经成为其核心竞争力的一个组成部分。因此,如何对这项宝贵资产进行管理,即完善 IT 服务管理,就成为非常重要的任务。

对于 IT 管理,业界走过了很多弯路:一个极端是,将 IT 管理简单地认为是管理工具的改进,于是购买了大量的网络系统管理平台,服务管理平台,以及 MIS、OA 等系统,但最终由于这些工具没有整合,信息无法共享,更无法和内部管理、考核机制进行有机结合,从而无法对 IT 管理产生效益,而最终被束之高阁,成为仅供参观的摆设。另一个极端是,将 IT 管理仅仅看作一般的管理范畴,而忽视了 IT 管理的技术特性,虽然设计了很好的管理机制,但由于这些管理机制无法和 IT 系统的日常管理实践相结合,造成管理主体的缺位,使得最终效果大打折扣。

3) 项目介绍

浙江移动作为中国移动 BOSS 综合网管的试点单位,在项目实施中联合 IBM 进行了 IT 服务管理平台建设的尝试。

IBM 的咨询专家和浙江移动一起根据 IT 基础架构库(IT Infrastructure Library,简称 ITIL)的原理和原则开发数据中心管理流程,在设计流程时还参考了 IBM 的 ITPM(IT 流程模型)方法论。

应用业界的最佳实践 ITIL 流程框架,浙江移动业务支撑中心建立了包括事件管理、问题管理、变更管理、配置管理四大流程,并将这些流程固化到 IT 服务管理平台中,并加强了日常操作管理。

在浙江移动领导的大力支持以及浙江移动业务支撑中心和 IBM 咨询专家、技术人员的积极参与下,浙江移动初步建立了面向业务需要的 IT 服务体系,及支持该服务体系的流程,组织结构,人员职能,和相应的考核机制;建立了与服务体系相适应的管理辅助工具,包括系统/网络管理,流程管理等,最大限度的屏蔽 IT 技术的复杂性,实现自动管理,降低对人的依赖,为管理者提供需要的考核数据,对员工进行量化的考核。同时,浙江移动的综合网管系统将错综复杂的系统信息,各类系统事件按照 IT 服务管理的需求进行过滤整理,摒弃掉无用信息,总结出对系统管理、业务管理、服务管理有用的信息,从而帮助系统维护人员更专注于对重要事件的管理和响应,为管理者提供更全面、更直接的管理信息,为制订相关决策提供了基础。

4) 项目成果

经过近 6 个月的咨询与建设,浙江移动的 IT 服务管理平台已经初具规模,并在 BOSS 的经营体系中发挥着重大作用。浙江移动的建设成果已经被中国移动集团公司写入了新版的 BOSS 综合网管规范。

通过本项目的建设,浙江移动具有了如下先进的 IT 管理平台:自动化的事件管理、变更管理、配置管理流程;自动化的管理报表;自动的业务支撑中心维护作业计划;和浙江移动的短信集成;和浙江移动客服中心的集成;和浙江移动网管平台和安全平台的集成；管理人员和技术人员可以很灵活的查询历史信息和相关数据；公告牌制度可以及时就系统故障通知相关人员；对变更的控制加强了系统的可用性；对资产的控制保障了资产的利用和管理。

利用综合网管平台配置信息发起的审计可以确保资产数据库的准确、有效。随着浙江移动业务支撑中心管理水平的大幅提高，目前，在中国移动集团公司组织的对业务支撑系统中间测试中取得了 88.64 分的好成绩，并在全国已经完成中测的 25 个省中位居榜首。浙江移动历时 2 年艰巨的 BOSS 集中化改造工程以及持之以恒的业务支撑中心管理制度建设受到了广大用户和集团公司的好评，并为浙江移动大业务量、复杂的营销政策提供了强有力的支撑。

5.5.2　浙江三彩服饰公司 IT 咨询案例

1）企业简介

浙江三彩服饰在杭州天堂工业区，主要生产女装成衣，是集采购、生产制造、销售为一体的综合性服装企业。目前年产量近 200 万件套，有四个缝制车间，工人近 1500 人。在工业区内有两幢独立厂房和二层车间楼，分立在工业区的三个位置，拥有 3COLOUR，IBUDU 两大女装品牌，是天堂工业区内最有影响力的企业之一。

当时任浙江三彩服饰网络主管提出辞职，作为上级主管部门人力资源部认为会对企业的 IT 环境及 IT 应用带来风险，新进的技术人员比较擅长硬件维护，对服装企业及软件应用方面准备不足，企业希望可以找到一个临时的人员外包机构来过渡这个困难时期，一方面继承原有的大量的 IT 环境方面的设置及原有的 IT 投入计划，另一方面指导新进人员开展企业应用维护。

2）咨询项目

本案签约比较顺利，基于行业的特点，浙江三彩服饰最终选择了熟悉该行业业务的咨询公司来做这个 IT 人员外包的案子。但是，为什么说这是一个 IT 咨询案呢，这是因为在合约期内，浙江三彩要改良他的营运支撑系统，进行了 DRP 的选型，而该公司从事了第三方咨询的角色，对于浙江三彩内部的需求进行了疏理，以此为蓝本先后对从事服装业的软件公司如：上海百胜、杭州艾希软件、杭州红日软件、杭州创通软件等软件公司进行了售前的谈判（公司在 2004 年底最终确认采用深圳道讯的 DRP 产品）。

在此期间对公司内部的 IT 环境进行了整治，真正做到了网通、信息通、硬件咨询的共享。主持并导入了网站的改版。

3）企业收益

浙江三彩在与该公司合作期间，完成了对应用环境的理解，顺利地完成了人员过渡，并培训了网管人员可以胜任应用维护，一些原来处于基础入门级的员工已经可以熟练的运用 IT 工具，财务部门的用友软件独立运行，对企业的各项费用进行审核，物流软件在没有升级的情况下，完成正常的配送的流转。完成生产部门的 CAD 引入及 CAD 中心搬迁。整理出企业对 IT 应用的需求，为之后的软件选型打下了很好的基础。

4）总结

从浙江三彩服饰的咨询合作中，看到女装企业存在着很大的潜力，他们还是刚刚接受企业管理需要 IT 战略的理念，在 IT 方面的投入很谨慎，一方面企业紧缺既懂服装，又懂 IT 的信息人员；另一方面决策者陷在繁杂的日常业务中无法脱身，也就无法静下来系统审视自己的管理系统和管理方法。所以第三方咨询是解决企业这方面困难的一剂良方。浙江三彩通过尝试之后培养了自己的专业人员，在构建好的 IT 思路上继续走下去。

第6章 企业信息化实施过程中的项目监理

随着我国信息化工程建设步伐的加快,国家对信息化工程投资力度不断加强。信息技术在研发设计、生产过程控制、节能减排、安全生产等领域的应用不断深化。国家级"两化"(工业化和信息化)融合试验区建设和重点行业信息化工作取得初步成效。2010年,我国实现软件业务收入1.3万亿元、电子商务交易额4.5万亿元,分别为2005年的3.3倍和3倍。信息化发展正进入一个新的历史阶段,信息化与工业化深度融合日益成为经济发展方式转变的内在动力。但是我国实施信息化工程的大量案例表明,企业信息化建设极不规范,导致大量企业信息化建设投资无效,甚至造成企业无法正常经营,严重影响企业的生存与发展。一方面,国际市场竞争的加剧,迫使企业加大信息化建设的投资力度,企业不实现信息化,无法为企业及时、正确地市场定位,从而满足千变万化的客户需求。另一方面,我国企业信息化实施成功率极低,摆在政府、企业和研究院校面前的重大课题是如何提高实施成功率,深刻地反思实施思路、实施过程中在哪些地方和哪个环节出了问题。资料显示,信息化工程实施没有强制的监理是造成实施失败的主要原因之一。我国当前需要建立和完善与信息化工程实施相配套的监理体系,为信息化工程实施保驾护航。

6.1 概述

在国家建设部的领导下,我国对大中型工交项目、重要的民用建筑项目及外资、合资建设等项目已经实施强制性监理,形成了一套有效的有关监理的政策法规及强有力的管理机构,培育了从事监理业务的独立第三方的监理公司,造就了一支富有实践监理经验的工程监理队伍。经验表明:工交与建筑等重大建设项目的建设监理,既加快了工程建设的速度,又确保了工程的建设质量,实现了建设与效益、数量与质量的有机结合。工程监理工作也达到了制度化、规范化、科学化的目标。传统的工交与建筑工程监理为信息化项目建设的监理提供了可参考的样板,企业信息化是投资巨大的建设项目,必须对照工交与建筑项目开展信息技术项目建设的监理工作。

6.1.1 国内外企业信息化工程监理发展现状

据美国权威机构对美国大型企业信息系统开发项目的实施结果调查表明:68%的项目超过了预定的开发周期,55%的项目费用超过了预算,88%的项目必须进行系统的再设计。美国项目管理学会(PMI)的一项统计数据也表明:43%的IT项目完成后超出预算,62%的IT项目超期完成,而58%的项目验收时达不到合同要求。大量中国企业信息化的进程也显示:大约70%的企业IT项目超出预定的开发周期,许多制造业的大型信息化项目平均超出计划交付时间20%~50%是常有的事。软件项目开发费用超出预算的达到90%以上,并且项目越大,超项目计划的支出越高。可见,信息系统项目的艰巨性和高失败率要求我们必须加强信息系统工程项目的监理力度。

开展信息技术项目监理的基础是制订信息技术标准,使信息系统项目有据可循。国际标准组织是通过对项目经理或项目监理人进行资格认证,提供透明的项目监理服务,使建设项目的监理有了切实保障。因此,信息技术标准化研究是信息技术项目监理的基础研究工作。国际信息化组织对信息技术标准化工作空前重视。一方面原有的信息技术标准化组织不断扩充,另一方面有些临近技术标准化组织机构也转型到信息技术标准方面来或设立有关的分支机构。从不同的角度开展着与信息技术有关的标准化工作,并研制了大量的信息技术标准,为信息化项目监理提供条件。

我国随着国民经济信息化过程的快速推进,在信息化建设方面投入了大量的社会资源,已经实施或正在计划建设的信息系统工程不计其数,但由于用户自身在技术、能力、人员等方面的不足,系统建设过程中又缺乏一种有效的监督管理机制,致使许多工程项目在质量、进度、投资等方面都无法得到很好的保证和控制,出了问题互相推诿的现象司空见惯,项目中途下马或完工后难以达到预期建设目标的情况也屡见不鲜。其原因之一是有关信息工程监理的法制、法规不完善,又由于信息技术的复杂性,使得大多数企业本身无法鉴定项目的质量优劣。

受建筑监理制度的启发,理论界就逐渐把工程监理制度引入信息化建设领域,并以IT审计形式开展信息化工程项目的监理工作。但是,IT项目审计与信息系统工程监理是有区别的。IT审计侧重事后监督,信息系统工程监理侧重于过程监督。由于我国大多数企业的信息化技术知识贫乏,咨询行业不发达,过程监督能更有效地保证信息系统工程的质量。因此,我国的政策与研究报告更多地用信息化工程监理来替代国外的IT审计,同时把IT审计视为监理的一种。这种做法更加符合中国国情的现状。

上个世纪90年代我国在借鉴了工程建设监理和国外信息系统审计发展成功经验的基础上,结合本国信息系统工程建设的现状,电子工业部于1995年出台了《电子工程建设监理规定(试行)》,国务院信息化工作办公室2002年发布了《软件行业行动纲要》。同年,信息产业部发布了《信息系统工程监理暂行规定》。北京、深圳、西安等出台了信息系统工程监理管理办法。2005年5月,"信息系统监理师"资格考试第一次纳入全国计算机技术与软件专业技术资格(水平)考试系列。随后北京、上海等地先后发布了地方性法规,对信息系统工程监理的行为、机构、职责、资质、认证、规划、实施等都做了规定,确立了信息系统工程监理"四控(进度、成本、质量、变更)"、"三管(合同、信息、安全)"、"一协调(监理单位需协调项目各参建单位的工作,以促进项目建设目标向着原定方向前进)"原则,发展了传统工程监理的理念和模式。2009年11月,工业和信息化部发布《关于开展信息系统监理工程师资格认定有关事项的通知》,通知规定,自2010年1月1日起,开展信息系统监理工程师资格认定。可见,我国信息系统工程监理工作已经起步,前途远大。当前,从信息系统工程监理在我国的应用情况来看,尚处于标准化及规范化阶段。也就是说,信息系统工程建设中甲方需求的确定、方案设计、软硬件的采用是否具有先进性、合理性和经济效益性等方面还不在监理的范围,目前的监理还偏向于监督工程的业主和软件提供商是否按合同规定进行建设的程序性监理。信息系统工程监理中的"三控、两管、一协调",还没有在信息系统工程建设中真正地发挥作用。

6.1.2 企业信息化工程项目监理的必要性

当前,国家为推动工业转型升级,对信息化建设高度重视,提出"信息化与工业化深度融合"的发展新思路。企业信息化建设的资金投入日益加大,每年新开工的信息化项目的数目越来越多,同时建设的规模也越来越大。然而,企业信息系统的建设是一项投资高、风险大且复杂的系统工程,由于企业自身在技术、能力、人员等方面的不足,以及缺乏一种有效的监督管理机制,致使许多工程项目在质量、进度、成本等方面都无法得到很好的保证和控制。为了保证这些项目能够保质按期投入使用并产生预期的效果与效益,信息系统监理作为为信息化建设提供专业的项目管理服务成为信息化建设的必然。

信息化工程作为企业信息化建设的一个最具有代表性的项目,它是将企业管理理念、业务流程、基本数据、计算机技术及计算机硬件整合为一体的企业资源管理系统。作为整合企业内部资源、提高企业竞争力的有力工具,信息化工程受到了越来越多企业的重视,也是大多数企业进行信息化建设的首选项目。因此,信息化工程项目的监理是其他信息系统的监理的重要组成部分,为信息化建设中的项目监理提供一个较好的指导作用。

信息化工程项目的实施对绝大多数企业而言往往都是首次尝试,严重缺乏经验。信息化工程项目本身严密的科学性、高度的集成性和实施的复杂性,往往使企业在实施过程中始终会感到心里不踏实,出现问题不知采取何种对策,更谈不上对可能出现的问题预先制定防范措施。信息化工程项目开发方提供的实施服务只是信息化工程实施工程的一部分。由于开发方实施顾问工作背景不同,水平参差不齐,以及实施顾问工作重点等原因,相当一部分是与信息化工程实施成功相关、企业又十分需要的工作,而实施顾问或者没有能力去做或者没有精力去做,这就导致应用企业需承担较大的风险。可见,信息化工程系统的复杂性和企业发展的动态性和多样性,无论是企业,还是软件提供商在实施信息化工程项目时,都是一项创新、开拓性的工作,没有现成固定的模式、步骤正确地可预测未来的结果。信息系统的监理为这种创新和开拓性工作提供一个较好的指导。

信息化工程是企业在信息时代保持和提升竞争优势的重要系统,对企业的发展起着重大作用。但一般来说,企业在实施信息化工程项目前往往缺乏实现大型管理信息系统的经验,同时信息化工程项目的建设也会涉及组织结构、业务流程的变化,这对企业的方方面面都会产生不小的冲击。信息化工程项目实施需要投入大量的人力、物力、财力,因此,信息化工程系统建设必须要有严格管理。

6.1.3 企业信息化工程项目监理存在的主要问题

随着我国信息化程度的深入发展，企业信息化工程项目投资越来越大，高投入低成功率的局面严重影响信息化建设。监理作为项目成功保障的最有力措施在信息化建设过程中还存在许多问题，主要突出在如下几方面。

1) 监理市场没有形成

信息化工程项目的复杂性、创新性、多变性，导致目前还没有信息化建设项目标准规范，政府还没有出台严格的规范、条例和法规，项目实施几乎凭双方的协定，缺乏有效的监督管理机制。在委托方和被委托方之间没有一种协调的机制，信息系统工程监理还没有形成成熟、规范的信息技术监理市场。

2) 监理队伍不合理

信息化工程项目的监理往往归属在工交、建筑监理公司，没有独立的法人实体，纯粹是挂牌监理单位。有监理任务时，就临时凑人员，监理人员的专业水平差。没有监理任务时，这些人就解散或转移，严重影响监理人员从事监理工作的事业心、责任心和积极性。

3) 信息化工程监理能力差

监理人员缺乏经济管理和法律方面的知识，缺乏全方位的控制能力。一些监理单位由于人才不配套，大多只能运用技术手段进行质量检查，而不能运用经济和合同手段进行全方位全过程控制，这种状况自然不能充分发挥监理的作用。而且，由于项目管理与控制能力的薄弱，目前监理还只能在现场进行质量监督和控制，这也是我们与先进国家的差距之一。

4) 监理不到位、责任不落实

有些总监理工程师兼任很多项目的总监，有的工程项目空挂监理人员名字，只见其名，不见其人，监理形同虚设。有些监理单位没有明确的监理岗位、监理职责和监理流程，更谈不上信息化工程项目监理资质证书。

上述问题的存在，在一定程度上反映了我们制定的监理法规体系还不严密，也反映了相应的监督管理还不够有力。事实证明，企业信息化监理工作在我国开展并不顺利。目前，我国企业信息化项目建设风险较大，建设市场还需要进一步规范。为了减少信息化项目建设的风险，规范信息化项目建设市场，保证业主和承建单位双方利益，需要结合信息化行业的特点，制定进一步规范监理单位和相关从业人员的行为的制度,并制定规范的实施信息系统的流程,这样才能使监理活动健康有序的发展,从而为信息化建设提供保证。

6.2 企业信息化工程项目监理基础理论

信息化工程监理对我国信息化建设有着重大的意义,许多学者分别研究信息化工程项目的监理理论与方法,葛乃康、谭伟贤教授和程刚博士等分别对信息化工程项目监理进行了界定,逐步形成了企业信息化工程项目监理的理论体系。

6.2.1 企业信息化工程项目监理定义

企业信息化工程项目监理的复杂和动态性,使其定义十分困难,目前研究的成果,还没有形成统一、规范和明确的界定。有代表性的定义主要有如下四方面。

在中国生产力促进中心协会主办的信息化标准网上是这样定义的:"信息系统工程监理是信息系统工程领域的一种社会治理结构,是独立第三方机构为信息系统工程提供的规划与组织、协调与沟通、控制与管理、监督与评价方面的服务,其目的是支持与保证信息系统工程的成功。"该定义指明了监理的目的、任务和对象。程刚博士在《论企业信息项目监理制度》一文中提出:"监理的执行者对信息项目建设的参与者的行为所进行的监督和管理,促使建设者行为符合国家法律、法规、技术标准和有关政策,约束建设者行为的随意性和盲目性,确保建设者行为的合法性、科学性,并对建设进度、费用、质量目标进行有效的控制,实现合同的要求。"该定义强调在监理过程中的规范性。葛乃康教授在《信息工程建设监理》一书中提出:"信息工程建设监理,受企业方(有的称建设方或用户)委托,代表企业方的利益,依法对该单位信息工程项目的全过程(包括其中不同阶段)进行监督管理,并站在第三方的立场上,公正地对待开发方(有的称为承建商、承包方),协调企业方和开发方的关系,按质量、按进度完成该项信息工程的建设。"该定义强调了信息化工程项目监理要站在中立立场上,公正地协调,按质按进度完成项目。谭伟贤教授在《信息工程监理:设计、施工、验收》一书中提出:"信息工程建设监理是指针对信息工程项目建设,社会化、专业化的信息工程建设监理单位接受建设单位的委托和授权,根据国家批准的信息工程项目建设文件、有关信息工程建设的法律、法规和信息工程建设监理合同以及其他工程建设合同,综合运用法律、经济、行政和技术手段,对信息工程建设参与者的行为进行必要的协调,确保建设行为的合法性、科学性和经济性,最终更好地实现项目投资的目的。"该定义强调要运用法律、经济、行政和技术的手段进行控制、监督和协调。

然而基于信息化项目本身所固有的特点,信息化项目建设监理与传统建筑工程监理在实施过程中存在着明显不同。

6.2.2　企业信息化工程项目监理的内涵

信息系统的工程监理是一项基于信息专业评估、过程控制、系统评测和技术调研的监管工作,主要贯穿信息工程项目的投资决策、设计、施工、验收、维护等各个环节。信息化工程项目的监理目前仍然处在探索阶段,其内涵可以根据信息化工程系统本身的特性和借鉴建筑监理的思想去认识和深入分析。

首先,信息化工程项目的监理实施需要企业的委托和授权。企业有必要选择监理公司,进行委托和授权。企业的委托和授权是企业与监理机构双方通过签订监理服务合同,来明确各自的权利和义务、任务与职责。监理工程师对信息化工程项目管理的各种权力是通过企业授权获得的,企业是信息化工程项目的主体,具有最终决策权,并承担决策风险。其次,信息化工程项目监理公司应当是独立的法人单位,是具有独立性、专业化、社会化的专门从事信息化工程项目开发过程监理和提供技术咨询服务的组织。监理公司是处在第三方的中立立场上,开展公正的监理活动。开发方和企业的监督管理活动都不能称为信息化工程项目监理,信息化工程项目监理的行为主体只能是监理公司。信息化工程项目监理的主要任务是从技术和管理角度对信息化工程项目实施的监督管理活动。监理活动帮助企业提高信息化工程项目的技术和管理水平,规范信息化工程项目实施行为,为信息化工程项目开发过程提供管理服务,不是信息化工程项目的运行管理。信息化工程项目的运行管理主体是企业,是项目的投资者。要以项目管理的知识体系作为信息化工程项目监理的理论基础。在项目管理的知识体系中包含了监理工程师所需的、必备的管理知识和经济知识,监理工程师在执行监理任务时,必须将项目管理的理论知识与中国的国情相结合。除了项目管理的知识结构,信息化工程项目监理工程师还必须具备软件工程、信息化工程中信息技术方面的专业知识和相关的法律知识。

企业信息化工程项目监理与建筑工程项目监理的区别在于我国信息化工程项目监理起步较晚，然而，建筑工程的监理制在我国已经比较完善，信息化工程项目的监理工作可以借鉴建筑工程监理的经验。但是信息化工程项目监理有很强的特殊性，不能照搬建筑工程的监理程序。

6.2.3 企业信息化工程项目监理的特点

信息化工程项目与一般建设工程无论是从技术的广度、深度、难度上，还是从项目实施的组织形式、项目管理方式上都存在着很大的差别。因此，开展信息化工程系统项目监理，首先要了解信息化工程系统项目监理的特点。区分信息化工程项目的监理工作与一般建设工程的监理工作的本质差别，以便在实施信息化工程项目监理过程中借鉴建筑监理的思想和做法时，充分考虑信息化工程系统监理的特点，将项目管理的知识、软件工程的理论和监理方法相结合，圆满地完成信息化工程系统的项目监理任务。

1) 信息化工程系统涉及技术面广、项目监理专业性强

信息化工程系统是一个庞大的集成系统，项目本身的主体核心技术属于信息技术和网络通信技术。高新技术含量高、涉及面广、技术跨度大、知识更新快，新技术层出不穷。可见，信息化工程系统实施项目监理的专业性强是其重要特点。

2) 信息化工程系统动态更新快、监理队伍不成熟

信息技术本身是一个新颖的行业，信息化工程系统项目监理更加新颖，从业人员年轻化，没有完整的监理体系和丰富的监理经验，对信息化工程项目的难度估计和对信息化工程项目建设过程、模式、手段的认识不足，必须在监理中不断总结、归纳和提炼。否则，重视不够或期望过高、虎头蛇尾、误入歧途，都会导致信息化工程项目的失败。

3) 信息化工程系统复杂，系统的安全可靠性监理难度大

信息化工程系统实施将涉及企业各个管理层面和各个操作岗位，由于系统软件的庞大和复杂性，在实施过程中要保证系统的安全性和系统运行的可靠性将十分困难。因此，必须事先计划系统测试用例，提高监理质量。

4) 信息化工程项目影响深远，监理前期准备工作多

信息化工程项目实质上是现代管理思想与现代信息技术相结合的产物，所代表的不仅是管理手段的升级，更重要的还是管理思想的创新。因此前期基础性工作包括管理手段现代化、信息数据规范化、大量历史和现实数据的搜集整理，以及提出明确的用户需求，对以后的信息化工程项目的成败影响巨大；另一方面，其工作量大、涉及面广、数据繁琐、技术性强，准备起来相当复杂困难。对于大多数企业方而言，信息技术专业人才比较缺乏，为了做好复杂繁琐的前期基础性工作，最好能聘请信息系统工程监理公司的专家协助处理。

5) 不同于信息化工程项目管理

项目监理与项目管理有着本质的差别，无论是组织形式，还是所起的作用都不同。项目监理往往是借助企业外部力量促使项目按质、按量、经济和顺利地完成项目，而项目管理属于内部自律地规范行为，目的是提高效率，达到期望的目标。

当工程承建单位与建设单位利益不一致时，项目管理者必然会站在本单位一边，从而使建设单位的利益受到影响。监理作为第三方的活动，不受建设单位、承建单位任何一方的制约，在客观上保证了其在处理矛盾时的"中立"、"公正"地位，以确保项目进度、质量，及时处理发现的问题。

项目管理与监理对项目的作用不同，因而承担的责任与风险也不同。承建单位必须承担成本、进度和质量责任，监理单位承担监督责任，不直接承担进度、成本和质量责任。承建单位在承包项目的同时也承担该项目的风险。而按照国际惯例，监理单位一般不承担风险的直接责任，它只是公正地分配建设单位与承建单位之间的风险。

项目管理需要更多地关心项目的成本支出，尽可能地做到节约成本、增加利润。监理需要核定任务完成的数量和质量，以此来核定建设单位应支付给承建单位的报酬，而不关心项目组织内部的成本情况。在具体工作中，建设单位往往是根据阶段验收情况，成本控制在项目监理中所占的工作量不大，其作用也不十分明显。

6) 不同于信息系统审计

信息系统审计往往是在信息系统项目结束之后，主要起鉴证作用。通过审计，合理地保证被审计单位信息系统及其处理、产生的信息的真实性、完整性与

可靠性,政策遵循的一贯性。促进被审计单位将信息系统更有效地融入到社会经济生活中,改进内部控制,加强管理,提高信息系统实现组织目标的效率、效果。信息系统监理与信息系统审计不同,信息系统监理可以帮助业主单位更合理的保证工程的质量、进度、投资,并合理、客观的处理好它们之间的关系。强调在项目建设全过程中,监理单位依据国家有关法律和相关技术标准,遵循守法、公平、公正、独立的原则,对信息系统建设的过程进行监督和控制,在确保质量、安全和有效性的前提下,合理的安排进度和投资。监理单位是帮助业主单位对工程有关方面控制的再控制,就是对承建单位项目控制过程的监督管理。合理地协调业主单位和建设单位之间的关系,这是监理的一项主要工作。在信息系统工程建设中,很多时候业主单位和承建单位有许多问题存在争议,业主单位和承建单位都希望由第三方在工程的立项、设计、实施、验收、维护等的各个阶段的效果都给予公正、恰当、权威的评价,这就需要监理单位来协调和保障这些工作的顺利进行。另外还需要协调系统内部关系以及系统外部关系中的非合同因素等,保证项目顺利实施。另外两者业务范围、目的、服务对象、工作主体和采用的方法也不同。

信息系统工程监理是具有信息系统工程监理资质的单位,接受建设单位的委托,依据国家和本市有关规定、信息系统工程建设标准和工程承建、监理合同,对信息系统工程的质量、进度和投资方面实施监督。主要应用在信息化工程建设阶段。而信息系统审计是一个获取并评价证据,以判断信息系统是否能够保证资产的安全、数据的完整以及有效率地利用组织的资源并有效果地实现组织目标的过程。它是立足于组织的战略目标,为有效地实现组织战略目标而采取的一切活动过程都在审计师的业务之内。

信息系统工程监理的目的是保证工程建设质量、进度和投资额满足建设要求。监理活动随着工程的完成而结束。监理关注的是项目建设的质量、成本和进度。

信息系统审计的目的是合理保证信息系统能够保护资产的安全、数据的完整、系统有效地实现组织目标并有效率的利用组织资源,其关注的核心是资产保护与信息系统的效率、效果。不仅包括对建设过程的审计,更重要的是对信息系统的运营审计,向公众出具审计报告,鉴证信息系统能否保护企业资产安全,其产生、传递的信息是否完整,整个系统是否有效地实现组织目标并有效率的利用组织资源。只要信息系统在运行,审计活动就一直存在。

信息系统审计的服务对象是所有的信息使用者,包括被审计单位的股东、债权人、管理当局、政府机构和一般社会公众。而信息系统监理服务对象是信息系统项目建设方与承建方双方。即承建方要按时交付既定质量等级的工程、开发实物,建设方要按时支付等价的工程款。监理单位接受建设方委托后,作为工程承包合同的洽商者,它所执行的原则是使工程承包合同成为"平等条约",作为工程承包合同管理和工程款支付的签认者,它所执行的原则是等价交换。因此,监理单位是为双方的利益服务的,而不仅仅为委托方或建设单位服务。

审计的方法主要是搜集证据的方法,包括检查、观察、分析性复合、查询及函证等方法,并利用统计技术、计算机技术完成证据的搜集。监理主要是利用项目管理技术对工程项目的三控制,即:成本核算控制、网络图控制和质量控制。

6.2.4 企业信息化工程项目监理方式

我国信息系统监理机制尚不成熟,在企业信息化工程实施过程中,信息系统项目的监理有以下三种情况并存。

1) 从信息化工程监理执行者的角度,可以分成信息化工程建设者、信息化工程承建者和第三方独立的监理公司三个方面。

(1) 信息化工程建设者　由信息化工程的企业自己来做,完成后由专家进行评审。这种方式弊端较多,企业由于缺乏这方面的经验和专业知识,往往不能有效地进行管理,而专家的评审一般也只是走过场,因为评审专家很难在短时间内全面了解企业的情况,也就很难进行有效的评审。

(2) 信息化工程承建方　由信息系统的开发方来做。这种监理不起实质性的作用,开发方出于自身的利益,很难公平、严格地进行信息化工程系统建设的监理。

上述二种监理方式都很难达到公正性、有效性和权威性标准。在项目实施过程中,一旦出现问题将无法得到妥善解决。但是,采用上述方法最大的优点是成本低。当企业在信息化建设过程的起步阶段,进行尝试性小规模应用,实施的系统相对较简单,功能少,而双方的技术力量都较强的情况下可以采用这种方式。这种监理更大的内涵是双方的自律。

(3) 第三方监理公司　目前国外一般采用这种做法,可以做到公正、公平、有效、正确。在国内由于信息系统监理公司规模与能力、政府相关政策与法律等因素,企业的这种做法还不多。采用第三方监理,我国监理公司对用户需求不明确,因此,开发进度难以控制,软件质量难以保证和维护困难。

2)从信息化工程实施过程来看,可分为前期监理、阶段性监理和全程监理三种形式。

(1)前期监理 这种监理模式,往往是在企业信息化工程实施前,为企业的规划、工程项目的招标、投标和评标开展监理工作。这种方式费用最少,监理单位的责任最轻,适合于对信息化工程项目比较好的用户,建设成功有较好的把握,实施双方技术力量较强的建设项目监理。

(2)阶段性监理 在信息化工程项目建设中,划分为若干个阶段,在每一个阶段结束时,开展阶段性监理。开展审查或测试工程进度、质量、费用,并做出公正的评估。这种模式比咨询式监理的费用要多,要求监理方要有一定的权威,往往采用第三方监理模式,来协调信息化工程项目建设的委托方与承建方之间发生的问题。

(3)全过程监理 这种监理模式要求某一监理公司负责企业信息化工程项目全部的监理工作,这种方式对监理公司来说责任最大。要确保整个工程项目的进度、质量和成本的记录、跟踪、评价、反馈和控制。因此,监理的费用最高,适合企业对信息化工程项目建设不太了解,技术力量偏弱,但又急于开展信息化工程建设的情况。这种企业在信息化建设过程中通过监理公司确保工程顺利进行,但无法保证工程结束时系统运行的正常开展,因此,必须加大企业信息技术人才的培养,加强信息系统运行、维护和管理工作。

6.3 企业信息化工程监理方法

企业信息化实施项目的监理不同于建筑施工等其他项目的监理,从技术层面上看不仅技术复杂、综合性强、动态多变,而且每个项目都需要不断创新,技术成熟度、稳定性存在一定的风险;从管理层面上看,企业信息化实施项目具有很强的行业特点,企业的战略决策与工作流程存在着传统与现代并存的特色;同时还存在着生产产品、企业规模、组织结构等因素的影响;从信息化实现过程来看,监理从单机到多机,向集成一体化方向发展。因此,企业信息化工程监理的理论与方法正在不断完善。

6.3.1 企业信息化工程监理原则

企业信息化工程项目建设有着很大的特殊性、复杂性和创新性。制定企业信息化工程监理方法与步骤，必须遵守以下一般原则。

1) 参照工交、建筑监理法规

我国工交、建筑监理的制度和法规已经不断趋于成熟和完善，无论是政府监理，还是社会监理，都形成了一种相对稳定的格局，具有严密的法律规定，完善的组织机构以及规范化的解决方法。虽然信息化工程项目和一般工程建设项目的内容不一样，但是从形式上看没有本质性的区别，因此，在建立信息化工程监理机制时，在某些方面可借鉴工交、建筑建设监理制度中的一些行之有效的做法，这对于尽快建立我国的信息化工程监理模式是非常有益的。

2) 结合我国国情兼顾信息化工程项目的特殊性

实施信息化工程项目监理，既要借鉴国外的监理制度，又必须结合我国的国情，同时还要兼顾信息化工程项目自身的特殊性。

3) 符合企业信息化的方针和政策

实施信息化工程项目监理是为了推进和优化我国的企业信息化建设，因此，信息化工程项目监理要以我国政府有关企业信息化的方针政策为指导，充分体现企业信息化方针政策的基本思想，确保我国企业信息化有效、顺利地实施。

6.3.2 企业信息化工程监理内容

企业信息化工程项目监理与一般建设项目监理的内容相似，主要是以项目合同、已经颁发的标准、法律法规为依据，对信息化工程项目的质量、进度和投资等进行记录、比较、评价、监督和控制，管理工程项目建设过程中的有关文档资料，协调有关单位间的工作关系。信息化工程项目监理的主要内容概括起来包括四控、三管、一协调。四控即信息工程建设中的质量、进度、投资和变更控制，三管即合同、安全和信息管理，一协调就是组织协调工作。

1) 四控

质量控制主要是通过质量控制点对监理各个阶段进行控制。如招投标及准备阶段的主要质量控制点：项目建议书的审查、可行性研究报告的审查、承建单位技术资质的审核、承建单位提供的各类设计实施方案的审查；设计阶段的质量控制点：主要是项目总体方案的质量控制，包括工程总体技术方案、承包商提交的《项目计划》、工程质量保证计划和项目质量控制体系、工程进度计划等；实施阶段的质量控制点：督促承建单位完善工序控制、协助业主对严重质量隐患和质量问题进行处理、工程款支付签署质量认证等；验收阶段的质量控制点：验收资料准备、验收程序、验收内容等。

进度控制是通过一系列手段，运用运筹学、网络计划等措施，使工程项目建设工期控制在项目计划工期以内。信息化工程项目能否在预定的时间内交付使用，直接影响到投资效益的发挥。进度控制的目标与投资控制的目标、质量控制的目标是对立和统一的关系，应从系统的角度，正确处理进度、投资、工程质量三者之间的矛盾，在矛盾中求得目标的统一。尤其是项目进入实施阶段后，更应该对建设项目的实施过程进行有效的控制，一切活动都围绕着顺利达到预定的工期、质量和造价目标而展开。

投资控制是通过组织、技术、经济合同措施，分析项目实际投资不超过项目计划投资，主要是通过核实设备价格、审核修改设计和设计变更等手段加以控制。投资控制的总体目标是将工程建设的实际发生额控制在批准的投资额以内，随时纠正发生的偏差，力求在本工程建设中合理使用人力、物力和财力，取得良好的经济效益和社会效益。

变更控制是指在信息化工程项目的实施过程中，按照建设合同约定的程序对项目的部分或项目的全部功能、性能、架构、技术指标、集成方法、项目进度等方面做出的改变。变更控制通过建立一个完整的变更控制系统，对变更进行有效的风险预测分析和有效监管。通常的变更有需求变更、成本变更、合同变更等。

2）三管

合同管理是有效解决业主单位和承建单位在工程建设过程中的合同争议，保障工程各方权益的手段，是进行目标控制的有效工具。因此，合同管理必然是贯穿于监理活动的始终。

信息安全管理主要是通过对信息系统方案设计进行审核、对设备选型进行把关和在实施过程中严格进行工程质量控制等措施，确保信息系统工程符合业主对信息安全的要求和国家相关信息安全规范。知识产权保护贯穿于整个项目的全过程,包括工程方案设计、设备选型、设备采购、软件开发等,信息系统监理工程师应按照国家有关知识产权保护的规定严格要求信息系统工程建设各方遵照执行。

信息管理是科学地记录工程建设过程,保证工程文档的完整性和时效性,为工程建设过程的检查和系统后期维护提供文档保障,包括文档管理在内,是做好监理的一项有效的工具,是实现控制目标的基本前提。

3) 协调

由于企业信息化工程项目建设的复杂性和动态多变性,很难避免在项目建设过程中建设方与承建方之间的意见不一致,而且双方所处的利益出发点不同,协调是项目进展顺利的润滑剂。协调贯穿于信息化工程实施全过程。监理方负责协调项目建设过程中发生的变更、争议和索赔等工作,及时沟通业主方、承建方和监理方的三方意见与建议,这是监理的主要工作内容之一。

6.3.3 企业信息化工程监理过程

信息化实施项目的监理不同于一般的项目监理,信息化项目监理应当坚持全程监理的原则,对项目实施的前、中、后期分别采用不同的方法和流程进行有效的监理。在信息化项目监理过程中要做到项目监理与项目管理、决策控制相配合。通过信息化项目监理有效地进行质量控制、投资控制和进度控制,做好合同管理与信息管理,并站在中间立场协调项目实施双方的工作。

信息化工程实施项目监理工作主要以技术协议和商务合同为依据,结合信息化工程实施的内在规律,发现偏差、寻找原因、纠正偏差。通过锁定用户需求、控制方案更改,把问题发现在早期阶段,减少企业信息化工程实施过程中的风险。

信息化监理的工作方法主要包括独立调查、方案审核、实施检查、阶段及总体验收等。方案审核工作主要对承包方所提交的关键性文档,如调研报告、总体规划方案、技术开发方案和实施方案等进行审核。在监理过程中要建立健全监理工作制度,如日志制度、例会制度、例外报告制度等监理管理制度。针对信息化项目实施过程中出现的问题要进行客观公正的判断,提出相应的解决方案,推进信息化项目顺利进行,信息化工程实施监理工作分成三个阶段,分别是信息化项目实施前监理、实施过程中监理和实施后监理。

1) 信息化工程项目实施前的监理

企业信息化工程的实施项目与其他施工项目最大的区别之一在于必须加大项目实施前的监理力度。企业信息化工程项目总体方案一旦确定，在实施过程中需要修改或调整都会付出昂贵的代价，甚至成为造成失败的直接原因之一。信息化实施前方案的确定意味着企业在将来一段时间内信息化建设的总体框架、方向、目标已经确定。假如在信息化项目实施过程中，特别是在后期的程序设计过程中发现问题，或者在试运行时发现问题，对信息化工程的打击是致命的。

在前期监理工作中，一方面，要明确监理工作内容、监理职责，制定监理制度，调配监理人员、签订监理合同或协议。另一方面，直接参与信息化工程实施项目前的一系列准备工作之中。帮助企业选择项目承包商、选择软件、硬件、总体规划方案。审查项目调研报告、用户需求报告。评估项目的投资费用、工期预算、质量和技术水平。参与项目招标、开标和评标活动，监督项目实施合同，并对每个阶段实施的关键活动、日程、内容做好原始记录。信息化项目实施前期监理操作流程如图6-1所示。

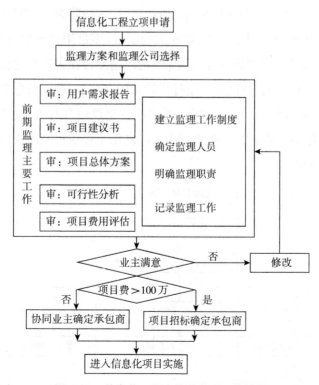

图6-1 信息化工程实施前监理工作流程

信息化工程项目的前期监理重点是系统的总体方案和可行性研究报告，通过测评、审核及业主的需求最终确定项目的承包商即实施单位或软件提供商。同时在项目实施前无论是三方中哪一方都需求得到技术、管理、制造等方面的知识支持，需要第三方的信息化工程咨询服务，在实际信息化项目实施过程往往咨询与监理相结合，即监理公司承担着技术咨询的工作。笔者认为，监理与咨询分开更便于信息化工程的顺利推进，监理具有强制性、责任性，对项目的成败具有较大的责任，在信息化建设过程中起主导作用。而咨询更具有指导性，为企业信息化工程建设提出更合理的建议和设想，在实施过程中显现出对信息化工程实施效果的被动性，建议是否被采用完全取决于业主的判断。因此，对项目成败不承担主要责任。

2) 信息化工程项目实施中的监理

信息化工程实施往往是分阶段、分步实施。监理公司都必须在实施过程中的每个阶段前起草并经业主审核通过《监理大纲》，每个阶段结束后写出完整的《监理报告》。在实施过程中发现问题及时提供《例外报告》，并采取提出相应整改建议，如果问题严重影响项目实施的质量、造成故障隐患，应当果断地做出《停工令》，责令实施承包商纠正错误，保证实施质量，满足用户预定目标，做到锁定需求、实时跟踪监控、及时纠偏、控制更改，把问题发现在未发生之前。同时协调好双方可能发展的矛盾，解决好实施过程的索赔、理赔问题。信息化工程实施项目严禁分包项目。项目的承包商就是承担项目建设的参与者，要求在项目实施中职责明确，质量可控性好、实施效率高。信息化工程项目实施中的监理工作流程如图6-2所示。

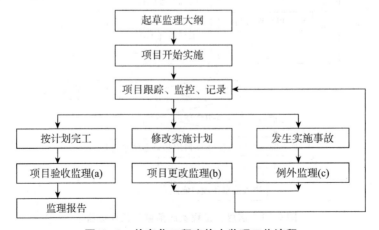

图6-2 信息化工程实施中监理工作流程

在信息化工程实施过程中的监理工作,都要在承建单位的积极配合下完成,监理公司要及时与业主取得联系,进行沟通。严格控制项目实施过程中的变更,一旦出现变更需求时,必须由项目总监理师会同承建商、业主共同商讨解决方案。在项目更改过程中,不允许降低项目实施质量、减少信息系统功能,增加项目实施费用,延长项目实施工期,使项目实施保质保量按期完工。一旦出现异常,及时提出紧急预案,确保项目正常完工。

3) 信息化工程项目实施后的监理

企业信息化工程实施后期主要监理系统试运行、项目完工验收、系统切换和系统维护等项目实施内容,信息化工程项目实施后期的监理工作流程如图6-3所示。

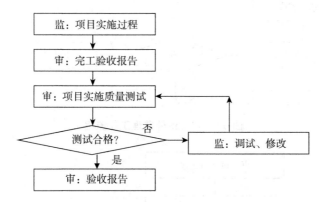

图6-3(a) 完工验收监理工作流程

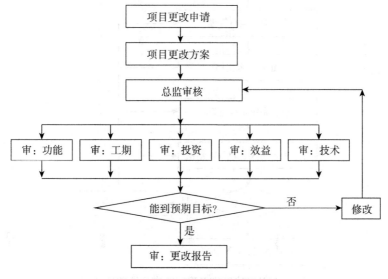

图6-3(b) 更改监理工作流程

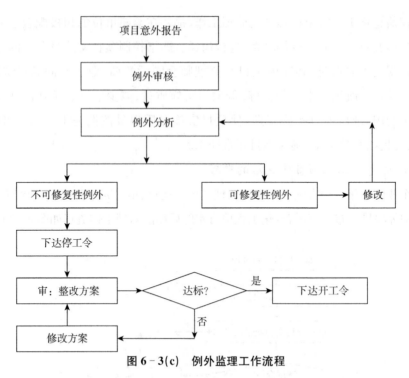

图 6-3(c) 例外监理工作流程

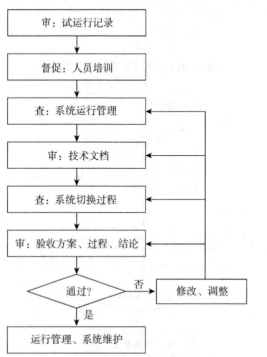

图 6-3(d) 信息化工程实施中后期监理工作

在试运行阶段,检查系统调试运行情况,对在试运行中出现的质量、功能、性能等问题,督促有关单位负责解决,督促整理工程有关文件和技术档案资料,并按合同要求督促完成操作、维护、管理培训工作,建立健全系统运行管理规章制度。

在项目验收阶段,帮助业主组织自查和初步验收,部分项目由监理单位组织验收,并签署工程价款支付凭证,协助完工验收的准备工作,督促责任单位对规定保修期内系统异常状况的检查、鉴定以及维护。

信息化工程实施单位在项目完成后应当将全部文档资料通过监理单位移交给企业,并由监理单位负责初查资料的完整性、正确性和新颖性。

6.4 企业信息化工程监理案例

6.4.1 企业信息化工程监理的缺失

1) A 公司信息化工程背景

A 公司是一家合资的制鞋企业,年产 1000 多万双鞋,年产值超过 10 亿元,拥有员工 2 万多人,是当地规模不小的家族式企业。起初 A 公司组织公司内部的 IT 人员研发了一套用于生产产品的开发和物料管理的电脑管理系统,另外还购买了一套 X 公司的财务管理软件。随着公司规模的不断扩大,原有的信息系统已经无法满足企业本身管理的需要。于是,在 1999 年开始规划实施信息化工程项目。向世界著名信息化工程软件供应商 S 公司表达了企业信息化的需求。

2) A 公司信息化工程实施过程

S 公司在信息化工程软件提供与实施方面是世界最有实力的软件供应商之一。S 公司第一次派出了由 3 名技术工程师和 4 名销售人员(4 名销售人员专程从香港赶来)组成 7 人代表团与 A 公司进行沟通,开展了为期三天的系统演示和培训。经过三天的交流,A 公司的董事长已经完全接受了 S 公司的理念,对 S 公司的软件十分向往。但是,A 公司对该项目的实施十分慎重。双方进行了长达 6 个月的谈判,对整个项目进行了讨论、研究、评估和论证。当时双方都认为已经谈得很透彻了,决定在 2000 年初开始实施。在实施过程中 A 公司聘请 D 作为

"实施顾问",并再一次对S公司进行考证,虽然考证结果给出了不同的意见。首先S公司没有在中国制鞋企业实施过信息化工程,A公司的业务流程非常特殊,S公司根本不了解,也没有对此作深入的研究。第二,A公司的原料经常发生不可预测的变化,直接影响到BOM的及时更新和确定。同时产品存在着多样性,因此企业对材料的需求繁多,需要强大、灵活、及时的材料编码,而S公司软件的编码灵活性存在缺陷。第三,A公司盲目迷信价格贵的就是好的,S公司软件价格惊人,第一笔签单320万美元。第四,S公司的实施顾问满脑子都是信息化工程理论,很少注重企业实际的需要。当时D多次要求S公司指派懂得行业流程的实施顾问来交流,但都被S公司以各种理由拒绝了。D向A公司的董事长提交了详细报告。但是不同的声音挡不住家族式董事长对S公司的向往。实施的结果表明,S公司的编码长度只有20位,而A公司需要28位以上。虽然S公司软件进行了修改,A公司编码规则进行了调整。但是,给编码带来了很大的不便。然后对企业业务流程重组,A公司必须继承传统的经验,在此基础上对现有不合理的管理工作流程进行改进。S公司的信息化工程系统局限于电子行业的先进管理思想,要求A公司按电子行业的工作流程重组实质上是背道而驰,给现有的管理带来了混乱,问题不断出现,软件不断修改,并要求A公司追加113万美元二次开发费,第二笔签约到款后派出了号称"世界上最好"的项目实施经理,以及5个工程师,2个实施顾问。但是,8个月后仍然一片空白,到2001年底A公司与S公司同时宣布信息化工程项目实施失败。

3) A公司信息化实施失败的教训

从A公司信息化实施工程失败的教训可见,企业在信息化实施过程中,第三方信息技术咨询的重要性和必要性,虽然A公司也聘请了第三方的咨询顾问,但是没有采用咨询顾问的报告,没有真正认识到第三方技术咨询的意义,在整个项目实施过程中更没有信息化实施监理。为此,有些学者提出了要求企业的CIO们擦亮眼睛,要审精神枷锁、审包装、审炒作、审打单、审"磨洋功",审软件供应商(华吉鹏,CIO,五审软件商)。国内外失败的案例充分说明了企业信息化道路很漫长和曲折,许多信息化工程软件成熟度、实施方法的科学性、使用环境的要求等都存在众多的不可控因素,对我国企业信息化而言仍处在探索阶段。国内信息系统工程市场还不规范,政策法规也不完善,而且缺乏监督机制。有些缺乏责任心的软件供应商只看到市场规模大、利润高,不顾自己的能力和资质,大力宣传"您给我机会,我给您创造奇迹。"导致轰轰烈烈的信息建设过程中留下极不正常的混乱局面。项目可行性论证不充分,用户需求分析不全面、不准确,用户需求不断变化,工期进行一拖再拖,供需双方的合同条文不规范,内容模糊、可执行性差,或存在二义性,发生争议后没有评判标准,项目结束后承包方没有及时、全面、准确提供与工程有关的文档资料,严重影响了工程的可持续性、可扩展性和可维护性。极少数的企业负责人利用信息化工程项目中的技术复杂性和实施过程的不规范等问题,与承包商相互勾结,故意造成项目不完善、不成功、长期无法完工,从中为个人牟利,导致信息化建设中的"豆腐渣"工程,损害了企业、国家的利益。

为此,我国目前急需要培植适合企业信息化的信息化工程实施监理,系统地研究企业信息化工程实施监理基础理论和方法。

6.4.2 监理确保信息化工程质量

1) 信息化工程监理简况

某政务信息化工程建设投资金额达数亿元,其总体目标是要采用现代信息技术,通过信息资源、信息共享平台、重点领域业务应用系统和安全保障体系建设,实现业务管理部门的互联互通和信息共享;促进业务管理部门间的业务协同与互动,提高业务管理信息化和科学决策水平,增强政府调控、驾驭市场变化、应对突发事件、总揽全局的能力。信息化工程涉及面广、建设周期长、共建部门多、建设涉及的技术面宽(包涵软件工程、网络工程、主机系统、标准化建设、信息共享和挖掘、信息安全以及机房建设等)、参建单位多,而且目前国家电子政务建设机制尚不健全、法规不完善、网络基础设施滞后。通过监理对工程的实施进行规范管理和科学评价,做到事先预防、事中监管、事后评估,避免问题发生,才能使工程达到预期建设目标。

作为该信息化工程的监理方,应当根据该信息化工程的需求,针对工程建设的特点制定详细的《监理规划》和《监理实施细则》,在规范监理制度的基础上,重点对工程的质量、进度和投资、变更进行控制,内容涉及标准体系、基础平台、安全平台、应用系统、机房等各个环节。通过细致的监理工作保证对工程的科学化、规范化管理。

2) 信息化工程的质量

质量是信息化项目建设的核心,是决定整个信息系统工程建设成败的关键,也是一个项目是否成功的最根本标志。监理进行质量控制是进度控制、成本控制和变更控制的基础和前提,如果质量失控,那么成本、进度和变更的控制就无从谈起,质量控制要贯穿于项目建设的始终。由于信息系统工程的建设过程主要是人的智力劳动,具有可视性差、度量困难、变更比较频繁等特点,因此信息系统工程的质量控制过程就显得更加复杂。项目的成功实现很大程度取决于由各系统和各个环节密切配合,因此监理工作中应把严格检查各工程阶段建设质量作为首要大事来抓。具体地说监理方应该监督工程关键性过程(如遴选承建单位、工程标准的编制与实施、应用软件系统开发过程、各系统的集成等等)和检查工程阶段性结果(里程碑),判定其是否符合预定的质量要求,并在整个监理过程中强调对项目质量的事前控制、事中监管和事后评估。通过阶段性评审、评估,度量、测试等手段尽早地发现质量问题,找出解决问题的方法,最终达到工程的质量目标。攻克难点、解决重点、确保关键点,是做好此项工程监理工作的基本保障。这里要强调的是业主对工程项目质量应该管,必须管,而且应该通过专业的监理单位在事前和事中管,绝不是事后管。当然,这里说的"管",是以承建单位自己对工程质量的管为基础,站在全局的高度上把握住承建单位工程质量管理的方向,提出承建单位质量管理的要求,便于承建单位更好地管理工程质量。同时也要站在监理方的角度去监督项目质量。

3) 信息化工程质量控制点

针对该项目特点和和难点的分析,得出项目实施过程面临的质量控制难点主要出现于以下几个方面:

(1) 目标控制 即承建单位的建设结果是否满足建设单位的质量要求,满足建设单位的业务需求。监理,就是用质量监理的方式和手段,规范管理的程序来保证这个项目按用户要求的高度实现。项目由于应用功能多、覆盖面广,而且由于我国处于经济转型时期,业务管理部门的职能不断调整,各部门的业务模式和应用需求变化幅度较大,增加了需求获取、系统设计和开发的难度,给实现目标带来了很大的困难。

目标控制难点也是信息化工程建设的质量控制重点。它的关键点体现在监理对承建单位的需求调研方式、问卷设计、调研过程、需求分析报告等重点进行质量监督和控制；体现在对技术方案的审核与评估上，通过审核使其符合项目总体设计要求，更要满足该项目应用的业务需求；在整个项目过程中体现对需求变更的控制，以避免变更范围蔓延，无法控制。

（2）技术控制　项目行业应用系统的应用功能多、接口关系复杂、可靠性、安全性和可维护性要求高，造成应用系统的开发难度大。项目进行质量控制的关键点体现于监理在项目实施全过程中依据合同要求审查承建单位的质量保证体系建设，推动承建单位加强项目的质量管理；督促承建单位采取符合项目合同要求、项目工程标准规定的技术路线、技术要求与系统架构进行设计；按照项目工程标准和国家标准规范规定的方法进行开发、实施及验收；在项目建设的全过程中，监理有重点、有选择地评估、度量承建单位的技术成果，跟踪承建单位的质量整改情况等。

这里要注意的是，面对项目多达两位数的承建单位，监理在对技术过程与成果进行质量控制时，要树立总集成商在技术上的权威性，充分发挥总集成商的作用，主要由总集成商对各子系统的承建单位进行技术把关；监理对整个过程进行监督、协调与控制。但这并不意味着监理方忽略了对承建单位技术成果的评估与度量：监理在项目的质量控制中，首先要对总集成的技术结果（如总体设计方案以及由总集成商承担的其他任务）进行评估和度量；其次由总集成商对各承建单位进行技术把关；最后监理应当通过抽查总集成商对子承建单位进行技术把关的结果来达到对各承建单位进行质量控制的目的。在这个过程中如果监理对子承建单位技术成果进行的抽查中，发现了不少问题，而总集成商尚未发现，那么可以确认总集成商尚未履行自己的责任。监理就应当加强对总集成商的技术把关能力进行质量控制。

（3）过程控制　在信息化工程特别是应用软件开发中真正按进度、质量要求完成且用户（业主）满意的，只占极少数，据报道不足20%，绝大多数工程都不同程度地存在问题，不少工程验收不了，或者验收完了弃之不用，存在大量浪费资金的现象。这种现象存在的主要原因之一就是软件系统建设过程的可视性差，而且在度量和检查方面难度较高。这一部分内容的监理也是信息工程监理的主要难点，它涉及的是对应用软件产品设计、开发过程的监理。应用软件开发项目质量控制的要点之一是在软件开发全过程的关键点采用质量度量技术对项目的质量进行评估，以便有效地进行项目的质量控制。对于信息工程监理来说，没有项目的质量度量,等于没有质量标准。在项目质量度量中,我们常用的质量度量有软件可靠性度量、复杂度度量、缺陷度量、规模度量等。

监理在进行质量度量的范围非常广泛,从需求分析到设计、实现、测试;从代码实现到各种评审、检视;会涉及从项目管理者到开发者、测试者、技术支持者、甚至用户的工作;每一个阶段、每一个角色的各种软件活动都会归纳入度量的活动范围内。这里要注意的是,监理只是选择一定数量的重点质量控制(度量)点进行度量。另外要充分利用相应的工具辅助度量工作,以提高度量的可行性和效率。

4) 工程标准的制定

标准化工作极为重要,它是支撑信息化工程建设和目标实现的重要手段。信息系统的资源整合是一项技术性很强的工作,科学的标准和规范是资源整合的前提和基础,它是衡量整合结果是否符合目标的基准。满足本系统建设、运行维护和管理工作的实际需要的工程建设管理标准是项目成功建设和顺利运行的基本保障。

项目工程建设标准的关键质量控制点是要确保建立起联系紧密、相互协调、层次分明、构成合理、相互支持、满足需要的标准体系并贯彻实施,以支持整体工程建设和运营维护。为了达到这个目标,在质量控制监理工作中要注重以下几个方面:

判断项目工程标准质量好坏的唯一准则是该标准是否能够正确地指导项目建设和运营维护,达到项目的建设目标。因此要把数据能否正确地进行共享与交换、业务处理是否正常、管理标准是否能够确实指导、约束参建单位的行为、运营维护标准的实用性等方面作为质量标准,结合使用标准的参建单位和专家评审意见,最终确认工程标准的质量是否达到合同要求。

由于标准化工作的承建单位是由多个单位组成的联合体,监理要确保由联合体各单位组成的项目组,选择一位技术精湛、协调能力强的人员对标准编制进行总体把控。以避免标准的各部分出现结构松散、层次不清、内容粗细和深浅不同,指标项缺失、过高要求,甚至互相抵触等问题的出现。

在技术标准的制定工作中,提出的指标应当合理、可行,有全局性考虑。例如,总体技术要求"表的设计要达到第三范式,又要求部分关键表应当单独进行备份",这将造成表的设计受到很大的约束,或者造成备份出来的表难以恢复至数据库中。又例如,要求单元测试的路径覆盖度达到 85％以上,这个要求在项目中不合理且缺乏可行性,可以替换成"代码函数覆盖数量或代码运行使用到的功能覆盖数量"等方面的技术要求。测试的覆盖率,可以用测试项目的数量和内容进行评价,应当根据测试对象的不同进行选择。像人—机交互的程序,带有用画面表示的人—机界面功能,由于数据量比较大,所以不仅要考虑执行语句的数量,还要考虑数据量。

第 7 章　企业信息化工程与业务流程重组

目前,企业信息化工程在企业中尚未较大规模地推动起来,实施成功的例子也不多见。即使在已经引进国际先进的 ERP 系统的企业中,实施成功率也不高。究其原因,关键在于企业流程管理和信息系统软件的分离,没有实现彻底的业务流程重组。企业业务流程重组是企业信息化的成功保障,已经成为企业信息化应用程度的重要标志。

7.1　业务流程重组基本概述

在手工管理方式下,企业已经形成了一套比较成型的流程和管理方法,大多数企业在信息化工程的时期,往往是将信息技术镶嵌于现有的经营过程中,用信息技术去模拟原来的手工管理系统,并没有从根本上考虑现有的流程是否存在问题;企业期望通过信息化来改善企业管理现状,其结果并不理想,往往没有达到预期的效果。事实上,实施企业信息化工程,并不是单纯地搞业务处理流程自动化。仅采用技术手段并不能解决问题,应当深刻地理解企业信息化工程内涵。实施企业信息化是在企业流程重组之上的一种管理创新。

7.1.1　业务流程重组研究现状

企业信息化工程实施不论其实施效果如何,都会经历企业业务流程重组的过程。BPR(Business Process Reengineering,业务流程重组)是信息化工程实施的必经历程,并成为信息化工程的一个重要组成部分。谁在信息化工程实施过程中主动开展 BPR,正确、科学、合理、有效地进行 BPR,谁就在企业信息化工程实施中增加了一份成功的希望。BPR 成为成功实施信息化工程的基石,企业信息化过程中对 BPR 的需求已经是一个不争的共识,但是如何开展 BPR 却仍然是理论研究的热点问题和企业信息化工程实施中的关键问题。

1990年,美国哈佛大学的迈克尔.哈默(Michael. Hammer)在哈佛商业评论上发表了题为《再造工作:不要自动化,而要推翻重来》的论文,明确了 BPR 的定义。BPR 就是要根本性地重新思考,彻底推翻旧的作业流程,以便在原有关键业务上,如成本、品质、服务和速度等方面,获得巨大的改善。哈默的 BPR 是期望在变革原有的经营管理思想和组织流程上产生激变,以增强企业的竞争优势。

自 Hammer 和 Champy 提出 BPR 思想以来,BPR 如一股旋风横扫全球。但是,至今人们对 BPR 的研究还处于发展和探索阶段。以 Hammer 和 Champy 为代表的"激进派"强调全面彻底地变革,要求企业完全在一种空白的状态下,重新进行业务流程再设计。以 Davenport 为代表的"改良派",则强调 BPR 以渐进的形式进行变革。William J.Kettinger 等人结合了彻底变革和渐进性改善的思想,将其通称为流程变革,并且提出了业务流程变革管理的理论框架。James 和 T.Teng 等人通过十几年的跟踪调查,从波特价值链的角度提出了流程变革的框架,这一框架把流程变革分成 5 个阶段,即:BPR 的组织推动力、发动流程变革、选择变革"使能器"、管理变革实施和组织变革方向。

20 世纪 90 年代初,无数企业为降低成本、缩短生产周期、提高顾客满意度而进行了 BPR 项目。在这一浪潮中涌现了许多成功的案例,如福特公司的物资采购流程的改进,AT & T 订单处理流程管理的加强等等。然而,正如其他管理理论一样,BPR 的发展和实践也不是一帆风顺的,BPR 虽然已经出现了近 30 年,但迄今还未形成一套成熟的理论体系,在理论的完备性和说服力方面仍然存在缺陷,其应用状况也始终喜忧参半。因此,在信息化工程实施过程中绝大部分实施承包商极力宣传信息化思想、观念,坚持彻底贯彻哈默的 BPR 理论。要求企业彻底推翻原有的业务流程,提倡"推翻了重来",创造一个全新的具有 IT 支持、信息系统保驾的现代化管理企业。其结果是"邯郸学步",仅起到了破坏作用。旧的经营模式、管理体系、组织结构被彻底摧毁了,但新的没有建立起来,或者立新没有成功,则将造成一片混乱。由于企业实施 BPR 较高的失败率,还有一些学者集中研究 BPR 成败的原因。例如 H.James Harrington 认为导致 BPR 失败率高的原因有 5 个:一是误用方法和目标效果;二是 BPR 对组织负面影响没有充分认识,尤其是忽略了人的因素;三是流程再造的创造性部分没有被很好地理解;四是项目周期太长;五是过分强调个别结果,如成本、周期等,而忽视了技术创新等其他指标。

纵观国内外 BPR 的实践现状我们也可以发现，BPR 作为一个理论体系还远未完善，其指导实践的较为完整的理论与方法体系仍然没有成形。目前迫切需要完善 BPR 的方法体系，特别是制约企业成功实施 BPR 影响因素及其作用机理和 BPR 实施效果的评价体系，这是 BPR 项目成功实施的基础，同时也是当前研究关注的重点问题。

迄今为止，人类历史上还没有任何一种管理思想、方法，能够像企业流程重组那样，在近 30 年时间里，就被全球各国企业家、理论家们一致肯定并迅速应用。

7.1.2 业务流程重组的内涵

企业业务流程重组的概念由美国学者迈克尔·哈默（Hammer）和詹姆斯·钱皮（Champy）提出以来，引起了广泛关注，开展了深入的研究与实践，其理论不断丰富。

企业流程重组（Business Process Reengineering，简称 BPR）或称企业流程再造就是以企业业务流程为改造对象和中心、以客户需求和满意度为目标、对现有业务流程进行根本的再思考和彻底的再设计，利用先进的制造技术、信息技术以及现代化的管理手段，最大限度地实现技术上的功能集成和管理上的职能集成，以打破传统的职能型组织结构，建立全新的过程型组织结构，从而实现企业在经营成本、质量、服务和速度等方面的重大进步。

可见，企业业务流程重组的对象与中心是流程，企业的业务流程从宏观到微观可以分成战略流程，经营流程和事务流程。战略流程主要是企业长远规划，涉及企业外部各种因素，经营流程是企业的核心流程，不仅涉及面广，而且动态变化快。事务流程涉及人员、资源和管理水平。在中国的国情下，企业业务流程重组的涵义是：在信息技术渗透的条件下，以系统整合思想为指导，从根本上重新思考和设计企业业务流程及其支撑要素，在企业内部实行"市场链"管理，以使企业整体效益达到最佳化。

7.1.3 实施 BPR 的意义

我国现行企业的组织结构大都是基于职能部门的专业化模式，这种组织结构的特点是职能部门多层次。从最高管理者到最基层的员工形成了一个等级森严的"金字塔"型的组织体系。这种结构适应于稳定的环境、大规模的生产和以产品为导向的工业化时代。当今企业处在以市场为导向,客户为服务对象的信息时代,市场的不确定性增加,用户需求越来越多样化和个性化。用户追求时尚、经济和快速响应为特征,企业不仅要追求规模经济,而且更加强调时间经济效应,传统的组织机构越来越显得僵硬,存在着机构臃肿、横向沟通困难、信息传递失真、缺乏竞争活力、对外界变化反应迟钝等弊端。企业信息化建设必须抛弃落后的管理方式方法、管理制度、组织结构、营销理念,传承科学、合理的经验、知识和特色,才能使信息化建设顺利进行。

IT的出现使组织的管理模式和沟通方式发生了根本性转变,使得现代化的企业管理机制成为可能,建立企业内部的管理信息系统使企业的信息成为获得竞争力的一种核心资源。在企业内部建立了有效的信息系统,使流程重组成为可能,IT作为BPR的"使能器",在变革过程中扮演了不可或缺的角色。同样BPR为IT的效益、效率与效应提供了保障。

企业信息化工程的主要目的之一是提高企业的核心竞争力,信息化是要依靠IT平台,MIS系统支持来实测企业的运行现状、预测企业的未来、辅助企业决策和控制企业行为。企业信息化所追求的每一个目标都离不开支持系统正常运行的数据。数据描述企业,数据加工成信息,信息指导、规范行为。没有畅通、高效、灵活的流程,没有及时获取正确、全面的数据,信息系统必将被人们抛弃。要想实现畅通、高效、灵活的流程,及时获取正确、全面的数据只有依靠实施业务流程重组。实施BPR必须具备两个重要的前提条件,即高度发达的信息技术及具有多种业务能力的高素质的人。信息技术在企业中被运用的层次越高,改造就越彻底,流程的效率就会越高。

7.1.4 信息技术与BPR关系

BPR来源于信息时代,更要服务于信息时代,它对企业变革具有重要意义,同样对企业信息系统规划也具有积极的引导作用。过去企业在进行信息系统规划时,通常只是把原来的业务处理自动化,这样得到的信息化应用方案通常不能很好地支持企业的长远运作。在进行企业信息系统规划时,通常是按照职能划分来考虑信息系统模块设计,而不是以业务流程为基础,致使信息化应用只是存在于流程上的个别处理环节,形成了一个个信息孤岛,信息流没能够真正的流动起来。进行以流程为中心的企业 BPR 再造,塑造新型的企业改革文化,在此基础上进行企业信息系统规划,可以更好地提出企业需求,更好地设计企业信息化应用的长远规划。企业在实施信息化方案的时候,由于信息技术本身对企业业务流程、组织结构、企业文化都会有很多影响,如果不能很好地规划实施,就很容易中途流产,即使软硬件系统都已到位,具体的应用也很难贯彻下去,这样不但没能改善企业运作效率,反而成了额外的负担。企业进行 BPR 可以更好地实现信息化目标。在信息化方案实施的过程中,充分考虑企业业务流程,组织结构以及企业文化等各方面可能产生的变化,为信息化方案的实施提供有力的支持,把 BPR 企业改革的思想贯穿于整个信息化的过程中才能更好地达到企业信息化目标。

信息技术带来了 BPR,同时信息技术为 BPR 的实现提供了有利工具,BPR 的开展必须利用信息技术。同样 BPR 对企业信息化方案的实施具有很强的指导意义和支持作用,企业信息化离不开 BPR 的指导。没有信息技术,BPR 是不可能成功的,同样,在企业没有 BPR 思想的指导和配合,企业信息化也很难达到预期的目的。二者之间是相辅相成、双向驱动、互相支持的互动关系。BPR 与 ERP 关系紧密,但两者决非等同。大多数国内的企业 ERP 管理软件方案供应商往往只是一个单纯的技术方案供应商,对企业组织结构和业务管理流程深入研究不够,不能帮助企业重建流程管理。因此他们往往"进去了,出不来"。企业 ERP 方案供应商要想提高自己的服务能力,就必须掌握"流程设计和管理"知识。

7.2 实施 BPR 的关键因素

BPR 已经成为企业信息化工程建设深度的重要标志,因此,BPR 的成败直接影响到企业信息化的成败,BPR 是企业信息化工程的关键因素。要提高企业信息化工程成功率,首先必须研究影响企业 BPR 成败的关键因素。影响 BPR 实施成败的因素有许多。

7.2.1 影响 BPR 的关键因素

对于企业而言,变革是客观存在的事实,与所有的组织和生物界的有机体一样,不适应环境的变化就会面临灭亡的命运。当今企业正处于信息化的巨大变革的时代,这就要求企业适应这种变革,并能根据内外环境的变化进行相应的变革,处理好变革过程中的各种关系和问题,使企业通过变革后形成新的核心竞争力,这样才能在激烈的竞争中立于不败之地。企业 BPR 的实施不是一个孤立的步骤,它是一个复杂的系统变革过程,涉及很多因素,企业要实施 BPR,首先必须考虑这些影响因素的作用并结合企业实际情况进行分析,找出制约本企业成功实施 BPR 的原因并加以改进,以减少企业实施 BPR 的风险。

1) 企业环境

环境可分为一般环境因素和特殊环境因素。一般环境也就是企业活动所处的大环境,包括:政治、法律环境,社会、文化环境,经济环境,技术环境,自然环境;企业的特殊环境主要由供应商、顾客、竞争对手、政府机构及特殊利益团体等因素构成。环境几乎是任何企业系统的重要影响因素。企业是在不断发展变化的,它与其所处的环境息息相关,和环境之间不断进行信息和能量的交换,环境的变化导致企业系统本身要做出反应,形成一个开放、独立的复杂系统;环境的变化直接影响企业的发展能力。企业作为一个系统,在环境突变的情况下,寻求企业的继续发展是一个系统延续性的问题,也是促使企业变革的主要动因。今天越来越多的企业面对的是一个动态的、变化不定的环境,这要求企业适应这样的环境,BPR 的实施就是企业环境变化的产物。

实施 BPR 必须考虑企业对变化的准备程度,也即必须考虑企业的环境变化,它们既可以是促使企业实施 BPR 的动因,也可以成为阻碍企业实施 BPR 的阻力。例如,作为实施 BPR 的影响因素之一——企业的外部环境的影响,实施 BPR 的原始推动力是企业所处的激烈竞争的市场环境,但同时企业也要考虑其在整个供应链中所处的地位,不应该把其作为独立于其他企业的个体,要使企业的 BPR 实施能够被别的企业所接受。

2) 战略规划

企业战略就是企业整体运行的根本指导思想,它是处于变化的内外部环境中的企业当前及未来将如何行动的一种总体表述。企业战略不是虚无的理论,而是具有操作性的选择,任何一个企业要获得发展,首先要学会在竞争中生存和发展,面对动态变化的环境,企业战略必须以变制动,在变革中求得发展的平衡。企业战略也不仅仅是一种观念,更是现实的行为,企业特定历史时期的经营战略是企业业务流程运营的总体目标和方向,需要一系列高效合理的企业流程与之相配合,因此,作为实现企业战略目标的管理手段之一的 BPR,与企业战略之间的相互关系,是企业实施 BPR 所必须考虑的问题。

3) 流程

流程是企业各项管理活动的基础,联系着组织、人员与各种资源。企业的使命是为顾客创造价值,而为顾客创造价值的便是流程。从表面看,企业组织结构是以业务和职能部门来划分的,但是,在企业内部真正创造价值的是企业的流程,没有一个部门单独的活动能够创造价值,只有把所有活动放在一个整体框架内进行才能创造价值,这个框架就是横向切割职能部门的业务流程。由此可见,流程已经在企业中显示出十分重要的地位,流程的不同组合,其效率也不一样,有的流程包含了许多不增值或不必要的活动,使得整体的效率非常低,如何把效率低的流程转变成效率高的流程,使之符合企业发展的需要,这就需要对企业流程进行变革。BPR 强调"组织为流程而定,而不是流程为组织而定",主张企业业务以流程为中心,全面关注业务流程的系统优化,重流程、而不重职能,完成组织由"职能型"向"流程型"的转变。

4) 信息技术

信息技术已经成为改造企业管理模式、改善未来赢利手段、提高企业竞争力的关键,为企业带来显著的竞争优势。信息技术最终的服务目的是将企业的战略方案转变为技术方案,使企业通过区别于竞争对手的运营方式进行运作,以获得新的竞争优势。BPR 的产生在很大程度上是由于信息技术的迅速发展,随着经济全球化和信息化进程的加快,信息资源作为企业生存资源的战略属性和作用越来越被人们所认识。信息系统在企业的生存和发展中起着越来越重要的战略作用。信息技术的出现使组织的管理模式和沟通方式发生了根本性转变,使得现代化的企业管理机制成为可能,建立企业内部的管理信息系统,就使流程再造成为可能,信息技术作为 BPR 的"使能器",在变革过程中扮演了不可或缺的角色。

5) 组织结构

企业组织是企业生产、经营、管理的载体,是企业生产关系(经济构架)和上层建筑(管理体系)的统一体,是有效实现企业目标的保证。因此,企业组织结构的设计和管理,是企业经营管理的最基础内容。组织结构是否科学直接影响到企业决策的科学性、管理的效率、生产经营成本等企业发展的重要指标。BPR 需要通过与其相适应的组织结构去完成方能起到很好的作用,组织结构设计的科学、合理与否,在很大程度上制约着企业 BPR 的实施成效。

6) 管理水平

企业管理水平是组织运作水平的度量,是指管理科学化程度、规范化程度、精细化程度及对组织运作的效率、质量和功能发挥的作用的一种影响。实践证明最有可能获得再造成功的企业往往是那些依靠 BPR 获得成功的企业,那些起步于健全的管理机制的企业有更多的获得再造成功的机会,因为包括战略规划、资产预算、费用预算、财务、设备投资及员工评估、报酬在内的管理机制必须对再造项目的顺利实施行之有效。许多企业的再造项目起始于管理机制而不是企业流程,这并不令人惊奇,因为再造企业流程首先会对不健全的管理机制施加额外的压力。

7) 人员

人是企业最核心的资源,只有发挥了人的积极性、创造性,企业才能有效地运转起来,没有职工的积极参与,任何先进的技术与管理手段,都不能取得很好的经济效益。企业组织是由人构成的,由人的社会性和目的性所决定。组织运动的效率在很大程度上取决于管理者与执行者的素质和对组织本身以及对工作的态度。BPR 最终是要由企业各级人员来实施的,每位员工是否拥护和支持变革关系到变革的成败,企业内员工对变革的积极态度和行为是保证成功实施流程变革的关键。

8) 企业文化

BPR 促使企业不断革新。以创新思维开展业务流程重组,经验在业务流程重组过程中不一定是财富,完全可能成为革新的包袱,严重阻碍着 BPR 的顺利进行。教育成为 BPR 实施成败的关键,企业各级人员都必须参与学习,提高管理水平,重新认识企业存在的各种潜在的危机,寻找新的增长点。知识成为企业的财富,技术是第一生产力,企业应通过教育不断重新认识自己,以更加有效地开展 BPR。

7.2.2 成功实施 BPR 影响因素的作用机理

了解影响 BPR 成功的主要因素是成功实施 BPR 的基础,通过 BPR 达到提高企业竞争力的关键在于如何有效地掌控、利用这些因素，必须深入透析这些因素的作用机理。

1) 企业环境

如果环境变化而企业停留在原基础上，则企业执行新政策时产生矛盾而使管理失效。因此，环境的变化使管理效率呈递减趋势。值得注意的是，中国企业虽然有实施 BPR 的必要性和可能性，但是 BPR 思想产生于美国，有着美国企业的环境背景，而我国企业的内外部环境与发达国家有着较大不同，因此实施 BPR 更有其艰巨性，实施的思路和重点与西方发达国家可能要有所不同，例如大多数美国企业已达到信息化水平，实施再造工程没有技术上的问题，而对于中国企业来说，很多企业需要一定的信息技术投入，达到临界点后才能具备再造的必要条件，因此，应该积极探索我国企业实施再造工程的有效途径。鉴于对中国企业的现状分析和对再造工程理论的研究，在实施 BPR 的过程中要充分考虑到我国企业所面对的具体环境。

2) 企业战略

目前企业战略层 BPR 的方法体系尚不完善，诸如企业实施 BPR 步骤间的联系和过度、确定各步骤需要的时间和达到的标准等问题，还处于不明确、不系统的阶段。因此，实施 BPR 必须考虑企业的战略模式，在正确的企业战略指导下进行，如可依托于企业战略规划，确定 BPR 项目的展开步骤和各部门的具体再造任务等。成功的业务流程再造实施要完全站在企业战略的高度上优化设计流程，做到有的放矢的同时，兼顾企业的组织、信息技术等关键要素，只有这样才能充分了解企业面临的机遇与挑战，确保再造项目的成功。以企业战略为根据制定 BPR 战略，即关于企业业务流程如何再造的战略规划，它包括建立企业共同愿景、确保最高管理层支持、规定出业务流程再造的范围(是限于企业内还是跨越企业边界)、变革的程度(是渐进式的改进还是激进式的重新设计)、选择再造流程、制定绩效度量标准(以流程结果为依据)、资金预算和时间安排等内容。

在进行 BPR 战略研究时，必须将业务流程再造战略与企业战略联系在一起，作为一个整体战略进行研究。企业战略受到外部环境中的政治、经济和技术等因素以及竞争压力的影响，符合企业自身的实际情况。企业战略确定了企业未来发展方向，业务流程再造战略必须与企业战略保持一致。即业务流程再造战略必须以企业战略为基础，并服从于企业战略，在信息技术的支持下，通过企业流程、管理模式、组织结构和企业文化等方面的变革,使企业经营业绩取得显著的提高,提高企业的竞争能力。

一个企业往往具有多个主要流程,并不是所有的流程都需要再造或有可能进行再设计。另外,再造流程的顺序安排不当也会造成严重的问题,如果先期效果不明显,就有可能使组织成员逐渐丧失信心,不能自始至终地给予支持,从而导致全局的失败。因此要成功的实施业务流程再造,首先要选择合适的再造流程。根据企业的未来发展战略选择再造流程。企业战略通过企业具体的目标表现出来,企业战略目标具有可分解性,即战略目标可以从不同的侧面进行反映并分解为不同的具体子目标。

面对企业外部环境的不断变化,企业的管理者应站在战略管理的高度,为企业的发展进行总体谋划,并付诸实施,为企业创造价值,企业战略需要不断适应外部环境的变化而变化。目前国内有很多企业忽视战略沟通的重要性,企业在制订战略规划后,往往不能将企业的战略意图清晰地传达给员工。由于缺乏有效的战略沟通,非常容易导致企业各部门失去共同的方向和目标,致使企业在实施战略中屡屡受阻,BPR是一个战略性的系统工程,同样也需要企业上下充分有效地沟通。

3) 企业业务流程

BPR根据客户的要求,对企业现有业务流程进行调研、分析、诊断和再设计,然后重新构建新的、面向客户的、效率明显提高的流程。此外,企业在实施BPR的过程中,要能够识别关键业务流程,即选择那些可能获得阶段性收益或者是对实现战略目标有重要影响的关键流程作为先期再造对象,以便能够尽早地看到成果,在企业中营造乐观、积极参与变革的气氛,减少人们对变革的恐惧心理,进而带动企业全面变革的实施。值得注意的是,BPR的直接对象是流程,但还要考虑到流程的支持因素,如组织结构等,流程的变革势必会带来组织的变革。改变现有的、不合理的组织结构,将面向职能型的组织结构改变成面向流程型的组织结构。

4) 信息技术

虽然实施BPR不仅仅是单纯的技术问题,而且从理论上讲BPR可以独立于信息技术而存在,但这种独立是相对的,要达到企业运作的高效率,进行流程撤并和整合,消除中间冗余环节和路径的目的,若没有信息技术的支持几乎是不可能实现的。信息技术的真正价值在于它提供了必要的工具和手段，使得人们有能力打破传统的管理规则，创造出新的工作方式，从而给企业带来新的活力。信息技术在BPR的实施过程中起着至关重要的作用，强调利用信息技术来转变工作方式，而不是简单地将现有的工作方式自动化，是一种使能器和机会的创造者，在组织成员的沟通、教育、业务流程的选择、应用、模拟以及变革的领导和建立团队远景方面，信息技术都发挥着重要作用。BPR理论强调在实施信息技术之前，首先要有正确的流程，只有这样，才能使BPR的成功实施成为可能。因此，BPR的最重要内容是精炼和整合现有的流程。流程再造强调删除非增值的活动、简化不必要的活动、整合任务和自动化流程业务等，这些做法都离不开信息技术的支持。它们的实施要求对原有的组织机构和人员设置进行重新安排，利用新的信息技术，建立相适应的信息系统，建立新型的、现代化的企业管理手段。信息技术的实施本质上来说也是一个企业变革管理的过程。要成功实施流程再造，建立适合企业发展和运营的集成的信息系统。信息技术一般是BPR的必要条件，而不是充分条件，信息技术若选用得当，就能够有效地促进流程再造的成功。

5）组织结构

实施BPR以后，企业将转变成面向流程的运营方式，其组织结构也将变得扁平化，BPR离不开企业组织结构的变革，组织结构是企业全体员工为实现企业目标，在工作中进行分工协作，在职务范围、责任、权力方面所形成的结构体系，它涉及组织为完成整体目标，根据能力进行的分工与协作关系。不同的时代要求组织具有不同的能力，也就需要不同的组织形式。在实施BPR的过程中，流程再造要求组织结构必须发生变化，组织结构的变化体现了组织资源的重新分配以及组织成员角色的调整及其关系的重新安排。传统的组织结构以职能来划分，这样的组织内部各自为政，协调工作比较困难，工作效率低下。

改革的最重要方面不再是"彻底性"，而是"流程"，流程在组织中的地位日渐突出，在基于流程的组织模式中，组织是围绕业务流程运作的，职能单元只是为业务流程提供服务性支持。组织要想实践以顾客为中心的宗旨，在变革的环境中成长，在激烈的竞争中获胜，必须开展组织形态创新，不再仅仅从职能的角度去看待组织，而是应用分析工具——流程，从流程角度去分析作为一个投入—产出系统的组织，实施BPR，打破金字塔状的组织结构，以流程为中心，实现企业内部上下左右的有效沟通，以便于企业员工参与企业管理，使企业能适应信息社会的高效率和快节奏，形成具有较强的应变能力和较大的灵活性的流程型组织。

6）管理水平

在中国企业实施BPR，有其必要性和可能性，然而在大多数国企分工不清、职权不清的情况下，更有其艰巨性。因此对于大多数管理水平低下的中国企业来说，这一因素的影响显得尤其重要，应该引起足够的重视。

7）人力资源

管理好人对变革的态度和行为，是BPR的一个重要内容。无论是什么样的变革，都会牵涉到人，而人对变革的反应是难以预料的。BPR失败的一个重要原因就是包括企业管理人员在内的员工思想的变革滞后于企业经营过程的变革，项目小组的成员理解变革的必要性是很显然的，但是受到变革影响的其他人会产生什么反应，就很难预料。

人的本性并不喜欢变化，人们愿意维护现状。受到变革影响的人可能会提出反对并使整个项目的执行延迟，或者更糟的是他们可能会拒绝变革，结果项目只能搁浅。并且，受到变革影响的人不一定局限在企业的范围内，还有可能是顾客或供应商，对于这些受变革项目影响的人，更要注意他们的反应，如果在变革的过程中失去了原来的顾客或供应商，那么即使企业内部变革完成了，企业也已经失去了他原来的市场。

BPR最终是要由企业各级人员来实施的，每位员工是否拥护和支持变革关系到变革的成败，企业内员工对变革的积极态度和行为是保证成功实施流程变革的关键。在企业内部必须获得对实施BPR的广泛认同。如果得不到企业大多数员工的支持，BPR就不可能取得成功。要使企业内部对实施BPR得到广泛的认同，必须在BPR实施之前进行有效的沟通。在企业中，各级管理者和员工对变革的看法极有可能会不一致，对于高层领导来说，变革是一种机遇，通过变革战略方向和经营机制，提高企业的经营效率和效益，从而增强企业的核心竞争能力。而对大多数员工来说，包括各级中层管理人员，变革对他们来说是一种风险，变革可能意味着丧失他们已有的职权，个人的专长无从发挥，需要重新学习新的技能，甚至自己的岗位受到冲击，担心被裁员。所以管理人员与员工之间观念上的差异可能会导致在变革过程中公司领导的战略意图无法得以实现，消除这种分歧可以通过企业上下充分有效的沟通，不断的培训和教育使员工充分认识到变革的重要性和必要性,使员工成为变革实施的积极参与者。

人的行为受他们主观思想的支配,因此首先必须在思想上达成共识,特别是在最高领导层内部达成共识,这种共识包括对 BPR 实施必要性和可行性的共识。其次,要得到中层管理者的支持;最后,BPR 必须得到一般员工的支持。可以设想,最高领导层内部无法达成共识,甚至互相唱反调,是不可能得到广泛支持的;如果不能得到中层管理者的支持,难以想象会得到他们的下属,即基层员工的支持。因此,在组织上下必须达成实施 BPR 的战略共识,没有战略上的共识,就很难使战略转化为员工的行动,只有当组织的参与者都支持变革,变革才能成功。这些参与者包括企业的高层领导者、中层管理人员以及基层员工等。

8) 企业文化

企业实施 BPR 一定要充分考虑到组织文化的作用。组织文化具有凝聚作用、导向作用和激励作用。作为团结力的组织文化能抑制政治冲突,倡导共同信念,促进遵守规矩的风气,如果人们信奉同样的组织文化,那么在一些问题上能够较为容易地达成共识。从这个角度上来说,组织文化对于变化是一种强大的制约力,它既可以支持又可以威胁 BPR 的实施。既定的信仰、行为和假设与变革所需的文化之间可能有很大的差异。因此实施 BPR 时一定要重新审视企业现有的文化与推动变革的那种文化之间有哪些一致,哪些不一致。现有文化的影响力有多大,以及其在企业中不同工作群体之间的关系,并且利用变革的机会在企业中确立一种新的、支持变革的组织文化,即在实施的过程中,要重新设计企业文化价值和体系,并按需求来更改现有的组织文化,要让变革的思想融入组织文化中,这样才能确保 BPR 的成功。组织文化是企业成员长时间形成的共同的行为方式,它具有持久性和惯性。一般而言,组织文化不会轻易改变,但当环境发生变化,当组织文化不能适应 BPR 的要求时,组织文化也必须进行相应的改变。如果企业满足于以往的成就,安于现状、不思进取、固守老一套的思想作风和经营理念,就会在激烈的市场竞争和迅速变化的环境中败下阵来。组织文化对变革推动力的大小,主要取决于人们对文化的信仰程度、信心程度以及行动力度。同时组织文化理念的形成是一个潜移默化的更替过程,消除一种阻碍组织文化发展的影响,不能简单地通过批判或摒弃来实现,必须提出一种能为人们所接受的新理念,以此逐渐替代原有的文化理念,并用激励、考评、提拔制度以强化支持变革的组织文化。这就要求企业在实施 BPR 的过程中应慎重对待并深入了解组织文化背景,将变革的思想融入组织文化之中,并在得到企业高中层领导及基层员工的支持与认同的基础上进行变革。

7.2.3 成功实施BPR的各因素之间的关系

影响BPR实施成败的有环境、战略、流程、文化教育、信息技术、管理水平、人员和组织结构等因素。这些因素之间的关系是相辅相成、缺一不可的,企业在实施BPR的过程中,要综合考虑这些因素及其作用机理以及它们之间的相互关系,以保证BPR的顺利实施,它们之间的关系如图7-1所示。

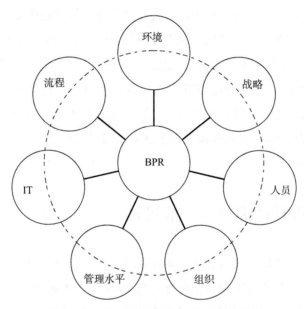

图7-1　BPR与各因素之间的关系示意图

一个项目或组织的成功是由很多因素决定的,在不同情况下,至少能够辨识出一些主要的因素,并把这些因素放置到特定的环境中来考虑它们产生的系统结果。企业实施BPR不是一个孤立的步骤,它是一个系统的变革过程。战略是它的驱动力,BPR不仅仅是业务流程单方面发生变化,它同时涉及组织结构、信息技术、人力资源以及组织内各个方面的关系。BPR的目标是改善企业绩效,获取竞争优势。因此在实施BPR之前,必须要把握一些关键的影响因素,从而使变革的过程处于可控状态。传统的流程观认为,流程的运作由功能各异的活动按照一定的逻辑进行,流程的管理基本局限在严格执行流程的逻辑规则上。要提高流程的绩效,关键是如何优化流程的逻辑关系,提高流程的运行效率。而对于流程的执行者——人的因素并不考虑在内,因为人是理性的,能够胜任所赋予的工作任务。只要流程事先按规范和最优的方式设计,则就能提高工作效率。这种观点的确部分或局部提高了流程的效率,但是提高的幅度和力度远远没有管理者预期的那样明显,甚至可能会导致效率的下降。这也是早期许多流程变革项目不能取得预期绩效的原因之一。流程的这种认识观在稳定的市场条件下是有效的,但随着信息时代、网络经济的到来、市场竞争的加剧和环境的不确定性,要求流程具有一定的适应性和柔性,从而增加了对流程的认识和管理的难度。同时对人力资源的管理受到了前所未有的重视,流程管理中的不确定成分也增加了,人本管理理念在流程中的渗透使得流程的管理逐渐走向混沌的边缘。在这种背景下,仅仅依赖信息技术的进步、科学管理的精确化和规范化思想来提升流程的绩效显得力量不足。也就是说,与流程参与者有关的隐性因素的重要性越来越不能低估。如何合理引导流程执行者参与和支持变革,探讨能够促进人员之间有效合作的协调机制,使组织的资源能够有效发挥作用,是流程变革管理的基础和主题。这种观点要求对流程进行再思考,需要关注一些有别于流程显性因素的隐性因素。

7.3 BPR 设计的原则与一般过程

企业实施 BPR 是企业信息化成功的保障,是企业信息化的基础工作。充分发挥信息流的作用,首先要理顺企业业务流程,企业业务流程的设计是一项十分复杂细致的工作,BPR 的设计是企业革新成功的关键,直接影响到企业的生存与发展。

7.3.1 BPR 设计原则

实施 BPR,首先要根据企业的实际情况,制定出行之有效的实施方案,实施方案的确定必须遵守 BPR 设计原则,在一般情况下,BPR 设计原则如下:

1) 动态性原则

企业是一个不断适应环境变化的复杂系统。在 BPR 设计时,必须充分考虑这一特点。企业的组织结构趋向扁平化,组织职能趋向柔性化,无论是重构战略规划流程,还是具体的业务处理流程,分工不宜太细,组织和人员应易于按不同项目灵活组成柔性工作团队。

2) 目的性原则

BPR是实现企业经营目标的管理手段,因而它必须成为企业经营战略体系中的组成部分。如果将BPR游离于企业经营战略体系之外,很容易徒劳无功,甚至增加风险。在BPR设计时,应当充分考虑企业经营目标是什么？原有流程是否的确阻碍了企业经营目标的实现？设计新的流程是否能有效达到企业目标？

对BPR进行可行性论证及绩效分析后,才能着手实施计划,否则只会在错误的道路上越走越远。

3) 市场导向原则

市场对企业的生存与发展起到了决定性作用,顾客是上帝不是概念,而是现代企业经营必须遵守的基本观点。产品在市场中找到合适的顾客,企业所做的努力得到认可、付出成本得到补偿,顾客是确保企业的长期盈利和生存的依靠。BPR设计要以市场为导向,顾客为中心。

4) 核心竞争力原则

企业战略管理中一个重要结论就是要保持和发展企业核心竞争力。麦肯锡咨询公司认为企业核心竞争力是"某一组织内部一系列互补的技能和知识的结合,它具有使一项或多项业务达到世界一流水平的能力。"核心竞争力来自于洞察预见能力,例如发明成功产品的创造性才能,卓越的分析推理和前线执行能力等等。企业的竞争更趋向核心竞争力的竞争。组织设计要能够保持和发展企业核心竞争力,提供各种资源、制度和环境,设计出有效顺畅的企业业务流程,增强"前台"与"后台"的协调与统一。

5) 知识经济时代发展规律

在知识经济时代,知识成为超越传统的土地、劳动力和资本的更为重要的资源。知识正被系统地、有目的地加以利用。知识实现从知识应用于工具、应用于工作到应用于知识转变。特别是存在于员工头脑里的意会知识和固化在组织制度、管理形式、企业文化中的知识等隐性知识作用巨大。员工队伍的中心从体力型的普通管理员工迅速转向知识型员工。由于知识实现了从管理层到员工的回归,企业的权力也相应地实现了分散化。

6) 建立通畅的交流渠道

从企业决定实施 BPR 开始，企业管理层与职工之间就要不断进行交流。要向职工宣传 BPR 带来的机会，如实说明 BPR 对组织机构和工作方式的影响，特别是对他们自身岗位的影响及企业所采取的相应解决措施，尽量取得职工的理解与支持。如果隐瞒可能存在的威胁，有可能引起企业内部动荡不安，从而使可能的威胁成为现实。

以上原则可以归纳成如下几点：(1) 组织结构以市场和客户为中心，而不是以任务为中心。(2) 让那些需要得到流程产出的人自己执行流程。(3) 将信息流、工作流和事务流融合成一体，并作为工作岗位职责。(4) 企业资源集成统一。(5) 尽可能地并行工作。(6) 使决策点位于工作执行的地方，在业务流程中建立控制程序。(7) 一次性地获取信息资源。

BPR 不仅是一种管理技术，也是一种管理思维方式。在 BPR 设计时，不能被原有管理、业务流程所局限，应当从全新的角度出发，再思考和分析，开展最优化设计。

7.3.2　BPR 一般过程

企业信息化工程建设是否成功，关键在于能否通过信息系统最大限度地发挥企业各种资源的作用，能否协调好企业的各种流程，使企业处于最佳的运行状态。BPR 不能为了流程的履行而改造，而是要将过程以职能部门为组织方式的传统管理模式转变为以流程为组织方式的现代化管理模式，企业要实施信息化和开展 BPR 已经是不争的事实，现在的关键问题是如何通过 BPR 提高企业信息化工程实施的成功率，如何通过企业信息化促进 BPR 的作用。

1) 识别企业的关键流程

企业无处不存在着各种各样的流程，识别企业的关键流程是 BPR 最关键的第一步，也是关系到 BPR 是否有效的基础性工作。企业的物流、资金流、作业流、人力资源流、事务流、信息流存在于企业的每项活动中，这些流程本身各个环节的相互关系复杂，而且互相影响，流程十分复杂，首先要理顺已经存在的流程。存在的一定具有其合理性，但也肯定具有环境的局限性，找出影响企业信息化的关键流程（即严重影响企业信息化进程的流程或流程中的某一个环节），作为 BPR 的关键流程。

识别企业的关键流程还必须结合企业的战略及企业所在产业的特性来进行分析。企业的战略通常以产品/市场为导向或以企业能力为导向。前者强调企业的外部因素，后者注重企业的内部因素。企业的外部因素主要由产业结构所决定，内部因素主要反映企业的核心能力。企业应通过对核心能力的识别、积累、保持和运用，为企业赢得持续性市场竞争优势。BPR 和信息化的共同点都是提高企业资源的效率和创造新的企业能力的一条途径。因此，应当把企业的关键流程作为企业的一种战略资源，战略流程也是企业的关键流程之一。

2）重构企业关键流程

企业的关键流程分成竞争流程和基础流程两类。支持企业产品在市场中竞争的流程称为竞争流程，基础流程为企业的未来在所选择产业中从事生产经营活动提供所需要的能力，这些能力将决定企业未来的竞争战略。

竞争流程执行着企业的竞争战略，竞争战略的实现实际上是企业综合能力的体现，企业在不同产品、不同市场，不同竞争对手所选择的竞争战略是不相同的，而且是动态变化的。企业产品在市场竞争中有速度竞争、成本竞争、质量竞争、规模竞争、价格竞争等多种形式。重构企业关键流程的目的就是要充分发挥企业在竞争过程中的优势，充分利用企业的各种资源，明确企业现有竞争优势和劣势。通过信息技术、虚拟技术、自动化技术、管理技术和制造技术等先进技术的引用，先进思想、方法、观念的学习、接受、调整等过程提升企业的竞争能力。在 BPR 过程中要抓住能高效、低成本地使企业在当前有效获得产品市场优势的关键流程。同时，流程重构必须兼顾企业的产业特点和内部管理特点。

基础流程可以看成培育未来竞争能力的"土壤"。顾客服务和同行竞争者对策是基础流程的一个重要组成部分。通过培育和发展基础流程带动其他流程的发展。例如，企业组织员工学习，提高技能是产生企业潜在竞争优势的基础流程之一。

3）构造企业的核心流程和支持流程

企业除了关键流程之外，还有其他的流程。例如，企业要建立一个纳税流程，并设置相应的税务会计，进行税务申报之类的工作。这些工作虽然不是涉及企业竞争优势的关键流程，但是这些流程对组织的运行也是不可缺少的。

企业的核心流程是指被利益相关者所认知和重视，流程的运行能使利益的相关者满意，并且可能是市场进入的最基本要求或是遵从政府管制所需要的工作。所有令利益的相关者满意,包括顾客、供应商、雇员、股东及政府等所必需的流程,除了被选为基础流程,否则都可以看成是核心流程,当这些流程选择为竞争的基础时,就成了竞争流程。

企业的支持流程是那些在短期内不被利益的相关者认识或重视的流程。例如,经理助理的工作活动构成的流程是支持流程,他(她)们的工作形成的流程可能是基础流程、竞争流程和核心流程的一个重要组成部分。为了提高效率,管理层通常会对这类人员集中进行招聘,并把这个招聘流程作为一个独立的流程来进行管理。这种流程也是支持流程。

企业核心流程与支持流程对流程再造和提升企业竞争力具有重要的意义。因此在 BPR 时,应该重点关注。

4）构建流程型组织结构

企业通过 BPR 其组织从职能型转向流程型,这种流程型适合于信息化工程中的信息流,通过信息流的控制达到优化企业的各种流程。服从流程的企业组织结构必将趋向扁平化的组织体系和管理模式发展。

构建流程的最小单位是团队。团队是对工作活动进行组织的一种非常普遍的形式,它致力于共同的宗旨和绩效目标。这种团队以流程小组的形式灵活地组合起来,针对某项业务开展具体的工作。在实施企业组织中往往以"专案小组"、"虚拟工作小组"或"专案员"的形式出现在企业的种类管理、技术攻关、专项整治工作等活动中。

在流程管理模式中要求每个流程业务处理过程中最大限度地发挥每个岗位的工作潜能和每位员工的责任心,注重企业流程的反思、价值链的分析和企业内外流程的分析,强调企业系统的整体性。通过流程重组提高企业各种流程的效率与效益。

BPR 是通过流程优化,达到产能平衡,实现产出最大化、库存与成本降至最低。因此,BPR 方法可以看成通过产能平衡使企业流程优化。企业的各种活动之间存在着相互制约和前后逻辑关系,无论是已经完成的业务,还是即将开展的业务,都可以看成活动的关联和活动之间的平衡。

7.3.3 重构企业流程要注意的问题

BPR 的实施是一项十分复杂的系统工程,没有信息系统工具的支持,往往只能停留在理论研究和阶段性实施,也不能灵活地适应这种变革。目前我国十分重视 BPR 与 ERP 系统的研究,但是,实施尚未取得预期的成效。失败的原因是多方面的,我们在重构企业流程时还应当注意如下几方面:

1) 选择关键流程

在企业众多相互联系的业务流程和业务活动中,往往只有某些流程和活动为企业创造价值,塑造企业,赢得竞争优势,这些活动决定了企业经营的成败,是企业经营活动中的战略环节,对实现企业战略目标至关重要。只有对这些流程事实重构才能取得显著的成效。因此在 BPR 战略决策过程中,必须确定那些对企业经营的成功起关键的工作,同时又适合实施 BPR 的流程,即把核心业务流程作为 BPR 的首选对象。如果 BPR 的再造对象并不是企业的核心业务流程,即使再造成功,也不能获得企业绩效的全面改善。流程重组不能全线出击,必须首先分析清楚全部业务流程,选择存在问题最突出的环节或核心环节进行重组。

2) 组织结构与企业流程的结合

企业的某项职能活动纯粹是业务流程的一个组成部分,而流程应该是一个整体,以流程为中心,进行系统性整合已成为必然,这样一种整合势必对企业组织结构产生革命性的冲击,企业在进行 BPR 的同时,探讨和建立一种以流程为中心的组织结构模式显得极为必要。BPR 的组织思想可以从组织结构和组织行为两个方面来分析。在组织结构方面,集中体现在结构设计、工作设计等方面。在能适应面向流程运营的各种结构中,最有效的一种是工作团队或流程专案小组,它能使企业呈现出扁平化的组织结构;在工作设计方面,BPR 倡导工作内容丰富化,希望员工是个多面手等。在组织行为方面,集中体现在业绩评价和价值观念方面。在业绩评价方面,提倡按工作结果(非工作量)来定薪,按能力晋升。在企业价值观方面,通常员工由自我保护转为努力工作,自我提高,提倡对员工是教育而非训练,树立面向顾客的观念等。可以说,BPR 所提倡的组织管理思想正是体现了组织理论发展的最新研究成果。BPR 继承了组织管理理论的优秀成果,并把这些思想与流程管理成功地结合起来。

在信息时代,以流程为控制对象,以信息为流程纽带,通过信息加工、流程控制开展各项业务活动。企业的组织结构不同于传统的组织管理固定模式,以项目为核心的各种小组团队在企业管理中灵活、动态、协调地生存和变迁着。组织为流程服务,流程对组织提出了更高的要求。

3) 发挥工作执行者的权力

在 ERP 系统的支持下,企业业务活动让执行者有工作所需的决策权力,可消除管理信息传输过程中的延时和误差,并对执行者有激励作用,加强团队精神建设,培养员工的主人翁意识。同时,新的业务流程也对员工提出了更高的要求,这也要求企业注重它内部的人才建设,以培养出适应于流程管理的复合型人才。我国企业在 BPR 过程中,往往忽视了各利益团体代表者的权力控制因素。在 BPR 过程中肯定存在着权力再分配,部门、系统、个人权力的重新组合与分配,这是直接影响企业 BPR 是否能深入开展,信息化是否能有成效的关键。

4) 企业所在行业特色

BPR 是一种企业改革的新理念。总体上来说,要求企业对已经存在的组织管理现状通过反思,从整体上按现代化管理技术、手段和工具的特点不断寻找存在的不足,将传统的企业组织职能型转化为适合现代先进信息技术、管理制度、制造技术的流程组织。BPR 并不是一个固定的模式,或统一的标准规范。因此,企业在 BPR 过程中必须遵循企业所在行业的特点,不断革新、创新、提升企业的各种流程,最终达到提高企业的竞争力的目的。

5) 企业主营业务特色

无论企业的关键流程还是核心流程的构建,无不体现着企业的主营业务特色,不同的主营业务其流程特点是不相同的。因此,BPR 首先要考虑企业的主营业务流程特点,以企业主营业务为核心,以信息技术为手段,以 BPR 为契机,培育和提高企业的竞争优势。

6) BPR 与企业信息化的协调

BPR 是企业信息化的基础,信息化是 BPR 的能力的展现,不能为了 BPR 而 BPR,同样企业也不能为了信息化而信息化,两者应当互相协调,动态、互动地不断提高,达到共同促进企业的成长壮大。

7.4　BPR 相关方法

BPR 是通过流程优化,达到产能平衡,实现产出最大化、库存与成本降至最低。因此,BPR 方法可以看成通过产能平衡使企业流程优化。企业的各种活动之间存在着相互制约和前后逻辑关系,无论是已经完成的业务,还是即将开展的业务,都可以看成活动的关联和活动之间的平衡。

7.4.1 瓶颈理论

瓶颈理论(Theory of Constraints,简称 TOC),也被称为制约理论或约束理论。这是由以色列物理学家高德拉特(Eliyahu M. Goldratt)博士创立的。它与精益生产、六西格玛并称为全球三大现代生产管理理论。TOC 为无数大小企业带来营运业绩上的大幅改善,其中包括著名的 IBM、通用汽车、宝洁、AT & T、飞利浦、ABB、波音等公司。

TOC 理论是简单而有效的常识管理,教导人们清晰思考的方法,改善组织目标。其核心观点认为企业是一个系统,然而任何系统至少存在着一个制约因素/瓶颈,否则它就可能有无限的产出。因此要提高一个系统(任何企业或组织均可视为一个系统)的产出,必须要打破系统的瓶颈。任何系统可以想象成由一连串的环所构成,环环相扣,这个系统的强度就取决于其最薄弱的一环,而不是其最强的一环。

同理可知企业或机构可以视为一条链条,每一个部门是这个链条其中的一环。如果想达成预期的目标,就必须从最弱的一环,也就是从瓶颈的一环下手,才可得到显著的改善。

1) TOC 假设前提

在制造企业应用 TOC 理论优化企业流程,提高生产效率时,假设:

(1) 每个状况都是很简单的,所有我们看到的复杂表象/症状的背后,追根究底,最后导致这些表象/症状的根本原因只有极少数的几个因素,即现实是简单而又和谐的。

(2) 每种状况都有双赢解,每个冲突都可以通过移除冲突背后的假设来打破,最后获得双赢的局面,即冲突是可以化解的。

(3) 人性本善的假设,避免指责对方,因为指责对方只会将我们引入一个错误的解决方向上去,从而找到错误的解决方案。要坚信,双赢的方案总会有的,之所以没有解决冲突,并非对方是坏人,而是我们没有移除冲突背后的假设而已,即每个人都是好的。

(4) 每种状况都可以大幅改善,并不会因为大企业的改善空间小,而小企业的提升空间却很大,相反,基础越牢固,蹦得就越高。很多企业为了提升企业的利润,不断地控制甚至是压缩企业的成本,前面讲到,成本最低降低到 0,是有极限的,殊不知,真正使企业基业长青的是不断提升企业的有效产出,只要有效产出大于运营费用的支出,就是对企业有利的决策,即天空再也不是极限。

2) TOC 的步骤

TOC 有一套思考的方法和持续改善的程序,称为五大核心步骤。第一步,找出系统中的瓶颈;第二步,最大限度利用瓶颈,即决定如何挖尽瓶颈;第三步,使企业的所有其他活动服从于第二步的决定,即迁就瓶颈。第四步,打破瓶颈,提升瓶颈的产能,使瓶颈转移到别处。第五步,重返第一步,找出新的瓶颈,别让惰性成了瓶颈,即持续改善。这个五大核心步骤可以让人们有能力以逻辑和系统的方式回答任何想作持续改善时,必会问要变革什么、要变革成什么和如何实现变革这三个问题。这三个问题可以应用到各式各样的题目上,包括生产、分销、项目管理、公司战略的制定、沟通、授权、团队建设等。

3) TOC 思维方法

一般人经过经验的累积,遇到问题时通常会通过直觉来解决问题,但往往只是针对问题的"结果"、"症状",而不是问题根本的"原因"。因此花了许多时间、精力和成本,却没有触及问题的核心。TOC 告诉人们如何通过逻辑的程序,系统地指出问题的核心所在,再依此建构一个完整的方案,并消除可能产生的负面效应,订出导入和行动的方案。通常的流程 冲突——→现状——→核心冲突——→未来——→分支——→条件——→转变

4) TOC 的应用

TOC 可以应用到任何行业,包括盈利和非盈利的机构。已应用 TOC 的产业包括航天工业、汽车制造、半导体、纺织、电子、机械五金、食品等行业。TOC 也可应用于学校、医院、财团法人、政府机构等。美国三大汽车厂还在 QS9000 中将 TOC 列为持续改善的一种方法。TOC 也可用于个人的决策与生涯规划上。TOC 已在教育界从幼儿园到大学推广应用。企业运营中总会发生形形色色的问题,就像有许多个火车头,管理者在所有环节都疲于奔命,却收效甚微,而许多的管理者都是"当局者迷"。利用系统固有的简单性,找出制约因素,即运作中最弱的瓶颈,挖尽它的潜能;其他环节尽量迁就它、帮它松绑;发掘隐藏的产能;正确对待效率,并不要求所有人盲目追求高效率;严格控制物料的发放;在生产线上的战略性位置设立缓冲;关注物料是否畅顺流通,而并非产能是否平衡。这样

可以增加有效产出,降低成本。实行 TOC 后,生产线上的制品库存减少,维修所需时间缩短,物料不再需要花大量时间排队,出货速度加快,而且加班和工作压力减少,也有助于提高品质。

要尽力找到制约企业无法向目标挺进的因素,找到了就可以集中力量将其松绑。"许多时候人们的头脑被一些既定的观念束缚住了:一般人总觉得,除非公司有很独特的产品,或者公司非常小,否则要它的纯利发生大规模增长是不切实际的。但事实上,如果能找出来阻挡公司业绩前进的因素,并采取具体的步骤去除这些障碍,一家公司完全可以在四年内让年纯利增加到目前的年营业额水平。"高德拉特博士说。

7.4.2 启发式算法

企业运用 BPR 的主要目的是提高生产效率,减少生产过程各环节的等待和排除时间。其主要手段是分析生产过程中各节点作业时间,调整活动内容和控制作业量,优化人机协作,使生产线上的各节点时间相近。然而,随着企业面对客户需求的随机性,生产产品的多样性和生产过程的复杂性,寻找生产过程平衡是一项十分困难的工作,无法简单地构建其数学模型,从而正确稳定地得到求解结果,需要采用迭代的方式求解逐步得到最优解,启发式算法是寻求生产平衡最常用的方法。

1) 基本思想

启发式算法是指那些由于受到大自然运行规律或人类积累的工作经验等所启发而产生的算法。启发式算法从 20 世纪 80 年代开始流行并得到广泛的应用。企业工程人员为了减小现实中数学建模的困难,创建了便于操作和实施的启发式生产线平衡算法,从而为企业管理人员提供了非常有效的决策管理支持方法。启发式方法在优化过程中的逻辑模型与现实改善状况非常接近,而且优化的流程图也是基于决策者经验的基础。因此启发式方法隐含着多目标方案。

2) 主要的研究方法

(1) 作业测定。作业测定就是采用各种技术方法来确定正常合格的工人按照标准的作业顺序完成某项操作所需的时间,目的是为了制定作业的标准时间,从而进一步改善作业流程,并最终制定最佳作业流程和系统,规定的作业标准是通过方法研究后制定的标准工作方法,以及有关机器、物料、动作等的一切规定,作业测定是一种科学、客观、令人信服的决定时间标准的方法,目前世界上各工业发达国家均采用此方法来制定劳动定额。常用的研究方法有时间研究、预定时间标准法(Predetermined Time,简称PT)几种。

(2) 时间分析。时间分析是在对作业方法的优劣进行评价及设定标准时间,通过秒表对现有作业时间进行测量、分析、研究的一种方法。时间分析的主要用途有:作为改善生产效率的重要手段、作为设定标准工时的重要依据、作为制造系统规划和改善的依据、作为评价作业者技能和工程管理水平的依据等。该方法简单明了,并且非常方便使用,通常只需要一个秒表就可以测量,不单单可以针对人手的手工操作时间测量,对机械电子设备的运行时间一样可以测量,因此被广泛应用于现场的作业测定。

时间分析的环境要求应该是在标准状态下的,即系统标准工作方法、标准工作环境、标准设备、标准程序、标准动作、标准工具、标准机器运转速度等。时间分析主要有两大类型:直接分析法和间接分析法。直接分析法主要包括:马表法(连续测时法、重复测时法、周期测时法)、摄影法等;间接分析法主要包括:既定时间PTS法(WF法、MTM法、MOD法)、经验估测法、实绩资料法、标准时间资料法。

(3) 平衡生产线。生产线平衡是对生产线上的全部工位进行平均化、调整作业负荷,以使各作业时间尽可能使用相近的技术手段与方法。对整个作业内容进行重新组合,按照目标节拍进行调整,每一次作业内容的调整需与技术、生产等相关部门进行沟通协调,以增强改善活动的可操作性。

(4) 优化工序。使工件的运动不间断、不堆积、不超越、不落地,创造无中断、无绕道、无交叉、无回流、无等待、无废品的增值活动流,制定创造价值流的行动方案。优化工序流程的目的是通过对现场的宏观分析,减少和消除不合理、不增值的工艺内容、方法和程序,设计出最优化、经济、合理的工艺程序,缩短制造周期。

(5) 动作分析。动作分析是研究分析人在进行各种工作操作时的动作要素,去除无效动作,使操作简便有效、轻松经济,以提高工作效率。发现操作人员的无效动作、浪费现象或不安全因素;简化操作,减少工人疲劳,提高操作安全性,在此基础上制定出标准作业程序。

3) 影响生产线平衡的主要因素

（1）操作者的技术水平及生产的管理水平。在对生产线某一工序进行生产加工的过程中，不同的作业人员因其知识水平、作业熟练程度、身体差异等不同，其作业速度和效率会存在差异。与此同时，生产管理人员的管理方式及能力也对生产起着重要影响。

（2）机器设备的生产能力和工作稳定性。采用不同机器设备对产品某一生产过程进行加工，其所花费的时间会不同，同时加工效果和质量等方面也会存在差异。其次，机器设备在正常生产作业过程中能否保持稳定生产，不经常出现故障问题而影响正常生产过程的进行等都对生产线的生产平衡具有重要影响。

（3）原材料的质量及时间问题。在生产作业中，若某一作业工序所需的原材料来料出现问题，将会导致该工序无法正常作业，须等问题解决好之后方能正常生产。同时产品加工过程中可能会因原材料未能按照生产计划按时到达生产线，导致工序作业等待或生产计划的临时变更等。

（4）工序的作业内容及作业方法。生产线工序的设计和分配是根据所要生产产品的设计要求和生产条件等因素共同决定的，同时各工序的作业内容也是由生产工艺人员根据加工过程进行作业分工，各工序作业内容的多少和作业难度直接影响该工序的作业时间，同时通过不同的作业方法完成不同的作业内容其所花费的作业时间也会不同。

（5）生产车间的现场环境。生产车间的工作环境直接影响作业人员的生产作业状态与工作心情，如果生产车间的"5S"活动不被重视、员工在生产环境脏乱、吵闹的车间进行生产作业，不仅影响作业速度和生产效率，同时对产品的质量也会产生很大影响。

4) 生产线平衡分析过程

（1）确定生产线的特点、布局及构成要素。生产线是将生产过程所需的元素组织在一起的一种加工组织形式。生产线的具体安排、布置与公司生产实际、所生产的产品状况等密切相关。为使生产各阶段、各工序在空间和时间上有机结合，全面考虑技术上、经济上的条件，选择最佳的生产线对生产是非常重要的。

生产线特点可以从以下几方面分析认定。

① 按生产对象是否移动，分为固定生产线和移动生产线。其中前者是指生产对象固定，操作者携带工具顺序地进行生产；后者是指设备、工具固定生产对

象顺序地经过各工位进行生产,如底盘线。

② 按产品生产种类的数量,分为单一品种和多品种生产线。其中前者指装配一种类型的产品,后者可装配两种或以上的产品。

③ 按生产的连续程度,分为连续生产线和间断生产线。其中前者是产品在一个工位生产后立即转到下一工位,中间没有间断;后者是产品在一个工位生产后要存在延迟时间才能到达下一工位。

④ 按生产操作的机械化程度,分为手工、机械化和自动化三种生产线。

⑤ 按以上的划分标准,T 生产线属于固定、多品种、连续、手工组装加部分机械化类型的生产线。

生产线布局是工厂布局的主要内容之一。生产线的形状按产品类型或工艺流程可布置成 L 型、E 型、直线型、O 型、U 型等。T 生产线就是防抱死制动系统生产过程所经过的路线,即从原料泵壳被运送到生产线入口开始,经过装配、传送、加工、测试等一系列生产活动所组成的工位排列路线。

(2) 确定生产线的构成要素。通过调查记录,核实原生产线上的工位数,以及在工位上安排作业员、设备、原料工具进行生产。根据装配项目布置工位现场,安排作业员和人数,各位作业人员的培训时间长短、操作熟练程度高低,作业员的技术范围等。

(3) 生产线的生产流程描述与分析。通过调查记录和核实,描述生产线上各工位的编号,名称和工艺内容,还需要分析每个工位的横向宽度差异,以及不同型号产品在该生产线的生产工艺流程,绘制出生产线生产流程图,流程图例如表 7-1 所示。

表 7-1 生产流程图例

符号	名称	含 义
○	制造	使原材料或半成品发生外观或内在性质变化的构成
□	检查	清点数量
◇		与标准件对比,判断产品是否合格
⇒	搬运	产品或人的位置发生改变的过程

续表

符号	名称	含　义
▷	等待	生产过程中出现的必要的时间浪费
▽	储存	将产品整理、装箱的活动

（4）生产线作业测定。作业测定就是在正常生产的情况下，确定完成指定工序所需时间的一种方法。其基本含义为：综合运用各种技术方法，测定合格工人按照规定完成某项作业的所需的时间。并根据现场实际情况制定出每道工序的标准时间。作业测定是一种科学、客观的核算时间标准，用以提高生产率、降低成本的方法。

① 观测时间。确定生产线每个工位的作业时间的测定是启发式平衡方法得以运用的主要依据，作业测定的准确性与否直接影响到分析、判断的结果，测定准确性不高会造成后续判断的较大误差，降低平衡结果的科学性、可用性。因此就需要管理人员或测定人员在进行作业测定之前根据所要进行时间测定的对象的实际特点选择合理的测定方法。作业员同机器设备的工作模式不同，而且不同工位的作业员由于所在工位的工艺流程不同，其手工操作内容也各不相同，因此在对不同工位的设备的机器时间、不同作业员的人工时间进行时间测定时所参照的起始节点也各不相同。本文在研究过程中根据不同观测对象的特点选择合适的测定方法，使所得时间结果更加可靠，更准确地能反映出实际情况。运用到的作业测定方法主要有三种：秒表测时法、摄影法、MTM法。并且在对各个工位的作业时间测定中，观测对象是该公司从事组装工作一年以上的工人。

② 确定标准时间。在一段时间内，根据规定的观测次数，得到观测时间，并以此为依据，同时经过评定再加入宽放，得出标准时间。标准时间包括正常时间和宽放时间，如图7－2所示。

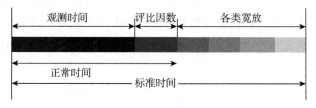

图7-2　标准时间组成要素图

可见,标准时间=正常时间+宽放时间。通常情况下,在企业中运用时,企业都会有一个固有宽放系数,在设定了这个宽放系数之后要确保在实际计算中都取这个宽放系数来进行横向比较,才有意义。

(5) 生产线作业测定结果分析。通过运用科学的测量方法获得了生产线各工位的作业时间数据。若假定每个工位的标准时间用 $t_i(i=1,2,3\cdots,n)$ 表示,从中可以直观地得到生产线标准时间最长的工位和标准时间最短的工位,分析各工位标准时间的稳定性,波动大小。通过分析获得的工位数量、作业员数量、瓶颈工位、生产周期和生产线平衡率。

(6) 寻找生产线存在的问题。通过对生产线的运行情况分析,可以梳理清楚每道工序的生产关系,得出每个工位的标准时间,并运用平衡率来评价生产线的运行状况,直接寻找出生产线存在的问题。

5) 启发式的生产线平衡方法

生产线平衡对于生产系统和生产力的表现有着非常重要的影响,并且在过去的十年中已经成为一个非常活跃的研究领域。

在实际的生产管理中,我们碰到的大多数情况是,根据订单和销售计划,要求在一定时期内某条生产线的生产能力达到多少,即有明确的日计划产量,根据这些数据,我们可以计算出某条生产线的节拍是多少。而流水线平衡中的节拍不能变动太频繁,因为改变生产线的节拍,流水线必须重新进行平衡,平衡后作业员需要一段时间来适应新的工作内容,逐步提高作业效率到预定的目标。因此生产线节拍要尽可能地保持平衡,而需求变动需要靠加班或停线来调整,如图7-3所示。

确定了生产线节拍后,用启发式平衡算法来确定每一个工作站的工作内容,从而得出最终需要多少个工作站来完成全部的生产工作。各工作站作业内容确定后,列出所有工作站的空闲时间,我们会发现有些工作站的空闲时间较多,而有些工作站的空闲时间较少,特别是最后一个工作站有可能剩余的时间非常多,而某些工作站可能处于满负荷的状态,这种状况会造成员工的不平衡感,而那些满负荷的工作站人员会为了加快速度而忽略了质量要求,这不是我们希望看到的。

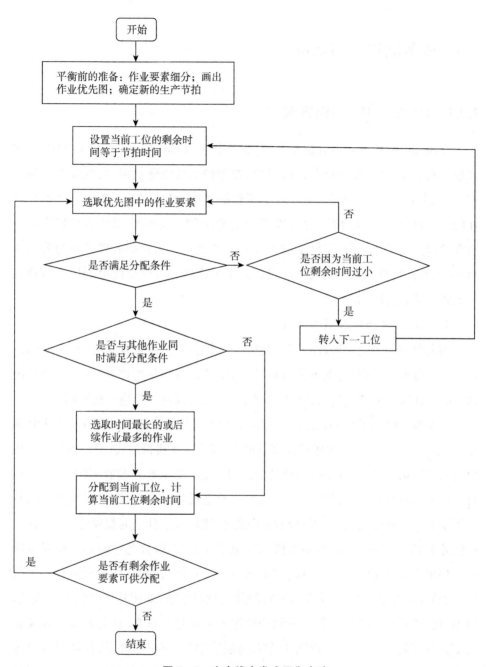

图7-3 生产线启发式平衡方法

7.5 业务流程重组案例

7.5.1 HP公司HR再造案例

在风起云涌的企业再造热潮中,人事工作(Human Resource,简称HR)也和其他经营工作一样,成为企业再造对象,希望借此可以降低成本、提高客户满意度、增强企业竞争力。但是,由于人事工作的工作对象是"人力资源",而不是具体的生产材料,人事工作的目标和宗旨是合理分配劳动资源,最大程度发挥人力资源的智慧和潜在能力,以科学的管理方法使员工以愉悦的心理状态为公司作出贡献,而其自身也能得到最大满足。人事工作这一特性也使得HR再造和其他流程再造有所区别。

1) HP公司传统人事工作流程

随着科技的飞速发展,许多公司已逐步利用IT技术实现了办公自动化,以提高生产效率。然而,与此不相适应的是,虽然经过多年的修补,许多公司传统的人事工作流程依然是复杂、繁琐、效率低下,与高新科技环境不相协调。

一个典型的例子是HP公司。5年前,HP的人事管理部门由分散于HP大小50多个分公司和120个销售办事处的50多个分支机构组成,下设各分支机构没有人事决策权,用人申请必须经过总公司决定。低层经理若要招聘人员,必须自下而上、层层申请、通过贯穿于公司的一整套机构才能完成,耗时长久。而且上下层部门之间交流较少,很难跟踪了解到了哪一层,什么时候结束,人员什么时候才能到位;同时,HP的办事机构间也不互通信息,彼此之间不了解对方需求。如果写信应聘的申请者想同时申请不同HP机构的职位,必须向每一个机构寄出简历,否则,假如应聘者寄材料的部门没有空缺,即使其他部门需要人员,也不可能拿到应聘者的材料……此种情况不一而足。总之,这套人事工作流程对HP而言效率太低,一项招聘工作需要层层申请、层层回复,往往耗时数月才能完成;对应聘者而言太麻烦,需要具有极好的耐心和充分的时间来等待最后的结果,往往有人等不及而另外寻找其他的机会;对需要人员的经理而言,这样的人事工作与其说是"服务",不如说是"令人头痛",拖沓的招聘过程往往导致经理们在急需用人时找不到合适的人选。

而 Intel 的人事部门,则长期以来一直扮演着"为经理招聘员工、在经理与员工之间传递信息"的角色。他们的工作主要是收集应聘者的材料、了解应聘者的需求、回答一些关于公司状况的问题,然后把这些情况转达给用人经理,回答经理们的一些问题,再将经理们的答复转达给应聘者。这种"传声筒"的角色不仅附加值较低,毫无建设性的意义,而且使整个工作变得不必要地复杂,造成机构的臃肿。事实上,如果让经理直接向应聘人员了解有关情况,或者让应聘者在应聘时就和经理直接讨论诸如福利、聘用职位以及职业发展等问题,那么,双方会更加了解,整个工作也将会变得更加简单、效率更高,而且减少了对人事部门的依赖,节省了花在人事联络工作上的人员、时间和费用。

显然,传统的人事工作往往更多地与许多繁琐的事务处理联系在一起,代表了一种官僚等级。因此,必须把人事工作中一些必要的常规的程序流程化、标准化,把人事管理部门从繁琐、冗杂的事务性工作中解脱出来,人事管理部门才可能有精力考虑一些战略性的高附加值的人力资源管理工作。

HR 再造的目标之一就是"运用信息技术,处理常规的事务工作",提高相关决策的速度和精度,给员工提供及时、一致、高质量的人事服务;同时,让人事部解放出来,集中精力于其他一些高附加值的工作,降低行政费用,创建更有竞争力的企业文化。

2) HP 公司的 HR 工作流程再造过程

HP 的 HR 再造首先着眼于员工求职过程。为改变对需求部门和应聘人员都比较麻烦的被动的工作方式,HP 设立了一个招聘管理系统(EMS):所有申请人的人事材料首先全部寄往"应聘响应中心"。在这里,有关人员统一处理所有的材料之后,立即与美国各地的 HP 人事部门取得联系,把相应信息传递过去,人事信息就可以通过 EMS 得到共享,并可获得快捷处理。另外,HP 还设立了一个电话服务系统(TABS)。这个服务系统可以每周 7 天,每天 24 小时地回答并处理员工有关福利、医疗、员工退休计划、薪水计划以及持股计划等各种问题。由于有了这样一个好的开端,在以后的 HR 再造实施过程中,经理和雇员的反感越来越小,以后的 HR 再造颇为顺利。1990—1993 年间,HP 的人事工作人员减少了 1/3,人员比(人事工作者/总员工人数)从 1/53 降低到 1/75。人事副总裁彼德逊说,这些人员的减少,在每年为公司节省 5000 万美元的同时,大大提高了服务质量,显示了一种明快、高效的工作作风。根据分析,我们可以把 HP 再造的实施过程大致归纳为以下 4 个步骤：

(1) 对 HR 再造需求进行评估。一般来说，企业进行 HR 再造往往是因为现行的人事工作流程不能适应快节奏的企业工作环境或者其他一些特定目标，需要通过再造来解决经营难题或追求新的经营目标。因此，企业在进一步投入时间和资源进行再造之前，需要对再造进行审慎的需求评估，使其与企业总体再造决策相一致，符合总体经营目标。

(2) 取得上层领导的支持。由于 HR 工作与其他经营性业务流程不同的是，其经营绩效很难量化体现，因此 HR 再造更容易遭到反对。所以，在 HR 再造中，高层人事管理人员必须取得企业高层领导的强力支持。在 HP，彼德逊就给予 Peoplebase Program(一种再造后的 HR 软件流程)很大支持。

(3) 形成 HR 再造指导团。指导团(包括资深人事经理、MIS 经理、一线经理以及外部咨询顾问)通常在这一阶段组成。如果再造工程浩大，许多公司往往投入专门人员。指导团主要有以下责任：了解客户或者使用者对于业务流程的哪些工作环境比较注重；勾画现行流程并归纳目前系统中存在的主要问题；给新流程设定经营目标和投入成本；分析再造流程，规划阶段性目标成果。在这个阶段，指导团将落实 HR 再造的总体方案并选择合适的顾问人员以及再造执行人员，实施再造。

(4) 组建再造实施工作班子。在这个阶段，再造实施工作班子成员需要对现行流程加以分析，拿出几套备选方案，并对每一方案作出性能价格比的分析，最后决定实施方案、投入成本；安排小规模测试、设备安装、过渡管理、人员培训以及人事调度等行动计划；同时，建立阶段性目标，进行过程监控和再造成果的业绩评估。

3) HR 再造中应考虑的问题

显然，成功的 HR 再造可以降低成本，完善客户服务，以及促进企业文化变革。但是，再造过程中会遇到各种问题和障碍，为了顺利地实施再造工程，使其发挥最佳效果，HR 再造者需要防患于未然，在实施之前先考虑如何使信息技术与总体人事再造策略相符合？哪些人会支持 HR 再造？为什么？他们的支持对再造的成功有多大影响？再造工程对企业运作有何作用和影响？分析企业的财务状况和技术状况，考虑采用何种再造方法更为合适？再造后的流程与现行流程相比有何优势？哪些方面会有显著提高？再造的范围如何？是单人事再造还是多人事再造过程？选择哪一个人事工作流程为再造的起点最为合适？容易实施吗？如何实现快速回报？哪些人会急需推行人事再造工程？实施小组成员是否有足够的时间和精力来制定并实施再造工程？他们的分工和责任是否明确？人事再造对现存企业文化有何影响？是否有助于创造新的有利于企业成功的企业文化？如何使其他人员的抵触情绪减到最小？如何同他们交流？员工们对新事物的接受程度如何？为实现变革的平稳过渡，需要采取何种措施？如何测量人事再造的成果？是否有切实可行的计划和方案？如何继续推广人事再造工程？需要采取哪些措施，保持人事再造工程的成果并使之扩大化等问题。

展望未来，可以相信运用信息技术进行 HR 再造是个长远的永续的工程，它将在不断地实施和探索中逐步完善，也将随着科学技术的发展进一步实现人事管理智能化、系统化，在企业管理中发挥其应有的作用。73%的进行过 HR 再造的公司都表示他们将继续实施这项变革，即使一些没有成功的企业也表示将总结经验，采取更加完善的措施进行变革。但是，为了避免失败，防止 HR 再造成为流于表面的花架子，再造实施者必须经过周密的分析、研究，制定缜密的计划并监督，使其与公司的总体再造策略相一致。只有这样，HR 再造才具有实际意义。

7.5.2 福特公司采购业务流程重组

1）公司基本情况

福特公司是美国三大汽车巨头之一，但是到了 20 世纪 80 年代初，福特像许多美国大企业一样面临着来自日本竞争对手的严峻挑战，美国公司不得不想方设法削减管理费和各种行政开支。由于福特公司 2/3 的汽车零部件都来自外部供应商，公司应付账款部负责审核并签发供货账单和应付款项等工作的员工超过 500 人。按照传统的管理理念，这么大一家汽车公司，业务量如此庞大，由 500 多个员工处理应付账款是合情合理的。

2）采购业务再造过程

促使福特公司重组应付账款工作流程的动因来自日本马自达公司。马自达是福特公司参股的一家汽车公司，尽管生产规模小于福特公司，但在世界上还算得上规模较大的汽车公司，而马自达公司负责应付账款工作的只有 5 个员工。5∶500 这个比例让福特公司经理再也无法泰然处之了。实际上，应付账款部本身只是负责核对"三证",符则付,不符则查,查清再付,整个工作大体上是围着"三证"转,应付账款本身不是一个流程,但采购却是一个完整的业务流程。思绪集中到业务流程上,重组的火花就瞬间产生了。在对业务流程进行分析后,发现员工在具体工作过程中,大量的时间和精力均放在对3张以上的票据的传递,审核和校对上,从而导致一次循环要花费2周的时间。使用联机电脑数据库,实现了票据处理无纸化,即在货物到达后,验收员通过数据库核对货物各项数据是否吻合,如果吻合,验收员便会签收货物,并告诉电脑数据库货物已到达,而电脑数据库在接到货物验收信息后,便会在适当时间内自动签发支票给卖方。票据处理无纸化使福特公司应付账款部的人员精简为125人(仅相当于原来总人数的25%),周期缩短为2小时。

3) 其他公司 BPR 实施简况

类似的成功例证还有很多,如1992年,IBM新总裁郭士纳就职后,IBM这个"蓝色巨人"进行了大规模的业务流程重组,在13个业务流程上每年就节省了80亿美元。IBM信用卡公司(IBM Credit Cor-poration)通过业务流程重组,使信用卡发放周期由原来的7天缩减到4个小时,提高工作效率上百倍。柯达公司对新产品开发实施业务流程重组后,使35毫米焦距的一次性照相机从概念到产品所需要的开发时间一下子缩减了50%(从38周降至19周)。另外,一家美国的矿业公司通过BPR,实现了缩短工作周期25天,压缩成本12%,市场份额增长20%,营业收入增长30%的好成绩。

第 8 章　企业信息化工程与企业人文管理

随着信息社会的到来，人成为信息系统的起点和终点，识别和利用信息需要人，人拥有知识，成为最为复杂的知识载体。为提高企业信息化工程实施水平，人起到最为关键的因素。企业已经把人作为人力资源而不是劳动力成本来研究。人本管理思想、理论与方法的运用，直接影响企业的文化和企业信息化水平。

8.1　人本管理

人是企业各生产要素中最具弹性、最具经济增长潜力、最重要的资源。人本管理的理念自提出以后，受到理论界、企业界极大的关注，已经跨越理念阶段，融合于各项具体的管理制度和管理方式之中，成为现代管理的重要组成部分。企业信息化为人本管理的实现提供了最先进的工具，人本管理理论为企业信息化价值的体现创造了新的环境。人本管理与企业信息化的应用为企业提高核心竞争力创造了新的途径。

8.1.1　人本管理的形成

人本管理思想是随着社会与经济的发展而不断发展和完善的。在不同的时代对人本管理的认识不同，人在社会中的地位和作用也不相同，因而对人在社会中的假设是完全不同的，特别是对企业的职工管理理念有着根本的区别。

1）前工业时代

第二次产业革命使人类进入了工业社会。在工业社会初期，企业管理侧重于生产技术和工作方法方面，从而实现了生产规范化和产品标准化。在这一阶段，企业把人作为生产设备的一个重要组成部分，强调人与机器相匹配。企业的雇员是生产力的主要组成成分。员工被动地接受任务，一切都要听从管理者，对员工的激励机制是经济刺激，人们生活在艰难的边缘，人被看做经济的奴隶。典型的"面包加大棒"的管理方式在企业界被传颂，为当时的企业管理带来明显的效益。企业根本没有顾及工人的心理需求，因而难以充分发挥工人的积极性与创造性。

2) 工业经济时代

前工业经济的发展，忽视人的作用，严重地阻碍企业的发展。进入 20 世纪后，企业逐步认识到在企业发展中企业员工的参与对企业发展将产生影响。出现了基于"社会人"的管理思想，梅奥的霍桑试验充分体现了工人生产效率与工人的心理作用存在直接关系。这一典型实验表明，工人不是一个孤立存在的个体，而是处于一定社会关系中的群体成员，人的工作需要被社会认可并得到尊重，这种沟通更能发挥人的潜能。在这种管理思想的指导下，企业主开始以人道主义态度对待工人，改善劳动条件，培训劳动者的劳动技能，提高其工作、生活质量，把人作为企业的资源加于利用。由此，萌发了人本管理的嫩芽。

3) 后工业经济时代

随着工业经济的进一步发展，人们生活质量不断提高，工作环境不断改善，企业更加注重人的作用，尊重人的生理、心理的需求，从人的需求出发指出人的自我实现的需要处于最高层次，为企业管理指明了目标和方向。人本管理的思想在企业管理中得到充分肯定，并且投入人力、物力开展人本管理系统性研究。

4) 信息时代

上个世纪 90 年代后，数字化、网络代、信息化的新理念、新方法、新技术、新产品不断涌现，形成了从工业时代向信息时代，工业社会向信息社会发展的趋势。在这个动态演变过程中，信息化逐步上升成为推动世界经济和社会全面发展的关键因素，成为企业进步的标志。在信息社会中，人起到前所未有的作用。人是信息社会的主宰，产品生命周期/生产周期缩短、客户需求多样性，大批量定制、技术创新成为企业的发动机，竞争成为企业的添加剂，市场成为企业的试金石，人真正成为企业的核心，以人为本的人本管理思想和理念不再停留在理论界研究的课题，在企业活动中被更加注重，被认为是制约企业信息化进程的重要因素。

8.1.2 人本管理的特征

人本管理与传统的管理理念和管理方法有着明显的差别,特别是对人的作用、感受和需求的处理方式。在传统管理中是利用人已经拥有的技能,而不是挖掘人的潜能,培养人的技能。人本管理不仅是要用好人已经拥有的技能,而且要充分发挥人的个性特长,不断发现、开发、培养、提高人的技能,使人处于愉快的环境,将人的智慧发挥到最高境界。

1) 责任和权利的统一

人本管理不是片面追求责任和权利,而是将人的职责与权利相平衡,充分体现对人的尊重,便于实现组织的民主。

2) 沟通交流

人本管理,以人为本,人与人之间的沟通是实现管理目标的有效途径,建立集成中央数据库是信息共享的基础,也是人本管理实现的基本工具。

3) 理解与尊重

人个性的复杂、多变,给管理带来不可预知的困难。也是这一特点给企业带来无限生机,从而创造一个又一个奇迹。因此,人本管理强调理解、尊重和重视人。与员工融为一体是人本管理的主要特点之一。

4) 培养提高

人本管理真正将人作为可塑资源,不仅利用,而且从企业的长期发展和个人的发展出发,加强培养、训练,通过学习和借鉴,不断创新。

5) 多元文化背景

现代企业已经不再局限在某一个地区,跨地区甚至跨国集团蓬勃发展,一个组织的员工来自四面八方,人本管理的沟通、理解等特点都是在多元文化背景下展开的,因此,人本管理的主要特点之一是多元文化的背景。

8.1.3 人本管理的理论

人本管理由领导命令、管理控制变为相互合作,共同为企业发展积极工作。组织为员工和相关者都能"安心、顺心、开心、尽心"创造条件,达到都能愉快工作的境界。

1) 人本管理内涵

人本管理,也称为以人为本,或以人为中心的管理,是以组织和员工以及相关受益者等人的需求获得最大满足的各种活动。人本管理通过协调、激励、培训和领导艺术等管理手段,充分挖掘人的潜能,调动人的积极性,创造出和谐、宽容、公平的良好氛围,从而达到组织和个人共同发展的最终目标。

在传统管理中,人也十分受重视,并且建立了行为科学和人因工程等理论与方法,并开展了深入研究。但是,这些理论往往把人看作机器的一部分,人始终处于被动地位。管理者与员工是对立的,管理者看重人的技能,强调人与生产设备的协调,一切管理方法均围绕如何最大限度地利用人的技能为组织目标服务展开。并不关心人自身的需求、感受和发展,没有重视人的个性差异。一旦人的技能不满足组织的需求,完全有可能被组织所"抛弃",也就是被解雇。这种管理思想是以组织目标为中心,一切为了组织目标,一切与组织目标的实现无关、无益的都被视为多余的成本,以降低成本为由,而员工的心理、生理处于无人问津,无人关心的境地。人的发展没有有组织、有选择地加以培养,反而受到很大程度的限制,有时甚至受到负面影响。

在人本管理中,人被看做完整意义上的人。人不仅是社会的人,而且更是自然的人。他有个性,有激情,有理智;他有需求,有利益,有追求。他的行为受本能的驱动,也受周围环境的影响。他的非理性使他很难将工作与生活、个人与组织彻底分开;他的理性告诉他用暂时的自身利益的牺牲来获取更多更长久的利益。因此,人以及人的需求在受到尊重、爱护、关心的条件下,是可以被塑造,被改变的;人的潜能和积极性也是可以被挖掘、调动和发挥的。组织目标只有被人认可、接受,才有可能有人为之工作、奋斗,最终得以实现。从这一角度看,人超越组织和组织目标而成为最根本最重要的要素,并占主导地位。

2) 人本管理原理

人本管理的原理就是以人为本的管理思想。人本管理以了解人的需求为中心,尊重人、依靠人、发展人、为了人,如图 8-1 所示。

人本管理过程中强调员工的自主性,系统的反馈性和正确的激励政策。

① 自主性 完成一项工作给予员工自由安排不同的任务,并决定如何完成任务的权力。例如:必须自己计划进度并决定如何在顾客之间分配时间的销售员,比那些装配线工人有相对更高的自主性,那些工人的活动是由生产线的速度

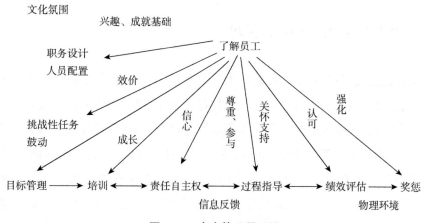

图 8-1 人本管理原理图

决定的。

② 反馈 为员工提供清楚而且直接的有关他工作效果的信息。例如：一位空中交通控制员的过失极有可能导致空中撞机事故，因而他需要获得迅速及时的反馈；一本为商业杂志编辑统计表的某人往往就不知道他是否犯了错误或做得很好。

③ 激励性 员工越感到他们的工作有意义，他们对工作结果负责，工作就变得越有激励性，员工越可能获得满足感，并表现得更好。此外，具有高度激励性工作的员工被号召更多地运用他们的技能，做更多的工作任务，他们也被赋予更多的工作责任。

同时要理解员工的相互关系和他们对企业存在理由的贡献。协同规范企业系统的操作行为，责任与能力相联系，使企业大力地简化协调任务。同时，由于企业的文化背景和物理背景为企业定义了所做全部工作的终极优先顺序，清晰地确定了行动的边界，但是并没有告诉员工在这些边界里做些什么，只是为做出权衡和决定应该如何组织工作提供了依据，而不是指挥和控制。这些背景帮助企业在统一的适应性组织所需要的自由与明晰的方向之间找到平衡。因此，企业背景为能力培养和提高提供了广阔的创新空间。一旦无法实现其承诺，其信用就会受到影响，一个能力差又没有信用的企业将会退出企业系统，甚至被整个社会所淘汰。由此可见，人本管理是企业系统效益性的根源。

8.2 企业信息化与人本管理

企业信息化工程的实施是企业从工业时代向信息时代发展的一个重要历程。信息时代是更加人性化的时代,即管理人本化,以人为中心。通过调动人力的信息潜能,最大限度地开发和利用信息资源,推进企业信息化的进程。在工业时代,企业主是通过资本积累、资本运作、获取剩余价值,得到高额利润。因此,资金是企业运作的润滑剂,是企业主的主要财富,也是掠夺工人财富的重要工具。而在信息社会主要是依靠信息、知识和创造性。信息是社会的资源、企业的财富,无论是信息的获取、还是对信息的利用必须由人来实现。人是信息社会的核心,人本管理是现代企业管理发展的方向。对人本管理理念的认识、重视和贯彻直接影响着企业信息化实施的工程质量、工程进程和信息系统运行管理的绩效。因此,在经济、信息、知识被倍加关注的今天,人本管理得到快速发展。

8.2.1 企业信息化与人本管理需求

人本管理与企业信息化有着密切的关系,在企业信息化工程实施全过程中要充分体现人本管理的思想,以人为核心,发挥信息系统中人的主动性和积极性。

1) 人本管理是企业信息化的必然选择

制造企业的生产方式经历了从家庭式手工作业方式、大量生产方式、JIT生产方式、精益生产方式到敏捷制造方式的发展过程。从这一演变过程的研究中可以看到,人本管理将成为实现企业信息化的必然选择。

在大量生产方式下,人是"机器的一种延伸"。生产过程的分工,不仅减轻了职工的上岗操作技术难度,减少了员工劳动技能的培训费用、时间,而且极大地提高了生产效率。增加产品是企业管理的重要目标,员工并不关心产品的质量,人力资源存在着严重的特殊性、专一性,缺乏灵活性。随着工业生产的发展,社会需求的多样性,生产资源的紧缺型,高浪费、高产量的做法不能给企业带来更高的回报。技术的进步、市场竞争的加剧使日本首先提出了JIT的管理思想、方法和生产现场控制方式。工人不再是机器的附属品,接受生产指令,完成任务已不是唯一目标,工人是要具有独立行为的控制单元,是拥有多种技能的多面手。

通过适量适时的生产,弹性配置作业,灵活调动人员,以低成本、高效率和最大限度地获得企业期望的利益。

2) 人本管理是企业信息化的重要特征

企业信息化实施效益的最大动因是发挥了信息的共享性和增殖性,加快了信息流的运作。通过高效、低耗、快速、精确的信息流运作,控制物流、资金流和工作流的运作,提高工作效率和企业的绩效。在传统的管理模式下,组织结构往往是层次型的"金字塔"结构,指令、指标、通知、通报、计划、反馈、交流等信息都是依此逐层传递。企业规模越大分工越细,层次越多、信息传递环节越多,造成信息沟通时间长,信息失真风险大。这种组织结构很难适应信息技术日新月异发展和社会进步的需要。随着社会经济增长,企业员工生活水平的提高,对生活质量的期望增高,对人的地位、尊严、自由更加关注。传统的组织结构无法适应信息化的需要,网络化、扁平化的组织结构逐步形成,并得到快速的发展。在扁平化的网络组织结构中,每个组织单元之间通过信息技术实现实时、正确的沟通,将人的潜能发挥到极点。充分地尊重每个人的作用是信息化成功的保障。信息化实施成功需要依靠每位员工的支持;及时输入正确、全面的各项数据。无论哪个岗位上的员工不及时输入数据,或输入了错误的数据,信息系统只能提供错误的结论。如果没有相关的用户使用信息系统,或信息系统提供的信息不真实,不及时、不全面,信息可利用程度降低,导致无人使用,则系统必将导致失败。只有加强人本管理,才能使企业全体员工形成一个共同的价值观,从而形成有机的网络化结构。各个组织单元才能充分有效地运营,满足企业实现信息化的需要。

3) 人本管理促进制造企业的组织结构改革

信息技术的日新月异,信息化企业对人员技术综合性和员工能力要求的多面性要求,往往受产品市场的多变性影响,需要雇员的知识不断更新和提高。企业信息化环境下的工作和作业本质发生了极大的变化,低智能的纯体力劳动逐步被信息系统控制下的加工中心、柔性生产设备、自动生产线、机器人等取代。员工需要从事更加复杂的管理、控制、计划、分析等高层次、非结构化或半结构化的智能化决策工作。学习成为企业工作内容的一个重要组成部分,不断学习的重要性、广泛性迫使企业改进管理制度、组织结构。"学习制度化"成为企业信息化的重要特点之一。员工只有通过不断学习,获取新知识、掌握新技术才能达到企业高速发展的人才需求。形成学习型组织、学习型企业、学习型社会,共创和谐的可持续发展的社会是人类高度文明的体现,也是经济高度发达的必然趋势。企业信息化给企业的组织结构提供了不断改进的条件,企业组织的不断改进同时也给企业信息化工程实施的成功创造了重要的基础条件。两者互为条件,相互影响、相互促进,协调发展不断改善企业的内在管理机制,更体现出人本管理效力。

4) 人本管理与企业信息化发展改变了企业的经营模式

人本管理使企业向着"学习型"组织发展,企业信息化使企业向着"流程型"组织发展。在人本管理与制造业信息的共同作用下,企业对经营模式产生了跳跃式创新发展。网络营销不仅是营销的一个理念、一种手段、一种方式,从而形成了虚拟组织、虚拟公司,也是企业的一种重要经营模式创新。制造网络化、数字化、网格化、柔性化、模块化、集成化和自动化等信息技术的应用形成了异地制造、世界级制造等全新的生产方式。社会的发展在信息技术配合、人本管理理念的影响下,正在向着全球资源一体化、世界经济板块化的方向高速发展。企业的经营内容、经营方式、经营组织、经营手段、经营目标和人才需求都在发生着根本性的转变。实现人才战略,以人为本的经营思想在信息化的带动下正向纵深发展。

8.2.2 企业信息化与人本管理组织

组织是管理者在员工内部建立的一种工作关系结构。在分工协作的基础上,组织人员各自分担明确的任务,在不同的权力配合下,扮演不同的角色。组织就是对各种不同角色的组合工作。因此,组织包括组织结构设计和确定各部门和工作人员的职责范围,确定企业的组织机构系统,确定各部门及工作人员的相互关系,在合理分工与协作的基础上,充分发挥协调配合的功效,全体员工齐心协力去达成组织目标。并组织运用执行组织所规定的各部门及工作人员的工作职责。根据组织原则,制定具体的方法开展正常的组织活动。人本管理可使组织中每个成员都能充分认识到自己所进行的工作对达成企业组织目标的重要作用,从而使各个成员都能按时、按质、按量完成自己的任务。在实现组织目标的同时也满足员工的需要。可使每个成员都能了解自己在组织中的工作关系和它的隶属关系,并能正确处理各种关系。可使每个成员不仅明确完成工作任务的职责和义务,而且了解自己应有的权力,并能正确地运用。及时调整和改善组织结构,使各部门及工作人员的职责范围更明确合理,以适应企业生产的变化和发展,增加企业的利润,提高企业的竞争能力。组织结构的合理与否将影响到组织的办事效率,员工的积极性,最终影响组织目标的实现。

信息化革命的经济全球化是当今世界最令人瞩目的发展趋势。从新世纪经济形态看,人本管理将改变传统工业经济低增长、高通胀、高失业、高波动和非人本经济状态,以知识作为经济增长主要推动力的新经济,达到高增长、低通胀、低失业、低波动和人本回归的经济。

1) 人本管理组织的行为与结构

影响组织结构的主要有组织环境、技术、战略和人力资源四个因素。

① 组织环境 一般来说,外部环境变化得越快,它的不确定性就越大,管理者在获取稀缺资源时所面临的问题就越多。在此形势下,为了加快决策和沟通的速度,更易于获取资源,管理者往往需做出组织选择,给组织结构增加弹性。他们可能会把职权分散化,授权低层员工做出重要的运营决策。相反,如果外部环境是稳定的,资源是可靠的,不确定性较低,那么,人员和职能之间只需较低的协调和沟通便可获取资源,并且管理者能够做出组织上的选择,对组织结构采取更多的措施。这种形势下的管理者喜欢在明确的职权等级体系中作决策,并且喜欢运用大量的规章制度和标准运作程序来进行管理。当前的市场形势变化很快,无论在国内还是在国外,不断加强的竞争都给管理者在吸引顾客,提高效率和效益上施加了很大压力。因此,寻找各种方式来构造组织,如通过授权以及自我管理的团队,使人员和部门弹性运作的兴趣与日俱增。

② 战略 一旦管理者决定了一种战略,他们就必须选择正确的方式来实施它。不同的战略往往要求运用不同的组织结构。例如:差异化战略的目的在于提高顾客对组织的产品和服务的道德价值认识。差异化战略通常在一种弹性结构中最能成功。弹性能够促进某种差异化战略,因为管理者能够迅速开发出新产品或者创新型产品。这种活动主要是各职能部门之间的大量合作。此外,在公司层面,当管理者决定通过诸如垂直一体化或多元化等方式来扩大组织活动范围时,他们需要设计一种弹性结构为不同的业务部门提供充分协调。

③ 技术 技术是在产品和服务的设计、生产和分销中所运用的技能、知识、工具、机器、电脑和设备的结合。通常,一个组织运用的技术越复杂,管理者和工

人就越难以对技术施加严格的控制或者有效的监控。于是,技术越复杂,越需要一种弹性结构来提高管理者对未曾预料到的形势做出反应的能力,给予他们找出解决所遭遇问题的新方法。反之,技术越常规,规范的结构就越合适,因为任务是简单的,生产产品和服务所需要的步骤可以事先拟定出来。技术的常规性和复杂性通常由任务决定。多样化任务不能由规范的结构来完成。

④ 人力资源　一般而言,组织的劳动力技术含量越高,需要团队来执行任务的人越多,组织越可能使用弹性分权之结构。具有较高技能的员工,或把较强专业价值和行为规范内化为他们所受培训的一部分员工,往往渴求自由和自治,而不喜欢被严密监督。总而言之,在设计一个组织结构时,管理者必须密切注意劳动力及工作本身。

2) 人本管理的组织的特点

人本管理组织往往受企业领导影响很大,一般具有规模小和权力分散的特点。① 规模小　现在世界上存在着许多大型公司。尤其是 500 强企业,大都员工队伍庞大。大型企业的大规模生产可为企业带来巨大的成本效益,但在对员工的管理上,尤其是积极性的调动和员工忠诚度的培养上,这些大公司基本上实行符合人类天性的机制,进一步划分小群组。② 权力分散　为了得到员工对大公司的认同,就必须缩小公司规模或营造小企业的氛围。这确实是个大难题,因为大企业必须要有庞大管理机构来掌管。为此,大公司的权力必须分散。将大公司分为小型工厂和服务单位,并让他们进行自治,保留一个极精简的总部。而其管理结构在任何一个单位中都不超过 5 个等级。

总之,人本管理的组织结构既不是完全的虚拟,或无界限的,也不是像金字塔式的等级繁多,官僚主义的。它是生产、个人、企业很好的组合,消除界限或完全撤销组织实体而运用虚拟组织,是不符合人性的。

信息时代带来了许多新工种,如远距离工作,它模糊了工作和休息、家庭和办公室之间的界限。然而,信息技术在给人类带来这些好处的同时,也使人类面临巨大的危险。那就是,人类缺少面对面的交流。所以,人本管理的组织结构模糊了具体的职能部门,而仅分员工、中层和高层管理三个层面。但阶层必须存在,因为对有的员工来说,一下子在缺乏指导的情况下面对任务可能会不知所措,而且员工的着眼点可能不如高层管理者全面。

8.2.3　企业信息化与人本管理建设

在企业信息化工程实施过程中人本管理是成功的保证,仅有认识是不够的,关键在于如何开展企业信息化工程实施过程的人本管理。即如何抓好人本管理的建设。企业的规章制度、组织、经营管理模式等方面都要以充分调动人的积极性、主动性、创造性为根本原则,将人本管理思想、理念贯彻落实到实处。

1) 加强人力资源管理

人力资源管理是人本管理的基础。美国的人力资源专家罗思维尔认为:人力资源开发就是"由组织所开展的任何有计划的培训、教育和开发活动。它把实现组织的战略目标与满足组织中个人的需要和专业理想结合起来,从而提高劳动生产率,又提高了个人对工作的满足度。"企业信息化工程是信息时代发展的起步,也是向信息社会发展的起点。在信息社会中信息是最重要的资源,也是企业竞争的主体,人是信息的主宰,人才作为信息和知识的载体,通过不断教育、培训、学习增加人力资本的积累,不断丰富企业的人力资源,从而提高企业的竞争优势。因此,人力资源管理是人本管理的一个重要组成部分,通过加强人力资源管理,提高企业的人本管理基础。企业在员工招聘、员工培训、员工工作业绩考评、管理人员的管理能力和技术人员的技能测评过程中应当采用规范、标准、公开、公正、公平的原则,这些原则在人力资源管理中得到贯彻落实,这是加强人本管理的具体工作内容。

2) 提高员工素质和发展企业文化

企业员工的素质和企业文化是人本管理的体现。企业文化是企业发展过程中逐渐形成的,为全体员工所认同和遵守的具有一定行为规范的价值观体系。在知识经济和信息化的大潮中,企业必须注意建设能反映企业信息必然趋势和要求的新文化。这种新文化无疑会给企业的信息化建设提供良好的环境,促进企业信息化工程的成功实施。而要建立这种文化,企业需要加强经济发展形势的教育和信息化工作宣传,需要不断总结和推广信息化的成功经验,需要采取相应的物质和精神激励措施,需要不断加强员工培训,推动全员素质的提高。

3) 改建信息化企业的组织

企业组织是影响企业发展和企业绩效最直接的原因。并且直接影响企业信息化实施的成败,信息化需要人本管理的文化氛围,更需要灵活,机动的组织,其结构更富有柔性,内部充满着认真学习、积极向上、同心协力的企业文化。为了创建适合信息化的组织,充分发挥人的主观能动性,必须改建企业的组织,使企业的员工、组织和组织关系都具有很强的柔性、应变能力,淡化组织结构中的人员、制度、机构的上下级关系、领导与被领导关系、主动与被动关系,通过组织创新、制度创新、方法创新、技术创新、经营模式创新、观念创新使每位员工、每个组织元素、每个组织结构关系和谐、协调地向前发展。企业管理、企业发展规划、战略、计划实行全员参与,发挥企业中每一个细胞的作用。企业将成为改善员工生存条件、生活质量的唯一依靠。为此,企业全体员工人人受关爱,共同努力共创企业的未来。在企业中树立"企业为大家,发展靠大家"的全员参与管理、组织的原则。

4) 完善绩效评价与激励机制

企业信息化给企业进一步提高管理水平,实现人本管理创造了良好的内部环境。人本管理通过对员工的情感、人际关系、民主管理、个体价值展现、文化修养、人才管理等方面来现实。绩效评价与激励机制的完善是人本管理的关键。在工业化企业中,注重以员工职位高低和产生的直接经济效益作为绩效评价唯一标准与激励的评价依据,以得到的经济报酬作为员工评价和激励的唯一手段。在信息化企业中,等级关系逐渐淡化,快速激烈的竞争将迫使企业越来越趋于民主化。在团队式工作方式中人的自我价值不在于权力,在于创新。员工的经济收入已经不再成为影响生存与生活质量的关键,经济收入不再是绩效评价的唯一标准和激励手段,人更需要情感上的尊重、关注和理解。人的价值观发生了重大的转变,人员的报酬不再侧重于职位高低,而是根据能力和贡献来评价,激励的目的是使人力资源各尽其职,发挥员工的特长与潜能。人人都有能按自己所期望的目标不断实现自我价值,取得期望的经济的、社会的和自我的需求满足。

5) 创建和谐发展企业环境

人本管理的本质是创造和谐协调的生活、工作环境,通过对员工的情感培养、民主化管理达到及时沟通,达到员工与企业同呼吸共命运,强化企业的凝聚力和向心力,企业成为员工展现技能、实现自我的平台。企业应该向员工灌输信息化思想,引导其自觉运用信息、知识和技术,用信息化的功能去推动企业人本管理的建设,促进企业活动力的提高。

8.2.4 海尔公司信息化工程与人文管理

海尔公司在管理思想上不断创新,人本管理思想,贯彻在企业生产经营管理的全过程是使海尔成功的重要因素之一。

1) 海尔人本管理的特征

海尔人本管理在生产经营过程中的主要特征可以归纳成如下几点:

① 在信任员工的基础上激发全体员工的个人创造性和能动性。海尔为职工提供的生活、工作和学习环境,让人觉得企业可信、有安全感,创造自信、自强的氛围,员工以企业为荣。企业高度纪律化、严要求,海尔从创立开始就非常强调纪律,员工绝少迟到。

② 推动企业进行有效的学习,使之具备持续性自我更新的能力。人本企业是具有组织化学习能力的企业,学习的本质是改变自身的内部结构,以适应发生了变化的环境。张瑞敏在谈到海尔同国内其他企业的异同时概括为:"用一句话来说,我们是天天都在想着'以变应变,以变制变',而中国绝大多数企业还是以'不变应万变'。"

③ 用户永远至上。在海尔人的观念中"用户是衣食父母"根深蒂固,只要能够不断地给用户提供最满意的产品和服务,用户就会给企业带来最好的效益,企业的收益也会因此水涨船高。为此,海尔的经营活动始终以用户为中心展开,设计上坚持"以用户为师"的人格化设计;制造过程中坚持"用户为本,质量至上";服务上坚持"通过努力,尽量化用户的烦恼为零"。

④ 强大的人力资源信息系统。人本管理的实现得益于企业构建系统、完整的人才库和人力资源库。员工的学习、工作实绩考证和个人生涯发展完整地记录在中央数据库中,员工的培养,不仅是自发的要求,而且是有组织的规划和打造企业的理论思想。

2) 海尔信息化与人文管理

人本管理思想构建海尔企业文化。海尔的人本管理思想创新体现在"以文化促经营,企业文化先行"。打造海尔文化是一项复杂、长期的系统工程,也是海尔的无形资产。海尔在企业兼并过程中,采用唤醒"休克鱼"方式,海尔对兼并企业没有投入一分钱,送去的是资产管理中心以及企业文化中心等部门的人员及海尔的文化。首次用自己的品牌、管理和企业文化等无形资产在短期内使被兼并的企业扭亏为盈。

海尔人本管理思想的培养。以"自主管理"和"忧患意识"培养人本管理。在大多数人的心目中像海尔这样的一个成功企业完全可以享受成功了。而张瑞敏却引用了老子的至理名言:"物壮则老"以及圣经里的描述——巨人歌利亚不可一世,但面对牧羊小鬼大卫手中的弹弓却应声倒地来说明盛衰、强弱、大小之间不是一成不变的。永远的忧患意识,意味着企业只有创新没有守业,而要做到这一点则需要让"每一个细胞都充满活力"。海尔崇尚集体主义价值观,但这没有妨碍发掘个人的创新精神。海尔从美国硅谷的成功获得启迪:基于自主管理,变"要我干"为"我要干",将企业的劳动要求与工人的劳动愿望融为一体。

海尔的人本管理思想和信息化实施,形成了具有海尔特色的管理创新思想。信息化已经成为海尔的普通管理工具。

8.3 企业文化管理

从乡村到城市,从平房到摩天大楼,从电话、电脑、手机到"互联网+",从飞驰的高铁到冲向太空的火箭,在这一切创造物的所有企业中,高技术形成的企业文化起到了关键作用。人们置身在信息化的各种网络,信息化伴随着人们一生的旅程,影响技术、经济和社会的发展。尤其是当下的全球一体化时代,对企业的管理和发展提出了新的挑战。在信息时代背景下,越来越多的信息资源凝练成企业较为固定和具体的文化。

8.3.1 企业文化内涵

在企业管理信息化工程中企业文化备受关注,不同的管理学家和企业家有着不同的见解和描述。著名企业文化学家、美国麻省理工学院斯隆管理学院教授埃德加·H.沙因(Edgar H. Schein)将企业文化分为三个层次。第一层是表象层,这层是显而易见的,通过企业组织结构和流程表现,但本质却难以解读;第二层是表达的价值层,这层由战略、目标、哲学组成,具有表述性解释;第三层视为理所当然的无意识的信念、理解、思维和感觉,也是价值观和行为的终极根源。美国学者、哈佛大学商学院教授约翰·P.科特(John P. Kotter)和詹姆斯·L.赫斯克特(James L. Heskett)认为:"在较深的层次中蕴含的那种不易为人察觉的层面上,'文化'代表着拥有这种文化的人们的基本价值观念。这些观念是一个人类群体所共有的。即便这一群体中成员不断更新,文化也会得到延续和保持。而在较易察觉的层面上,'文化'则体现了企业的行为方式或经营风格。"荷兰学者丰斯·特龙彭纳斯和英国学者查里斯·汉普登—特纳在其著作《在文化的波涛中冲浪——理解工商管理中的文化多样性》一书中,对"文化"的定义为:"文化是一群人解决问题和调节一对矛盾的方法。"中国学者王成荣和周建波认为:"企业文化是指在一定的社会大文化的影响下,经过企业领导者的长期倡导和全体员工的积极认同、实践和创造所形成的整体价值观念、信仰追求、道德规范、行为准则、经营特色、管理风格以及传统和习惯的总和。"可见,不同学者对企业文化内涵的诠释不同,可以归纳成以下几种观点。

观点1:认为企业文化是以人为中心,要长期发展不能仅仅依靠一个卓越的领导者,在制度建设上,应加强顶层设计,根据实际工作需要,建立完备的制度体系,把企业文化建设作为关键因素,确保各职能部门、各基层单位通过规章制度明确工作目标、工作职责和工作流程,构建和谐的企业文化,在具体实践过程中,要以文化引导为根本手段,建立适应企业特征的企业文化。对于涉及员工切身利益的问题,强调用制度保障员工利益,实现企业文化的持久发展。

观点2:认为企业文化是企业创新的动力和源泉。从企业核心竞争力的本质出发,强调构建高效化、精细化、人性化的管理服务体系。通过分析企业文化本质,把企业的共同价值观作为企业文化的精神层面。通过分析和研究大量学者的相关研究成果,结合国内外企业文化经营的成功案例,提出企业文化再造的观点和思路。

观点3:认为企业文化是决定企业的核心竞争力的主要因素,而不是主要依靠企业外部的力量和条件。企业要不断培育的集体学习能力,培养团队精神,培养创新能力才能提高企业的核心竞争力,在协同精神和创新学习的观念下,共同建设学习型的组织文化,实现"文化力促管理"。建设企业的文化,领导者的作用至关重要,通过发挥领导者的表率带动作用,强化员工培训机制,能够有效地带动企业员工在经营管理中的作用发挥,共同塑造企业文化,从而使得企业文化建设落到实处。

观点4:认为企业文化可以看成一种人格,一种物化的力量,从中可以看到传统的等级组织制度以及工作职能、协作网络等,从企业内部链接中体会新的思考,从内部同事之间的竞争关系转移到合作关系,一种来源于心灵的认同和使命感,从而形成一种完全的激励机制,这在很大程度上将对物质激励形成补充,不但能够减少企业内部运行成本,而且能够最大限度避免企业人才流失。

综合国内外的学者观点。企业文化看似无形,但是发挥着巨大的作用,引领着企业员工的行为和企业的发展,统一的企业价值观,让员工产生使命感、责任感和归属感,清晰地认知并了解企业的前进方向,与企业同呼吸共命运。企业文化是在企业成立和发展过程中形成的企业文化积淀,受社会环境和传统文化的影响,逐步形成并被员工接受的具有本企业特色的解决问题的方法、关系协调的途径、道德评判的标准等传统和习惯。

8.3.2 企业文化测评

分析企业文化最基础的工作是开展调查,调查前首先要设计调查样卷,也称为量表设计。然后,对调查结果进行分析处理。调查问卷设计是企业文化分析的基础性工作,采用不同的设计方法,其数据处理和分析方法也不相同。企业文化调查可以采用组织文化评估工具(Organizational Culture Assessment Instrument,简称 OCAI)、组织文化剖面量表(Organizational Culture Profile,简称 OCP)和组织文化问卷(Organizational Culture Questionnaire,简称 OCQ)量表等方法。

1) OCAI 量表设计

OCAI 是金·S.卡梅隆 & 罗伯特·E.奎因在《组织文化诊断与变革》书中描述的一套用来分析企业文化和管理能力的工具,也称为"卡梅隆组织文化模型"。该模型根据企业的主导特征、领导风格、员工管理、企业凝聚、战略重点和成功准则这六方面的判据来评价企业文化。OCAI 评价量表中的每个测量条目来评价企业文化。每个判据下有四种陈述句,分别对应着等级森严式、市场为先式、部落式和临时体制式四种类型的企业文化。在构建 OCAI 量表时,首先根据企业的现状,按照每种判据下四种情况的符合程度,将 100 分分配给这四种情况(四种情况累计为 100 分,超过或低于 100 分的量表视作无效)。依此类推,逐个回答所有描述测量条目的现状;然后回到问卷的开始,思索和判别如果企业在今后五到十年内要达到成功,企业文化"应该"怎么样? 由此引出企业文化建设的期望值。期望值的填写方法与现状调查分析方法相同。

2) OCP 量表设计

OCP 是由 O'Reilly 等人通过文献回顾,从匹配的角度研究人与组织的匹配,个体结果变量间的关系视角去设计企业文化概评形成的量表。OCP 量表从团队导向、注重细节、进取心、结果导向、尊重员工、稳定性、创新这七个维度进行测量。

OCP 量表是测量企业员工价值观的工具,一般采用标准的或自模的两种方法。在标准的方法中,被访者根据对题项认同的程度,用 Likert 量表法进行测量,给出评价结果。要求独立测量每个被访者的价值观。

Likert 量表法是由美国社会心理学家李克特于 1932 年在原有的总加量表基础上改进而成的测量对象描述的方法。这种方法是将定性测量值转换成定量描述的方法,对量表中的每个指标,用统一的"非常同意"、"同意"、"不一定"、"不同意"、"非常不同意"五种回答,并分别记为 5、4、3、2、1,每个被访的态度总分就是他对各道题的回答所得分数的累加和,这一总分可说明他的态度强弱或他在这一量表上的不同状态。

在自模的方法中,测量对各种价值观的偏好,回答者要求要么把一组价值观分等级排列,要么选择一个价值观,而以牺牲其他价值观为代价的强迫选择。OCP 量表采用 Q 分类方法,即是一种自模的强迫分配的形式。被访者分两次对陈述项分等级,一次是描述感知到的企业文化,另一次是描述期望的组织文化。所有项目要求被分成从最符合到最不符合,每类中包括的条目数按 2-4-6-9-12-9-6-4-2 分布,实际上是一种自比式的分类方法。

3) OCQ 企业文化量表设计

OCQ 企业文化量表是由美国学者 Denison 等构建的关注组织有效性的企业文化问卷研究。该量表是描述企业文化特质的模型,该模型认为企业文化具有适应性、使命、一致性和投入四种文化特质,其中每种文化特质对应着 A、B、C 三个子维度,在此基础上设计出 OCQ 量表,然后再设计具体的测量项目。

8.3.3 对立价值构架理论

对立价值构架是一种有效的企业文化分析架构,其目的在于发掘这些共性对人的思维方式、价值观以及与信息交换的作用机制。

1) 对立价值构架的建立

企业文化由相互联系、相互影响的若干因素构成。企业文化分析架构有助于了解符合企业特点的文化形成,并体现出企业的不同因素在企业发展中起到的不同作用。因此,将量表评价指标划分为四组,从中选出最重要的两组指标进行整合,并将整合后的指标分配到4个象限,由此得到对立价值构架图,如图8-2所示。

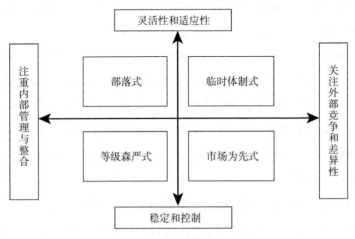

图8-2 对立价值构架示图

在图8-2中,"灵活性和适应性"代表企业具有的环境适应能力,与之对应的"稳定和控制"代表企业具有稳固的结构与运行机制;"关注外部竞争和差异性"代表企业关注竞争关系,力求保持差异化,与之对应的"注重内部管理和整合"代表企业重视内部结构的设计,追求良好的企业运行带来的效率。这四个组别成为了评价企业效率的判断指标,也描述了不同企业的关键组织特征。通过这四个组,还可以划分成如图8-2的四个象限,即对立价值构架的象限。这用于区分不同企业在战略管理、质量管理和员工管理等方面的特点。

2) 对立价值构架象限

在对立价值构架图上有等级森严式文化、市场为先式文化、部落式文化以及临时体制式文化,分别一一对应与对立价值构架的四个象限。

① 部落式文化,对应A选项。部落式文化是企业的独特企业文化,在部落式文化的企业当中,一致的价值观与共享的组织目标受到推崇,员工在团队合作精神的引导下,将自己的职业生涯发展与个人价值实现融入到团队整体当中。

对企业的忠诚与奉献成为维系企业与员工的重要纽带,企业与员工形成了紧密的命运共同体,而员工也乐于接受家长式、导师式的领导模式。

② 临时体制式文化,对应 B 选项。临时体制式组织围绕技术创新与客户体验展开活动,将研发新产品与新服务作为主要目标,并会采取多样化的措施来激发员工的创造力与想象力。为了适应时刻变化的市场环境与消费者需求,临时体制式组织富有弹性,能够快速调整组织结构以应对市场竞争与挑战。处于创业阶段或成长阶段的高科技企业往往属于临时体制式组织,扁平化的领导方式能够最大限度地提高组织的绩效与活力。临时体制式文化的企业通常是互联网、社交传媒、通讯技术等高技术的企业。

③ 等级森严式文化,对应 C 选项。等级森严式文化是官僚制和等级制相匹配的企业文化,实行官僚制与等级制的组织能够保持组织处于稳定的运行状态,并能有效率地进行产出。官僚制的关键要素概括为:职业化、专业化、等级制、知识技能、分离所有权、无私与职责。官僚制以及由此产生的等级制曾被认为是最合理的组织形式。有着严格官僚制与等级制的组织通常包括清晰的组织框架、标准化的工作程序以及明确的责权规定。

④ 市场为先式文化,对应 D 选项。市场为先式文化关注企业的交易成本,在这种文化的影响下,组织将外部环境作为优先考虑对象,把参与市场竞争并获得利润作为活动重心,力求提升员工绩效、企业生产能力与服务水平以及企业核心竞争力,以此实现市场占有率的不断提高

3) 对立价值构架模型的应用

对立价值构架反映了组织的运作方式,管理模式以及组织特征。对立价值构架模型的四个象限对应了不同企业文化的领导方式、效率条件以及企业管理理论,如图 8-3 所示。

4) 对立价值构架的企业文化轮廓图

对立价值构架的企业文化轮廓图是依据企业文化调查量表预处理后的结果和对立价值构架理论制作而成的。

首先依据量表,被访者对每道题目的 A、B、C 和 D 四个选项打分,这四个选项的分数之和为 100 分。其中,在企业文化现状题目中,选项描述与组织实际情况越接近,则该选项的分数越高。在企业文化期望状态题目中,被访者对选项描述的认同度越高,则该选项的分数越高。

然后将回收的调查问卷进行数据预处理。数据预处理的主要工作是检查调查问卷数据中是否存在非抽样误差,以及剔除基本信息不全的问卷和出现如选项分数之和大于 100 分的逻辑错误的问卷或少于 100 分的问卷。再分别计算题目中 A、B、C、D 各个选项的"现状"和"期望"得分的平均数(即总分除问题数)。

图 8-3 对立价值构架模型

最后,根据企业文化现状与期望状态的调查得到的 A、B、C、D 四个选项的平均分,在企业文化轮廓图中依次将 A 选项的分数绘制在左上方的对角线,B 选项的分数绘制在右上方的对角线代表临时体制式文化的,C 选项的分数绘制在右下方的对角线代表市场为先式文化的,D 选项的分数绘制在左下方的对角线;并将四个象限中的现状分数用实线连接起来,得到企业文化现状轮廓图,用虚线将期望分数连接起来得到企业文化期望轮廓图。

8.3.4 企业文化测评算例分析

某公司是一家属于信息技术服务企业,随着互联网＋的广泛应用和该公司的快速发展,在该公司5周年庆典期间,为了加快公司发展,打造公司文件特色,对公司所属行业的1000多个部门和该公司进行了企业文化调研分析

1)量表设计

在调研分析过程中采用OCAI量表法,设计最终形成的量表如表8-1所示。

表8-1 企业文化评价部分量表

问卷		判据	现状	期望
1. 主要特征	A	组织是一个人性化的地方,就像是家庭的延伸,人们不分彼此。		
	B	组织具有很高的活性和创业精神,人们勇于冒险和承担责任。		
	C	组织的功利性很强,人们主要的想法是完成工作,员工的能力很高并且期望成功。		
	D	组织被严格地控制,人们按照条例办事。		
总分(分):			100	100
2. 组织的领导能力	A	组织的领导通常被视为体现了导师,推动者或培育者的作用。		
	B	组织的领导风格主要是创业、创新和尝试冒险。		
	C	组织的领导风格主要是没有废话,具有进取性和功利性。		
	D	组织的领导风格主要是有条理、有组织性、动作顺畅且充满效率。		
总分(分):			100	100
3. 员工管理	A	管理风格是团队合作,少数服从多数,参与性强。		
	B	管理风格是个人主义,喜欢冒险,勇于创新,崇尚自由和展现自我。		
	C	管理风格是具有很强的竞争性,要求和标准都非常严格。		
	D	管理风格是确保雇佣关系,人们的关系是可以预见、稳定一致的。		
总分:			100	100

续表

问卷		判据	现状	期望
4.组织的贴合力	A	组织靠忠诚互信贴合在一起,人们都具有承担义务的责任感。		
	B	人们靠创新和发展结合在一起,走在时代前端是重点。		
	C	成功和完成任务把人们联系在一起,进取和取得胜利是共同的目标。		
	D	人们靠正规的制度和政策在一起工作,维系一个畅通运作的组织是非常重要的。		
总分(分):			100	100
5.战略重点	A	组织重视人力资源发展、互信、开诚布公和员工持续的参与。		
	B	组织主要寻找新的资源和迎接新的挑战,尝试新的事物和寻求机遇是员工价值的体现。		
	C	组织追求竞争和成功,打击对手和在市场中取得胜利是组织的主要战略。		
	D	组织希望看到持久和稳定,效率、控制和顺畅的运作是工作重点。		
总分(分):			100	100
6.成功的标准	A	组织对成功的定义为人力资源、团队合作、员工的贡献和对员工的关怀上的成功。		
	B	组织对成功的定义为组织是否具有最特别和最新的产品。		
	C	组织对成功的定义为赢得市场份额并且打败对手,成为市场的领导者。		
	D	组织视效率为成功的基础,相互传递、平衡的工作安排和低成本是至关重要的。		
总分(分):			100	100

2) 数据处理

通过调查采集到相关数据后,先进行数据预处理,后求得各问题的平均值,如表 8-2 所示。

表 8-2　某公司文化现状和期望调查结果

题目编号	A		B		C		D	
	现状	期望	现状	期望	现状	期望	现状	期望
1	22.05	21.27	25.73	32.68	33.95	27.25	18.22	20.13
2	21.35	20.43	26.42	31.59	34.27	27.83	18.01	18.95
3	23.26	20.61	26.31	31.92	33.69	27.39	17.13	19.64
4	22.61	21.38	27.63	32.04	34.32	27.72	16.97	19.52
5	21.57	19.92	26.83	31.36	34.01	26.95	16.52	20.19
6	20.42	21.51	27.36	30.86	34.13	28.63	17.26	20.26
总分	131.26	125.12	160.28	190.45	204.37	165.77	104.11	118.69
平均分	21.88	20.85	26.71	31.74	34.06	27.63	17.35	19.78

3）绘制轮廓图

依据对立价值构架的企业文化轮廓图的制作方法，分别将 A、B、C、D 的现状与期望平均值在四个象限的对角线上刻画与连接，形成了如图 8-4 的企业文化轮廓图。

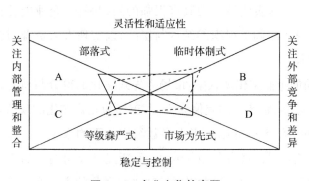

图 8-4　企业文化轮廓图

同理，可以将企业文化调查的各个问题分别用企业文化轮廓图清晰地描述企业的文化建设的现状与期望。

4）企业文化分析

依据表 8-2 该公司的调查，以及企业文件状况整体调查结果比较，得到表 8-3 的结果。

表8-3 该公司与所有调查组织的平均文化轮廓的对比

序号	因素名称	现状平均分(%)z	期望状态平均分(%)y	调查整体平均分x	现状差值 $z-x$	期望状态差值 $y-x$
A	部落式	20.42	21.51	24	−3.58	−2.49
B	临时体制式	27.36	30.86	18	9.36	12.86
C	市场为先式	34.13	28.63	34	0.13	−5.37
D	等级森严式	17.26	20.26	24	−6.74	−3.74

由该公司的企业文化轮廓图(图8-4)和该公司与所调查整体组织的平均分数比较(表8-3)可得到以下结论。

① 该公司的企业文化现状中,部落式文化的得分与所有调查组织的平均分相差3.58,期望状态中的差值为2.49,部落式文化的得分与大多数组织的平均分接近。这表明该公司具有团结协作的工作氛围,但由于技术人才的流动率较高且企业成立时间相对较短,员工对企业的忠诚度相对较低。

② 该公司的企业文化现状中,临时体制式文化的得分与所有调查组织的平均分相差9.36,期望状态中的差值为12.86,临时体制式文化的得分与大多数组织相比差距较大。这表明该公司具有很强的组织弹性,企业能够根据市场情况与企业需要来灵活地调整组织的结构与层级,以实现人力资源、技术资源、资金资源的最佳配置。

③ 该公司的企业文化现状中,市场为先式文化的得分与所有调查组织的平均分相差0.13,期望状态中的差值为5.37,市场为先式文化的现状得分与大多数组织相近,但期望状态得分则低于大多数组织的平均水平。市场为先式文化的现状得分表明该公司积极参与市场竞争,不断提升公司的产品质量与技术水平以取得竞争优势。然而期望状态得分反映当前激烈的市场竞争给员工带来较大的工作强度与心理压力。

④ 该公司的企业文化现状中,等级森严式文化的得分与所有调查组织的平均分相差6.74,期望状态中的差值为3.74,等级森严式文化的得分低于大多数组织的平均水平。等级森严式文化的得分表明该公司有着轻松愉快的工作氛围与平和近人的领导方式,符合高科技企业员工年轻有为、富有活力的特征。而等级森严式文化的期望状态得分出现上升,表明企业需要在保持组织的弹性和灵活性的同时要注重企业的组织运行与管理的程序化与规范化。

通过企业文化轮廓图,可以分析文化价值观体系、主导文化类型、企业文化现状和期望状态的差距、企业文化的强度等,为企业文化建设提供科学的决策依据。

8.4 企业信息化与企业文化

8.4.1 企业信息化与企业文化的相互作用

企业信息化是对传统管理模式的改革,这种改革涉及企业的方方面面,渗透到企业的各个阶层,从企业高层领导到基层员工。这种变革也是企业文化的重建过程,企业文化对企业信息化工程的成败的影响是持久和潜移默化的。重视企业文化建设,适应企业信息化工程的管理方式和管理思想是企业信息化工程持续发挥效应的主要途径。企业信息化工程的成功很大程度上应归结为企业文化的力量,企业文化是企业核心竞争力和软实力的核心,是影响企业经营强大的力量。

1) 企业信息化对企业文化的作用

企业信息化不仅是一套软件,更是一种吸收了各种先进管理思想的管理模式。它吸收了追求资源有效集成及优化配置、供应链管理、精益生产、企业流程再造等管理思想,因而也倡导了其中包含的经营哲理和价值观体系。虽然不能说企业信息化工程本身是企业文化,但是企业信息化工程吸收了现代的管理思想,体现了科学的经营哲学和先进的价值观,因此,企业信息化工程蕴含着一种文化。如果企业实施企业信息化工程时不具备那样的文化因素,甚至与那样的因素对立,则毫无疑问地会产生类似于"文化冲突"的局面。因为企业文化是在企业发展过程中逐渐形成的,具有相对稳定性和继承性,一旦形成,短时间内很难改变。这样的企业文化或者其中的一些因素便会对企业信息化工程实施产生约束,形成强大的实施阻力,导致企业信息化工程实施遭遇困难,无法顺利进行,乃至于有可能导致企业信息化工程实施的失败,究其原因主要有如下几方面。

① 存在着特殊主义文化。对于凡事讲究按照原先设定的流程以及规定的时间动作进行运转的企业开展信息化工程来说,规则是其保证。如果企业存在浓厚的特殊主义文化,人际关系被视为比规则更为重要。这就影响了企业信息化

工程应有的作用。

② 习惯于集体承担责任。企业信息化工程能够规定每个结点需要成员做什么，什么时候做以及怎样做，并且实时记录工作状态和结果。因此一旦有问题，很快能追溯个人责任。但是企业如果习惯于集体承担责任，就会出现没有人对问题具体负责，容易造成"大锅饭"的局面。

③ 推崇含蓄的交流风格。如果企业文化推崇含蓄不外露的风格，那么企业成员在项目组内的交流，或者组内外的交流，会可能因为"面子"等原因，让交流沟通变得"吞吞吐吐"、曲折晦涩。这与企业信息化工程文化特点，与项目管理中的交流要求都格格不入，出现问题不能及时解决，最终的结果很可能是项目无法按时完成，成本激增。

④ 具有扩散型文化。如果企业内部成员们不仅存在着上下级的关系，而且不同场合形成的社交范围在企业内部发挥着不可忽视的作用，那么围绕流程运行，以业绩为导向的企业信息化工程文化就容易受到这种人际因素的影响。

⑤ 缺乏成就感文化氛围。企业如果缺乏成就型文化氛围，没有注重激励因素，甚至忽视激励中的保健因素，那么极有可能让项目组成员的不满情绪比一般员工的不满更为强烈，这对于分步进行的企业信息化工程项目实施非常不利，因为再没有人愿意进驻项目组。

⑥ 存在同序型文化。企业信息化工程的实施环境需要次序型文化，也就是注重时间观念和计划。如果企业内部的时间管控是松弛的，这种缺失次序型的文化，会因为时间错乱导致企业信息化工程运行出错。

⑦ 没有"以客户为中心"的外控型文化及着重控制的"内控型文化"。如果企业受到长期的计划经济的影响，习惯了"以生产为中心"，则不能理解企业信息化工程以市场为导向的运作模式，企业信息化工程就无法充分发挥效能。

2) 企业文化对企业信息化工程的作用

企业文化不仅仅受到企业创始人的影响，还要受到社会文化尤其是传统文化的影响。当企业创立时，传统文化对企业核心价值观的形成产生了影响，又由于创始人的追求不同而形成了各色各样的企业文化。在传统文化的影响下，中国企业的企业文化形成了具有中国民族特色的独特个性。

① 不同国家和地区的传统文化和历史背景不同。由于企业信息化工程诞生在国外，企业信息化工程软件大部分是由欧洲和美国发展起来的，因此自它一出

现,就会有西方企业文化的烙印,它所蕴涵的企业文化明显地带有西方色彩。即使是国内自主开发的企业信息化工程软件,很多时候也借鉴了西方优秀的管理方式,所以同样或多或少地隐含了西方企业文化的特征。企业信息化工程所蕴涵的西方文化因素与中国企业里深受东方传统文化影响而形成的企业文化在很多方面存在着明显的差异,因此,企业信息化工程在中国企业应用时与中国企业文化不适应,具有中国色彩的企业文化的很多因素不能适应企业信息化工程的要求,这些文化因素会阻碍企业信息化工程的实施,结果往往是导致了应用的不理想甚至是失败。

② 投资巨大、耗时颇多的各企业信息化工程软件实际上可以看做是一个没有企业实体的逻辑企业。

③ 有自己的组织结构、科学的运作流程、自己的流程管理控制等功能,一旦数据送上来就可以运转的完整的虚体企业。它的企业组织结构和流程可能同其实体企业结构和流程很不相同,但它是按功能和流程组建的,是依据管理科学理论建立的一个虚企业,携带着自身的文化烙印。

④ 在实施过程中对企业造成多方面的冲击。由于企业文化特有的惯性,以及与企业信息化工程所要求的实施文化氛围的不相符,会对企业信息化工程实施形成反作用力,造成负面影响,影响对企业信息化工程来说,企业文化是企业信息化工程所面对的一个外在因素。当一个企业的企业文化与其一致时,企业信息化工程在这个企业中的实施就具有了天然的基础条件,这必将顺利地推动企业信息化工程的实施。反之,就会阻碍其运行。如果企业现在的文化与企业信息化工程蕴含的文化越吻合,那么企业信息化工程的本土化会越容易,这对企业信息化工程的成功实施奠定了坚固的基础。然而对企业文化来说,企业信息化工程则是企业文化所面对的外来因素,这个外来因素所包含的文化渗入到企业文化中。在企业信息化工程的运行过程中,企业的业务流程必须进行一定的重组与改造,而企业的管理理念、行为方式也会随之出现潜移默化的改变。

8.4.2 企业信息化与企业文化建设

无论是企业信息化工程的实施,还是企业信息化工程的应用,都将受到企业文化的影响,企业信息化工程的成功实施和应用都需要企业文化的支持。同时,企业信息化工程的实施与应用也会促进企业文化的建设。企业通过导入企业信息化工程,引进新的管理理念,规范企业管理,优化业务流程,必将要求员工改变价值观念、思维方式和行为习惯。企业信息化工程虽然本身不是一种企业文化、但蕴涵的现代管理思想却处处渗透着一种文化。只有当一个企业的企业文化与企业信息化工程所蕴涵的文化一致时,企业信息化工程在这个企业中的实施就具备了天然的基础条件,反之就会阻碍其运行。

1) 企业文化与企业信息化工程思想的融合

实施企业信息化工程时,要对企业文化进行变革,使之尽量与企业信息化工程的要求相适应。例如:企业信息化工程强调的是一种系统化的经营思想,用系统的观点对待企业的全部生产经营活动,把企业看作整个社会大系统中的一个开放的子系统,强调对这个子系统的资源集成和系统的总体优化;西方国家的企业文化强调"理性"管理,注重规章制度、管理组织结构、契约等的作用,并在管理上重视细节;企业信息化工程下的企业文化以人为中心,注重发挥员工的积极性、主动性和创造性;强调协作和团队精神。而我国有些企业往往缺乏系统化的管理思想;我国企业文化更强调"人性"的管理,如强调"人际关系"、主体潜能的发挥等作用。在用人上往往重"德"轻"器"甚至更重视人际关,而忽略了对员工自身素质和能力的考核;特别是国有企业中,部门等级森严,很难形成真正意义上的团队精神。这些因素都是企业在实施企业信息化工程时要进行变革的地方,使其逐步与企业信息化工程思想相融合。

2) 企业文化、技术革新和管理变革协同

企业信息化工程是一个企业文化、技术更新与管理变革的协同过程。管理变革实质上变革的是人的思想,对企业而言就是企业文化的变革。企业信息化工程是人、组织、管理、信息与信息技术的综合体,企业信息化工程既包含着信息技术又包含着管理思想与方法。它们共同作用与企业组织系统,并促成企业组织的重大变化。企业信息化工程的实施在一定程度上受到企业原有的企业文化的影响,这种影响可能是阻碍性的也可能是促进性的,同样企业信息化工程的实施也会带来企业文化的变革。因此,企业信息化工程的实施是一个技术更新与企业文化建设的协同过程,其目的是不断完善与发展适应外部环境的科学的管理模式。试图实施企业信息化工程的企业必须同时进行企业文化的建设,企业信息化工程的实施也为塑造优秀的企业文化提供了巨大的机遇和挑战。

3) 企业信息化工程推进企业文化建设的着力点

企业信息化工程真实地描述了企业经营的过去与现在,企业管理不再跟着感觉走,而是以事实为依据,科学理论为指导,责权利明确,减少了无味的争议和扯皮,不仅提高了工作效率,而且潜移默化地影响企业文化建设,规范工作方式,促使文化朝着良好的方向的转变,形成目标明确的着力点,采取积极措施,使企业文化按照适合企业信息化工程需要的文化改变,更加有利于企业信息化工程的实施和运行,企业信息化工程更能发挥企业团队合力作用。否则,保持旧有的不适应企业信息化工程的文化不变,则必将阻碍企业信息化工程的实施和运行。总之,实施企业信息化工程的企业一定要努力促进自己的企业文化朝着积极的适合企业信息化工程的方向发展。

主要参考文献

[1] Junkui Wang, Fanlei Zeng, Zhanglin Guo. The Evaluation of Enterprise Informatization Risk Based on the Unascertained Method, Procedia, Volume 25, 2012, Pages 492-498

[2] 刘秋生编著.控制与优化——企业信息化工程实施:过程测评及案例分析[M].南京:东南大学出版社,2007.7

[3] Severin Kabakama, Sospatro Ngallaba, Richard Musto. Assessment of four common under five children illnesses Routine Health Management Information System data for decision making at Ilemela Municipal Council, Northwest Tanzania: A case series analysis, International Journal of Medical Informatics, Volume 93, September 2016, Pages 85-91

[4] Georgios N. Kouziokas. Technology-based management of environmental organizations using an Environmental Management Information System (EMIS): Design and development, Environmental Technology & Innovation, Volume 5, April 2016, Pages 106-116

[5] 刘秋生,等编著.管理信息系统研发[M].镇江:江苏大学出版社,2015.8

[6] 孙家广.863:推进中国ERP的发展[J].中国制造业信息化,2003,32(7):9-10

[7] 谢澍,等.ERP与供应链结合的采购管理研究[J].计算机应用研究,2002(9):91-93

[8] 陈禹六,李清,张峰.经营过程重构(BPR)与系统集成[M].北京:清华大学出版社,2001:53-96

[9] 谢澍,等.ERP与供应链结合的采购管理研究.计算机应用研究,2002(9):91-93

[10] 孙延明,云丹平.MIE 实施中的问题分析[J].机电工程技术,2004,6

[11] 刘秋生,王秀竹,侯云章.基于熵值的第三方逆向物流供应商评价研究.科技管理研究,2013-05-23

[12] 严隽琪,马登哲,倪炎榕,孙家广.国产 ERP 软件点评.计算机辅助设计与制造,2000(7):56-59

[13] 刘秋生,等编著.ERP 系统原理与应用[M].北京:电子工业出版社,2014.12

[14] 杨叔子,吴波,胡春华,等.网络化制造与企业集成[J].中国机械工程,2000,11(2):45-48

[15] 刘秋生,宋根平.基于 Supply-hub 的三级供应链运作成本优化研究.管理工程学报,2013,1:142-146

[16] 严隽琪,倪炎榕,马登哲.基于网络的敏捷制造[J].中国机械工程,2000,2(11):101-105

[17] Power D J, Sohal A S, Rahman S U. Critical Success Factors in Agile Supply Chain Management [J]. International Journal Distribution & Logistics Management, 2001, 31(4):247-264

[18] Stanley C. Gardiner, Jeo B. Hannah, Michael S. Latour. ERP and the Reengineering of Industrial Marketing Processes—A Prescriptive Overview for the Newage Marketing Manager[J]. Industrial Marketing Management, 2002, 31:357-365

[19] Ehrbar A. EVA:The Real key to Creating Wealth[M]. John Wiley & Sons Inc, 2001:130-161

[20] 袁红兵.Holonic 制造系统模型及控制技术研究:[博士学位论文].南京:南京理工大学,2002

[21] 李建军,何卫平.支持并行工程的 IDEF 集成建模[J].制造业自动化,2000,22(9):15-18

[22] Kim Cheol Han, Weston R.H., Hodgson A., Lee Kyung Huy. The Complementary Use of IDEF and UML Modelling Approaches[J].Computers in Industry, 2003,50(1):35-56

[23] Industrial Marketing Management, 2000,29(1):37-44

[24] Chiang Kao, Shiang-Tai Liu. Fuzzy Efficiency Measures in Data Envelopment Analysis [J]. Fuzzy Sets and Systems, 2001,113:427-437.

[25] Guo Peijun, Hideo T. Fuzzy DEA:A Perceptual Evaluation Method [J]. Fuzzy Sets and Systems, 2001,119:149-160.

[26] Chiang Kao, Shiang-Tai Liu. Data Envelopment Analysis with Missing Data:An Application to University Libraries in Taiwan[J]. Journal of Operational Research Society, 2000,51(8):897-905.

[27] Johnny K.C. Ng., W.H.Lp.Web-ERP:the New Generation of Enterprise Resource Planning [J]. Advanced Engineering Information, 2002,16:127-133

[28] Purnendu Mndal, A. GunaseKaran. Issues in Implementing ERP:A Case Study[J]. Eroupen Journal of Operational Research, 2003,146:274-283

[29] Verville, Jacques, Halingten, Alannah. A Six-stage Model of the Buying Process for ERP Software. Industrial Marketing Management, 2003, 32(7):585-594

[30] Judy E Scott and Iris Vessy. Implementing Enterprise Resource Planning Systems:the Role of Learning from Failure. Information System Frontiers 2:2,2000, 213-232

[31] 马士华,林勇,陈志祥著.供应链管理[M].北京:机械工业出版社,2000.5

[32] 刘秋生,汪小利.基于无缺陷退货的易逝品供应链回购契约研究.统计与决策,2013(4):38-42

[33] Sunil Chopru and Peter Meindl.Supply Chain Management:Strategy, Planning and Operation[M].北京:清华大学出版社,2001.9

[34] Willia J Stevenson.Production Operation Management[M].北京:机械工业出版社,2000.5

[35] 王莉莉,张洪波.对 MRP Ⅱ系统在中国企业应用现状的调研与思考[J].中国机械工程,1998(2):65-67

[36] Krumwiede, Dennis W.,Sheu,Chwen.A Model for Reverse Logistics Entry by Third-party Providers[J]. Omega, 2002,30(5):325-333

[37] 刘晓冰,王枫.ERP 的发展现状及展望[J].工业工程,2002(5):19-22

[38] E.Stensrud.Alternative Approaches to Efforts Prediction of ERP Projects[J]. Information and Software Technology,2001(43):413-423

[39] 林健,张玲玲.ERP 的未来发展趋势研究[J].系统工程理论与实践,2002,22(4):69-74

[40] Capers Jones. Software Assessments, Benchmarks, and Best Practices[J]. Pearson Education,2003:67-111

[41] 张文.ERP、CRM 企业实施案例.北京:清华大学出版社,2003

[42] David C.Yen, David C.Chou, Jane Chang. A Synergic Analysis for Web-based Enterprise Resources Planning System [J].Computer Standards & Interfaces 2002,24 337C 346

[43] Helmut Klaus, Michael Rosemann, Guy G. Gable. Information Systems Frontiers. Netherlands: Kluwer Academic Publishers,2000:141-162

[44] 李宝纯.区域企业信息化资源分析与配置理论方法及应用研究:[博士学位论文].天津:天津大学.2003

[45] Elisabeth J.Umble, Ronald R. Haft, M. Michael Umble. Enterprise Resource Planning: Implementation Procedures and Critical Success Factors[J]. European Journal of Operational Research,2003,(146):241-257

[46] Mandal,Purnendu,Gunasekaran A.. Issues in Implementing ERP: A Case Study[J]. European Journal of Operational Research, 2003, 146(2): 274-283

[47] 李志刚.基于企业信息流程的 BPR 分析[J].商业研究,2003(5):72-74

[48] 黄丽华,钱宇,薛华成.企业过程的定义及辨识方法[J].系统工程学报,1997,12(3):70-81

[49] 姜奇平.有效益的信息化是企业信息化的指南针[Z].国家信息化测评中心,2003-03.

[50] 支晓强.如何选择业绩评价标准——兼论业绩评价在激励机制中的作用[J].会计研究,2000.11

[51] 科技部 MIE 重大项目管理办公室.MIE2002 年度 ERP 软件测评指标[J].电子商务世界 2002(10):58-61

[52] 丁红宇.MIE 软件测评[J].中国制造业信息化 2003(1):26-27

[53] MIE2003 年度应用软件产品测评规范 ERP 软件测评指标[J].中国制造业信息化,2003.12:36-40

[54] 刘洪伟,齐二石,李钢.基于模糊综合评判的 MIE 需求诊断方法[J].工业工程,2004.1(7):53-56

[55] 葛星,王惠芬.我国制造业企业信息化绩效的跟踪研究[J].商业研究,2004.14,298(14):72-75

[56] 齐二石,王谦等.ERP 实施能力测度模型设计与研究[J].工业工程,2004,7(1):1-5

[57] Hong, Kyung-Kwon; Kim, Young-Gul. The Critical Success Factors for ERP Implementation: an Organizational Fit Perspective[J]. Information and Management, 2002, 40(1):25-40

[58] See Pui Ng, Celeste,Gable, Guy G., Chan, Taizan. An ERP-Client Benefit-Oriented Maintenance Taxonomy. Journal of Systems and Software, 2002,64(2):87-109

[59] Pauls. Myer. Knowledge Measurement and Organization Design, Butterworth-Heinemann, 1996 Richard Petty. Intellectual Capital Literature Review—Measurement Reporting and Management Journal of Intellectual Capital, 2000,1(2)

[60] 陈淮莉,马登哲等.面向现代集成制造的企业信息化水平评价模型[J].机械科学与技术(西安),2003,22(1):132-133,137

[61] 闽庆飞,唐可月,孙使等.ERP 系统成功评价研究[J].科学学与科学技术管理,2003,24(2):23-27

[62] 赵国杰,姜福洋.CIMS 绩效评价指标体系与方法研究[J].管理工程学报,2001,12(3):20-23